法官如何讨论

案件的汇报技能与讨论方法

陈增宝 / 著

人民法院出版社

图书在版编目（CIP）数据

法官如何讨论：案件的汇报技能与讨论方法 / 陈增宝著. -- 北京：人民法院出版社，2023.9
（法官办案经验与技能丛书）
ISBN 978-7-5109-3891-7

Ⅰ.①法… Ⅱ.①陈… Ⅲ.①刑事诉讼－审判－案例－中国 Ⅳ.①D925.218.5

中国国家版本馆CIP数据核字(2023)第167184号

法官如何讨论：案件的汇报技能与讨论方法

陈增宝　著

责任编辑	李　瑞
封面设计	东合社·安宁
出版发行	人民法院出版社
地　　址	北京市东城区东交民巷27号（100745）
电　　话	（010）67550607（责任编辑）　67550558（发行部查询） 　　　　　65223677（读者服务部）
客 服 QQ	2092078039
网　　址	http://www.courtbook.com.cn
E- mail	courtpress@sohu.com
印　　刷	三河市国英印务有限公司
经　　销	新华书店
开　　本	787毫米×1092毫米　1/16
字　　数	284千字
印　　张	24
版　　次	2023年9月第1版　2023年12月第2次印刷
书　　号	ISBN 978-7-5109-3891-7
定　　价	88.00元

版权所有　侵权必究

作者简介

陈增宝 浙江三门人，现为杭州互联网法院院长，国家法官学院浙江分院兼职教授、最高人民法院西部讲师团成员、浙江省"七五"普法讲师团成员，最高人民法院刑事审判第一、二、三、四、五庭主办刊物《刑事审判参考》特邀编辑，历任浙江高院刑二庭副庭长、杭州萧山区法院副院长（挂职）、浙江高院研究室主任、审判委员会委员、审判管理处处长等职务，长期从事经济犯罪和职务犯罪审判工作，2012年被授予首届全省审判业务专家称号，2014年被最高人民法院评为第三届全国审判业务专家，2015年入选全国法院"司法人才库"。先后在《人民司法》《法律适用》《中国刑事法杂志》《人民检察》《法学杂志》《浙江社会科学》《法治研究》《党政视野》《刑事审判参考》《经济犯罪审判指导》《法理学论丛》《刑事法判解研究》《人民法院报》《检察日报》《法治日报》《浙江日报》等刊物发表法学专业论文100余篇，其中法律核心期刊20余篇，有的论文被《新华文摘》《法学文摘》等刊物摘编、转载，获奖多篇，参与最高人民法院、浙江省高级人民法院、浙江社会科学规划重点调研课题多项。已出版专著：《裁判的形成——法官断案的心理机制》（法律出版社2007年版）、《法官心理与司法技巧》（中国法制出版社2012年版）、《经济犯罪疑难问题司法认定与要案判解》（法律出版社2019年版）。参著：《经济犯罪疑案评析》《刑事判案评述》《刑法发展新思域》等。

目 录
Contents

引　论　以集体讨论为基础的司法决策
　　　　——从案件合议制到审判委员会讨论

　　一、裁判中的"一案多解":一个备受关注的司法话题 / 4

　　二、司法决策中引入"集体讨论"的重要性:从合议制到审委会讨论制 / 5

　　三、"讨论规则"为什么重要:程序制约下的汇报技能与讨论方法 / 8

　　四、司法中人的因素:关注讨论能力的培养 / 11

第一讲　讨论的品性与构成

● 专题一　讨论的普遍性与讨论方法的重要性 / 15

　　一、讨论无处不在 / 15

　　二、如何让讨论更有效
　　　　——寻求以最短时间达成最佳结果的讨论方法 / 16

● 专题二　作为决策过程的案件讨论 / 17

　　一、发现问题 / 18

　　二、确立目标 / 19

　　三、收集信息 / 21

四、建构决定 / 24

　　五、选择方案 / 26

● **专题三　案件讨论的形式与种类 / 28**

　　一、合议庭讨论 / 28

　　二、专业法官会议讨论 / 29

　　三、审判委员会讨论 / 37

第二讲　合议庭的讨论原理与规则
——基于群体决策理论的检视

● **专题一　群体决策：合议制的灵魂 / 48**

　　一、群体决策的概念和决策形式 / 48

　　二、群体决策的主要优势 / 49

● **专题二　合议制运行中可能存在的问题 / 51**

　　一、有的合议庭成员缺乏全程参与 / 51

　　二、部分合议庭成员的作用发挥不够 / 52

● **专题三　理想情境中的合议制：走向理性化的群体决策 / 54**

　　一、群体决策的心理机制 / 54

　　二、合议庭评议表决规则的理性构建 / 57

　　三、加强对合议庭的监管和建设 / 60

　　四、推行院庭长阅核制度 / 61

第三讲　专业法官会议的讨论原理与规则

- **专题一　专业法官会议的会议属性 / 70**

    一、议题的提交 / 71

    二、会议的召开 / 72

    三、会议的主持 / 75

- **专题二　专业法官会议讨论的主要步骤 / 77**

    一、汇报 / 77

    二、讨论 / 79

    三、表决 / 81

- **专题三　专业法官会议运行中可能存在的问题 / 84**

    一、议事程序行政化 / 84

    二、审议程序简单化 / 86

    三、缺少当事人参与 / 86

    四、责任追究有待细化 / 89

    五、会议成果转化不足 / 92

- **专题四　专业法官会议讨论案件的原则 / 94**

    一、动议中心原则 / 94

    二、主持中立原则 / 99

    三、机会均等原则 / 104

    四、立场明确原则 / 107

五、发言完整原则
　　——防止"打断" / 112

六、面对主持原则 / 116

七、限时限次原则
　　——防止"一言堂" / 118

八、一时一件原则
　　——防止"跑题" / 120

九、遵守裁判原则 / 122

十、文明表达原则
　　——防止"不文明" / 124

十一、充分辩论原则 / 126

十二、多数裁决原则 / 131

第四讲　审委会讨论案件的原理与规则

● 专题一　审委会的历史沿革及其制度定位 / 137

　　一、审委会的历史沿革 / 137

　　二、审委会的改革历程 / 139

　　三、审委会的制度定位 / 149

● 专题二　审委会的会议属性及其议事规则 / 155

　　一、审委会的会议属性 / 155

　　二、审委会的议事规则 / 157

● 专题三　审委会与专业法官会议的异同和衔接 / 174

　　一、审委会与专业法官会议之异 / 174

二、审委会与专业法官会议之同 / 181

三、专业法官会议与审委会的衔接 / 184

● **专题四** 审委会运行中可能存在的问题与改革方向 / 187

一、审委会"宏观指导"的职能定位有待进一步强化 / 187

二、审委会"议事规则"有待进一步健全完善 / 189

三、审委会"直接审案"有待进一步探索强化 / 191

四、"审理者裁判，裁判者负责"的实践内涵有待进一步厘清 / 194

● **专题五** 审委会秘书的角色定位与职业规范 / 196

一、审委会秘书与审委会办公室的制度由来 / 196

二、审委会办公室的主要职责与审委会秘书的角色定位 / 197

三、审委会秘书的职业规范 / 201

第五讲 案件汇报
——合议庭审委会讨论案件的必备环节

● **专题一** 汇报的原理 / 205

一、"汇报"作为完整的双向"信息沟通"过程
　　——如何用最少的时间说最有效的话 / 206

二、汇报的主体和客体 / 207

三、汇报的质效提升及其影响因素
　　——影响"信息沟通"的六个基本要素 / 213

● **专题二** 案件汇报的基本要求 / 228

一、书面汇报
　　——如何制作审理报告 / 228

二、口头汇报
　　——如何用最简单的语言把案情说清楚 / 233

三、汇报的基本要求 / 240

● 专题三　案件汇报的基本方法 / 250

一、顺叙汇报法 / 250

二、倒叙汇报法 / 252

三、人物关系汇报法 / 257

四、逐罪汇报法 / 259

五、逐次汇报法 / 260

六、表格式汇报法 / 260

● 专题四　几种典型案件的汇报技巧与方法 / 262

一、"命案"的汇报技巧与方法 / 262

二、经济犯罪案件的汇报技巧与方法
　　——以诈骗罪和涉税犯罪为例 / 265

三、毒品犯罪案件的汇报技巧与方法 / 268

四、事实证据分歧案件的汇报技巧与方法 / 270

五、法律适用分歧案件的汇报技巧与方法 / 273

六、量刑分歧案件的汇报技巧与方法 / 275

七、不同诉讼程序中案件的汇报技巧与方法 / 278

八、特殊程序案件的汇报技巧与方法 / 280

第六讲　案件讨论
　　——合议庭、审委会审议案件的讨论方法

● **专题一**　讨论的一般方法
　　　　——如何让讨论更有效 / 285

　　一、提出有效问题的方法 / 285

　　二、积极倾听的方法 / 295

　　三、针对书面材料进行讨论的方法 / 302

　　四、让讨论民主化的方法 / 310

● **专题二**　案件讨论的步骤与方法
　　　　——以合议庭评议为重点 / 313

　　一、一人多次犯一罪的评议方法 / 313

　　二、一人多次犯数罪的评议方法 / 317

　　三、多人多次犯一罪的评议方法 / 319

　　四、多人多次犯数罪的评议方法 / 322

● **专题三**　几类典型案件的讨论技巧与方法
　　　　——以合议庭评议为重点 / 326

　　一、命案的评议技巧与方法 / 326

　　二、经济犯罪的评议技巧与方法 / 330

　　三、毒品犯罪案件的评议技巧与方法 / 334

　　四、事实证据分歧案件的评议技巧与方法 / 337

　　五、法律适用分歧案件的评议技巧与方法 / 339

第七讲 讨论能力的培养
——案件汇报和评议技能如何炼成

- **专题一　掌握能力要求** / 348

　　一、掌握"案件汇报"的能力要求 / 348

　　二、掌握"主持讨论"的能力要求 / 351

　　三、掌握"参与评议"的能力要求 / 354

- **专题二　加强实践锻炼** / 355

　　一、加强汇报技能的实践锻炼 / 355

　　二、加强主持技能的实践锻炼 / 360

　　三、加强评议技能的实践 / 363

- **专题三　加强培训观摩** / 366

　　一、加强跟庭学习：从书记员、法官助理做起 / 366

　　二、参与合议庭、专业法官会议讨论 / 367

　　三、观看讨论录像或书面记录 / 369

后记 / 370

引 论
以集体讨论为基础的司法决策
——从案件合议制到审判委员会讨论

党的十八大以来，习近平总书记多次强调，"要努力让人民群众在每个司法案件中感受到公平正义，所有司法机关都要紧紧围绕这个目标来改进工作，重点解决影响司法公正和制约司法能力的深层次问题"。这一重要论述为人民法院各项工作的高质量发展提供了根本遵循，指明了努力方向。2023年7月13日，最高人民法院院长张军在全国大法官研讨班上围绕学思践悟习近平法治思想，做实"公正与效率"工作主题，加快推进审判工作现代化作出一系列部署要求，强调"做实审判机制现代化就要让审判权运行符合司法规律，确保司法责任制全面准确落实"，并对合议庭、审委会工作提出了明确要求，为深化完善合议庭、审委会运行机制提供了路径和方法。

无论中外，司法的根本要求无疑是公正。对公正的诉求既是人民群众走进法庭、选择司法途径解决矛盾纠纷的理由，也是法官的职责所在。正因如此，西方人干脆把司法官叫 Justice（正义），中国老百姓则习惯于称谓理想的法官人格为"青天"。然而，千百年来，公正却没有统一的定义和标准，以致在公共空间中极易陷入主观化的思想纷争，裁判中的"一案多解"现象被指"比比皆是"。作为"司法者"，如何抓实抓好"公正与效率"工作主题，更加精准地为案件提供符合公正标准的"最佳答案"，以及有效引导"被司法者"对司法作出理性的评价？这是司法决策领域必须全面系统深入研究并理性对待的重大课题。大量的实践案例显示，通过合议制、专业法官会议、审委会讨论等集体决策的机制和方法对于确保司法裁判"公正答案"的获得与有效实现，意义重大。因此，以集体决策为基础的司法决策亦成为一个值得关注的重大理论课题。

司法决策的价值就在于为案件的解决给出正确的"答案"。

司法决策中的诉讼认知、法条的发现和提取、案件初始结论的探索和验证等判断工作实际上都属于心理学上所说的"问题解决"的范畴。

一、裁判中的"一案多解"：一个备受关注的司法话题

十九年前，《人民法院报》曾经在刑事审判专版开设了"疑案讨论"栏目，针对一些"小案子"组织读者讨论。有意思的是，这些"小案子"却往往隐藏着"大分歧"，有的分歧意见多达几十种。虽然这在实际的审判活动中不太容易出现，因为司法机关不具有报纸等媒体所独有的优势——可以发动如此之多的法律人参与案件的判断和决定，发表各自意见。但实践中，案件分歧现象始终是存在的，即使是小范围的合议庭评议，有时争议也会很大。笔者长期从事经济犯罪、职务犯罪等案件的审判实践工作，对定案中的"分歧"现象和"选择"的艰难，深有体会。随着时间的推移，我们会越来越感到，司法的公正性是相对的、不断发展的和有不同立场的。有些案件的处理在"司法者"看来于法有据，可当事人却可能认为"裁判不公"，对司法实践中的各种"分歧"现象，本书称之为"一案多解"。

值得思考的是，一个案件为什么会出现多个不同的处理意见，为什么不同的法律人，即使是审判业务专家或法学专家在一起讨论或判断案件，也仍然会有各种各样不同的"裁判结论"？有没有可能形成一套处置分歧的制度规则体系，以获取"唯一正确的答案"？如果实在不可避免，那么是否可以通过完善裁判标准和程序保障以及良好的司法操作，最大限度地管控司法裁判形成中的各种分歧现象，使得最终形成的司法裁判最大程度地接近"共识"？这种"共识"除了可以较好地

被"法律职业共同体"认可,还能被当事人、被告人、社会公众所接受和认同。这对于缓解当前的司法压力、有效实现司法公正、促进和谐社会构建,无疑具有十分重大的法治价值和现实意义。

二、司法决策中引入"集体讨论"的重要性:从合议制到审委会讨论制

司法决策的价值就在于为案件的解决给出正确的"答案"。但是,抽象的法律并没有为个案提供现成的具体答案,任何法官都无法回避以"问题解决"为基础的法律思维。正如美国法官波斯纳所言,"法律的一切最终都是一个'如何解决问题'的问题"。它是以思考为内涵,以问题目标为定向的构建、探索的过程。在构建和探索的过程中需要不断提出设想,验证设想,修正和发展设想。司法决策中的诉讼认知、法条的发现和提取、案件初始结论的探索和验证等判断工作实际上都属于心理学上所说的"问题解决"的范畴。大量的影响性或争议案例显示,"建构事实"对客观真实的失真,"法律的理解"与法律本身所释放意义存在分歧,正是案件决策时"备选方案"太多,以及争论不休,难以达成共识,最终司法判决难以被当事人、公众(参与个案讨论的公众实际上也在模拟"裁判者"的角色)认同的直接原因。

裁判结论的获得,理应以法官认定的案件事实与裁判规范已形成最佳匹配、达到公正标准为前提。之所以出现分歧,就是因为各种主体之间基于不同的"事实版本"和"法律版本"在"讨论"中提供了不同的裁判方案。从裁判的形成机制来看,司法并非逻辑三段论的简

单运作，尤其是事实与规范的互动和匹配过程，为不同主体的生活经验、价值判断等因素提供了应用空间。正如法国学者所说："三段论的大前提和小前提往往不表现为既定的因素，而是需要人们去认真探索、发现的。在探索的过程中，法学家们从事实出发来寻找恰当的规则，然后又回到案件的具体情况中来检验是否一致。在这有时费时颇久的往返运动中，法学家逐步深化着对大前提和小前提的分析，但不能迷失他最终应证明的一致性。"在这一过程中，裁判者既要反复审查分析事实证据认定的准确性，防止事实认定对客观真相的偏离，又要反复审查分析法律解释的合理性，使发现的"裁判规范"符合于当下案件的事实，使事实与规范形成相互对应的"最佳匹配"状态。

从某种意义上说，裁判方案是否最佳，是一种司法共识。美国法学家德沃金曾指出："法律判断存在多个正确答案，关键要从这些答案中依据正义、公平、正当程序与整体性原则选择最佳的答案作为判决结论。"无论是案件事实的认定，还是法律的发现和解释都给司法者的经验判断和利益衡量提供了应用空间，需要法官以生活的常规和经验为基础，结合社会的道德、人情、事理等因素作出符合"常识"的最佳判断。这种经验判断方式，意味着法官通过集体决策机制对裁判方案进行合情、合理、合法性反复权衡的重要性，以及在司法决策中引入"集体讨论"的重要性。事实上，大量的心理学研究成果表明，集体决策较法官个体决策具有独特的优势，因为一个人的能力、知识、经验和精力都是有限的，而集体决策可以把众人的力量、智慧集中起来，取长补短，使决策更加科学、更加全面、更加准确，从而最大限度地减少失误的发生。与个体决策相比，集体决策占有更完全的信息

引 论
以集体讨论为基础的司法决策——从案件合议制到审判委员会讨论

和知识,能够增强观点的多样性和决策的正确性,提高决策的可接受性,增强结论的合法性等优点。诸多可靠的决策往往都建立在集体讨论、决议的基础之上。

在司法领域,集体决策主要表现为合议制、专业法官会议讨论、审委会讨论等形式。2002年8月12日,最高人民法院印发的《关于人民法院合议庭工作的若干规定》对合议庭的职责作了明确。为进一步激发专业法官会议的制度效能,健全新型审判权力运行机制,推动司法责任制全面落实落地,最高人民法院经深入调研,并广泛征求意见,于2021年1月6日印发《关于完善人民法院专业法官会议工作机制的指导意见》。为贯彻落实中央关于深化司法体制综合配套改革的战略部署,全面落实司法责任制,最高人民法院还于2019年8月2日印发了《关于健全完善人民法院审判委员会工作机制的意见》,对审判委员会的基本原则、组织构成、职能定位、运行机制、保障监督等进行了明确。我国司法领域设置合议制、专业法官会议、审委会讨论制的初衷和精神要旨就在于通过集体讨论或集体决策这一形式充分发扬司法民主、集思广益、形成监督,增强裁判结论的正确性、合法性和可接受性,保证案件得以公平、公正地解决。实践证明,合议制、审判委员会作为审判工作的正式集体决策机构,在总结审判经验,讨论、决定重大、疑难案件,避免错案的发生,提高办案质量方面,起到了十分积极的作用。专业法官会议作为一种咨询、会商、研讨机制,负责讨论研究重大、疑难、复杂案件以及具有普遍意义的法律适用问题,为合议庭、审委会办案提供智力支持,也发挥着越来越重要的作用。

三、"讨论规则"为什么重要：程序制约下的汇报技能与讨论方法

讨论的本质是辩论。法律问题从立法开始到司法全过程，似乎始终伴随着辩论和讨论而展开。案件的汇报、讨论、辩论虽无处不在，但要达成高效的汇报、讨论、辩论并非易事。因此，全面、系统、深入地对司法领域的案件汇报技能、讨论规则和方法问题展开研究，意义重大。

在司法审判领域这种以"权衡"与"选择"为内容的自由裁量过程中，参与案件合议庭评议、审委会讨论的法官应当特别注重让程序规则成为发现"个案答案"的主要场所。在以往的法学研究与审判实践中，人们较少注意到程序的运作对于法官获取实体"裁判基准"的实践意义。事实上，这种"程序"运作除了庭审环节之外，还有案件集体讨论的环节。正如美国法学家弗里德曼所言："不管人们赋予法律制度以什么性质，它总具有每一个程序共有的特点。首先，要有输入，从制度一端进来的原料……下一步是法院，法院工作人员开始对输入的材料进行加工……然后，法院交付输出：裁判或判决。"从某种意义上说，案件事实的形成过程就是人的认识、情感、意志这三个内在心理过程的统称，同时也是各类主体认知结构、已有的知识和经验、先前观念和预断、动机和情绪等个性特征的集中体现。原初事实向案件事实的转化过程中必然被当事人、公众、司法者等不同主体所筛选，形成不同的案件故事和叙事版本，加上认知偏差因素，难免呈现出主观性、创造性的一面。在合议庭、审委会等集体讨论程序运行过程中，

引 论
以集体讨论为基础的司法决策——从案件合议制到审判委员会讨论

案件汇报与评议、讨论等过程作为信息输出者与信息接受者的双向沟通过程而存在。现实中，各种各样、不同规模的会议往往冗长乏味，无法有效达成开会讨论的目的；合议庭、审委会讨论时也可能存在强势者咄咄逼人，话题一点就着，弱势者情绪化表达，有的不围绕争议焦点而展开，汇报不得要领，辩论、发言的过程跑题等情形。在这个过程中，充分辩论探讨、凝聚共识有时候比效率更重要，合议庭、专业法官会议、审委会上各种声音吵吵闹闹，有的看似慢，实际有慢的价值，那吵而不破、折中妥协似乎对于司法决策来说具有特殊意义和价值。在讨论辩论技能和会议议事规则过程中，罗伯特议事规则被普遍认为：这是"在竞争环境中为公正平衡和正当地维护各参与方的利益而设计的精妙程序"，蕴含法治、民主、程序正当、程序性竞争、自由和制约、效率和公平等丰富的理念。如果说司法是争论、妥协的艺术，那以罗伯特议事规则等为代表的各种议事规则就是把艺术变成科学的尝试。如何借鉴罗伯特议事规则中的有益部分，科学构建司法领域中相应的会议规则、讨论方法和程序制度来约束案件讨论中信息的"输出"与"输入"问题，提高合议庭、专业法官会议和审委会讨论的质效，无疑值得重视并加以全面系统深入的理论研究和总结提炼。

基于以上考虑，本书拟以"法官如何讨论——案件的汇报技能与讨论方法"为主题，对司法决策中的案件汇报技能、讨论规则和方法问题展开全面、系统、深入的探究，以期对司法实践有所裨益。本书共分七讲加以展开：

第一讲：围绕"讨论的品性与构成"，从讨论的普遍性与讨论方法的重要性、作为决策过程的案件讨论、案件讨论的形式与种类三方面加以阐述。

第二讲：围绕"合议庭的讨论原理与规则"，对合议制的灵魂、合议制运行中可能存在的问题、理想情境中的集体决策等问题加以探究，着力为合议庭讨论规则的理性构建提供操作指引。

第三讲：围绕"专业法官会议的讨论原理与规则"，对专业法官会议的会议属性、专业法官会议讨论的主要步骤、专业法官会议运行中存在的问题、合议庭、审委会和专业法官会议讨论案件的原则等加以阐述。

第四讲：围绕"审委会讨论案件的原理与规则"，对审委会的历史沿革及其制度定位、审委会的会议属性及其议事规则、审委会与专业法官会议的异同和衔接、审委会运行中可能存在的问题与改革方向、审委会秘书的角色定位与职业规范等问题进行了全面探究。

第五讲：围绕"案件汇报"这一合议庭、审委会讨论案件的必备环节，对案件汇报的原理、案件汇报的基本要求和方法，命案、经济犯罪、毒品犯罪、事实证据分歧案件、法律适用分歧案件、量刑分歧案件、不同诉讼程序案件、特殊程序案件等几种典型案件的汇报技巧与方法等进行了具体研究。

第六讲：围绕"案件讨论"这一合议庭、审委会运行的实质性环节，对讨论的一般方法、案件讨论的步骤与方法，命案、经济犯罪、毒品犯罪、事实证据分歧案件、法律适用分歧案件等五类典型案件的讨论技巧与方法等进行了较为详细的研究。

第七讲：围绕"讨论能力的培养"，就案件汇报和评议技能如何练成这一问题，从掌握能力要求、加强实践锻炼、加强培训观摩等方面进行了理论探讨，以期为实践提供参考。

四、司法中人的因素：关注讨论能力的培养

美国心理学家西蒙认为，人类并不是像"全能神灵"一样的绝对理性人，由于受环境条件和个人认知水平的制约，个体掌握的信息和处理信息的能力都是有限的。规范的制定与设计无论怎么具体，相对于丰富的社会现实而言，总是原则性的，活生生的个案裁决永远离不开法官的司法智慧与职业良知的合力支撑。因此，美国联邦最高法院霍姆斯大法官指出，"法律应当由那些有能力、有经验的人执行"。对法官个体而言，除了掌握专业知识，还应加强实践锻炼，具备丰富的社会阅历，努力提高自身的司法能力和业务水平。尤其是案件汇报技能与讨论方法之类，只要加强相关知识的掌握和实践训练，是完全可以培养的。

第一讲
讨论的品性与构成

所谓讨论，是指就某一问题或某一事相互交换意见、表明见解或进行辩论、论证。法律问题从立法开始到司法全过程，似乎始终伴随着"讨论"而展开。讨论虽无处不在，但要达成高效的讨论并非易事。因此，全面、系统、深入地对司法领域的案件讨论问题展开研究，意义重大。本讲拟分为讨论的普遍性与讨论方法的重要性、作为决策过程的案件讨论、案件讨论的形式与种类等三个专题，对讨论的品性与构成作出探究。

讨论是法官对案件进行群体决策的必要过程，必须遵循现代决策的必要步骤和规律。

　　讨论的过程也是收集信息的过程，合议庭、审委会讨论期间，从承办人汇报案情，到合议庭、审委会成员之间相互讨论、启发，一问一答，其间都是信息提供、发送、接收、加工的过程。

第一讲
讨论的品性与构成——从案件合议制到审判委员会讨论

• **专题一** 讨论的普遍性与讨论方法的重要性

现代社会，讨论无处不在。但现实的情况是，要达成高效、成功的讨论并非易事，足见讨论规则和方法的重要性。本专题拟对讨论的普遍性与讨论方法的重要性作简要的探讨。

一、讨论无处不在

公司或团队小组开会、课堂、各种线上线下活动、家庭决策……都需要每个成员参与讨论。可以说，工作中，我们需要讨论，通过讨论相互交换意见，达成共识，形成共同决策；学习时，我们需要讨论，通过讨论为课堂注入新鲜血液，促进学生从学习中发现问题、提出问题、研究问题、解决问题，使学生的智力充分得到挑战，思维产生碰撞，情感受到熏陶，使课堂充满生机、活力，独具魅力；生活中，我们亦需要讨论，通过讨论交流思想、凝聚共识，增进友谊和情感交流。正如英国著名思想家、哲学家培根指出的："讨论犹如砥石，思想好比锋刃，两相砥砺将使思想更加锋利。"

二、如何让讨论更有效
——寻求以最短时间达成最佳结果的讨论方法

讨论虽然重要且无处不在，但现实的情况是，各种各样、不同规模的会议往往冗长乏味，无法有效达成开会讨论的目的；课堂讨论死气沉沉，学生沉默不语，会整体混乱无序，毫无成效；家庭讨论时强势者咄咄逼人，话题一点就着，弱势者情绪失控，最后不欢而散……这是所有人都不想遇到的情形。为了避免上述情况，我们需要以有效的方法和资源，在主持会议、课堂教学、家庭讨论等场景激发团队成员积极参与讨论，并聚焦关键问题，跳出思维定式，不断创造活力、积极营造达成一致的氛围，使各位成员在最短的时间内处理最需要解决的棘手问题或达成最佳结果与成效，最终实现讨论目的。

从掌握的资料来看，目前我国学者对课堂讨论等主题有不少研究，但对人们究竟"如何讨论"等一般性主题缺乏全面、系统、深入的理论研究，相关理论著作较少。对此，美国著名教育学家史蒂芬·D. 布鲁克菲尔德、史蒂芬·普莱斯基尔教授所著的《如何讨论——以最短时间达成最佳结果的 50 个讨论方法》一书具有重要的参考价值。

该书作者在几十年与高校、企业、军队、社区、医疗保健机构、监狱、工会、非营利性组织等合作的实践中，总结出了让讨论更有成效的各抒己见、黑板讨论法等 50 个实操方法，可应用于各类场合，这些打破传统讨论模式的方法，可以让读者帮助小组成员聚焦关键问题，积极参与讨论，在尽可能短的时间内处理各类需要解决的棘手问题，或达成上佳结果与成效，值得学习借鉴。

专题二 作为决策过程的案件讨论

案件讨论作为案件决策过程而存在。根据一般的决策理论，决策由决策者、决策信息、决策对象、决策理论与方法、决策结果五个基本要素构成。① 法官决策是"法官在具体的诉讼过程中，作为案件裁判者的决策主体，在包含证据认定在内的认定事实活动中，在界定案件法律关系、选择适用法律活动中，以及在形成最后裁判结果等活动中所进行的确认、判断、决定等一系列的诉讼行为的集合"②。法官决策与一般决策活动既有共性，又有自身的个性。根据决策主体的不同，法官决策有个体决策与群体决策两种形式。讨论是法官对案件进行群体决策的必要过程，必须遵循现代决策的必要步骤和规律。本专题拟对作为决策过程的案件讨论的一般规律与程序原理作些探究。一般来说，作为决策过程的案件讨论，要经历以下几个程序。

---

① 决策就是进行选择：决定做什么、怎么做，实际上就是确定一个最优的行动计划。决策可以看作是推理的高级形式。推理是根据已知推知未知，决策则是已知信息对现实事物的状态作出判断或对未来的行动方案作出选择。参见邵志芳：《思维心理学》，华东师范大学出版社 2007 年版，第 104 页。

② 决策论作为运筹学的一个分支和决策分析的理论基础，是一门在概率论的基础上发展起来的科学。在实际生活与生产中对同一问题所面临的几种自然情况或状态，又有几种可选方案的时候，决策者为对付这些情况所取的对策方案就组成决策方案或策略。参见钱卫清：《法官决策论——影响司法过程的力量》，北京大学出版社 2008 年版，第 1~3 页。

一、发现问题

这是决策所以被提出的根据，是决策的起点。一切决策都是从问题入手，围绕问题展开。为更好地发现问题，在案件讨论过程中，各方主体必须注意把握以下几点：

一是"汇报人"要善于提出问题。在汇报案件主要内容之前，要善于归纳、介绍本次汇报的主要目的，使合议庭、专业法官会议、审委会成员大致了解要解决案件什么样的问题，本案事实、证据的认定以及定罪、量刑、适用法律中存在的主要争议，以及需要重点讨论的具体问题。

二是"主持人"要及时归纳问题。在讨论过程中，合议庭审判长或审委会主持人要善于归纳案件事实证据、定罪量刑、法律适用等方面的争议焦点，提炼出需要重点讨论、研究的若干子问题，引导团队成员围绕这些问题逐一展开讨论，使问题得以有序、充分地讨论。作为主持人，还需要搞清决策问题的性质，一方面要区分问题的紧迫性，另一方面要区分问题的重要性，注意区分轻重缓急、有序讨论。

三是"讨论者"要紧紧围绕问题。参与案件讨论的合议庭成员、专业法官会议、审委会成员等讨论者必须紧紧围绕案件争议焦点及存在的问题展开讨论，交流看法，进行论证，做到不离题万里，从而为案件高效决策提供基础。

二、确立目标

决策目标是指在一定外部环境和内部环境条件下，在市场调查和研究的基础上所预测达到的结果。决策目标是根据所要解决的问题来确定的，因此，必须把握住所要解决问题的要害。只有明确了决策目标，才能避免决策的失误。公平正义是司法工作永恒的主题，是审判执行案件质量的生命线，也是案件讨论的基本价值目标。法官对合议庭评议、审委会讨论等活动应确立最大限度追求司法公正的理念，把实现司法公正作为自己最高的行为准则。而公正包括实体公正和程序公正，二者相辅相成。美国著名法官弗兰克法特曾经说，司法不仅在实质上必须公正，而且在"外观上的公正"也是需要的，这就是"程序公正"所能发挥的功用。[①] 各国和地区的司法实践都证明，包括讨论在内的任何案件审理活动都必须坚持实体公正和程序公正并举，任何偏颇于实体公正或程序公正的做法都是不恰当的。实践亦证明，要想达到司法中的行为公正与认同公正的统一，除了致力于制定严格的司法细则、程序规则等制度建设和严格的实务操作外，还要坚持以人为本的逻辑起点，统筹兼顾司法公正的法律标准、心理标准与社会标准，有针对性地密切关注个案当事人"司法公正感"的具体形成与有效实现，努力让人民群众在每一个司法案件中感受到公平正义，充分彰显人本主义法治精神。

基于公平正义的价值追求，案件讨论的目标也可作相应的具体化、

---

① 参见龙宗智：《刑事庭审制度研究》，中国政法大学出版社2001年版，第25页。

数量化，各项具体目标之间应保持一致性，并可明确决策目标的约束条件、时限要求。具体来说，案件讨论的目标大致可从以下几个方面加以把握：

一是形成正确的事实判断。事实问题是案件讨论的主要内容，通过讨论达成的目标是形成正确的事实判断，具体看案件事实是否清楚，证据是否确实、充分。事实方面，既包括案件的总体事实是否清楚，定案证据是否确实、充分，又包括具体的作案时间、地点、动机、经过等事实要素、情节是否清楚，相关证据是否确实、充分。

二是形成准确的定罪判断。现实中，刑事裁判面对的是各种各样、千姿百态的鲜活的个案，裁判结论要依据罪刑规范而作出，要受罪刑法定这一铁则的规制，然而罪刑法定之"法"及其载明的罪刑规范未能给裁判者提供现成的答案。因此，定罪问题成了刑事案件审理中的重大问题。检察机关指控的罪名能否成立、原判定罪是否正确、本案究竟应定一罪还是应定数罪、定此罪还是彼罪，往往是控辩双方争议的焦点，也是合议庭、专业法官会议、审委会讨论和决策中遇到的重点、难点问题。合议庭、专业法官会议、审委会讨论的目标之一就是要就案件处理形成准确的定罪判断。

三是形成适当的量刑判断。量刑是法官根据行为人所犯罪行及刑事责任的轻重，在定罪基础上，依法决定对犯罪分子是否判刑、判处何种刑罚、何种刑度以及是否立即执行的刑事审判活动。量刑以定罪为前提，只有先确定有罪，然后才能决定是否以及如何量刑。合议庭、审委会讨论量刑的目标任务决定是判处刑罚还是免除刑罚，决定刑种、刑度，决定是否实行数罪并罚，以及决定所判处的刑罚是否立即执行。

合议庭、专业法官会议、审委会讨论量刑问题的目标就是要就案件处理形成适当的量刑判断。

四是形成合法的程序判断。案件诉至人民法院审判阶段之后，合议庭、专业法官会议、审委会讨论案件所涉的程序问题主要包括侦查机关的侦查程序是否合法、有无违法取证或刑讯逼供行为、在案证据是否属于需要排除使用的非法证据等情况。如果是二审刑事案件，那还要审查一审的审判程序是否合法、被告人的辩护权是否得到充分保障等方面。合议庭、专业法官会议、审委会讨论案件所涉的程序问题的目标任务就是要形成合法的程序判断。

三、收集信息

决策信息是决策主体在决策过程中作出正确决策的信息依据。按信息源来分，决策信息包括来源于外部环境的外部信息，以及反映一个组织内部活动的内部信息。按信息对决策功能的适用程度来分，包括描述性信息和控制性信息两大类。赫伯特·西蒙曾经说过："决策过程中至关重要的因素是信息联系，信息是合理决策的生命线。"许多决策失误就是因为占有的信息量和鉴别信息上有这样那样的问题。占有信息要依靠信息的收集。要提高决策质量，就要在收集信息时了解需要掌握什么样的信息、掌握多少信息和怎样鉴别已掌握的信息。鉴别、分析信息是信息处理的两个核心内容。在一个决策过程中，从问题诊断、目标确定开始，一直到方案的拟定、评选，都需要相应的信息支持。决策的过程实际上也就是信息的收集和处理过程。

所谓决策信息的收集，是指通过观测、侦查、调查、征集等手段收集决策信息。在案件讨论之前，承办人通过阅卷、调查、庭审、撰写审理报告等一系列审理活动，实际上是一个收集信息、认知案情并为裁判决策提供依据的过程。其实，讨论的过程也是收集信息的过程，合议庭、审委会讨论期间，从承办人汇报案情，到合议庭、审委会成员之间相互讨论、启发，一问一答，其间都是信息提供、发送、接收、加工的过程。案件决策本身就是决策者输入信息、处理信息和输出信息的过程。法官的认知是法官从外界获取案件事实信息的最初渠道，是裁判活动的前提和基础。一方面，案件事实建构和裁判规范的发现建立在法官对事实和法律认知的最初的信息基础之上。正如弗里德曼所言："不管人们赋予法律制度以什么性质，它总具有每一个程序共有的特点。首先，要有输入，从制度一端进来的原料……下一步是法院，法院工作人员开始对输入的材料进行加工……然后，法院交付输出：裁判或判决。"[①] 我国李安博士借助认知科学的研究范式来考察刑事裁判的思维模式，将刑事裁判分为三个环节：输入、加工和输出。其中，加工就是法官对案件的思维运作，案件与判决之间存在着一个"加工通道"，法官对规则的理解和事实的认知均发生在"通道"加工之中，从而颇具创新性地提出了"加工通道"的法律思维理论。[②] 这也同时为我们指出了法官认知与司法裁判之间的密切关系。另一方面，认知

[①]［美］弗里德曼：《法律制度》，李琼英、林欣译，中国政法大学出版社1994年版，第13页。

[②] 参见李安：《刑事裁判思维模式研究》，中国法制出版社2007年版，第7页、第13页。

是法官在诉讼活动中了解他人情绪情感、性格特征和人际关系的基础。认知是个人对他人的心理状态、行为动机和意向作出推测与判断的过程。据此，认知是法官在办案过程中把握当事人心理特征、有效采取诉讼策略和审判技术、制定审判方案的前提。法官的认知不仅包括法官对案件事实和法律的认知，还包括法官对社会的认知。法官收集的信息既包括案件事实、法律适用等方面的信息，也包括案件的社会结构等方面的信息。

法官收集、汇报、讨论案件决策信息，要注意遵循以下要求：

一是注重"真实性"。决策信息的生命力在于其真实性和准确性。真实性是指尊重客观事物的客观性和反映事物的准确性。决策信息要能够真实反映客观事物的现状和变化。如果信息失真，就会判断失误，造成不良后果。根据真实性要求，法官要坚持以事实为依据、以法律为准绳，忠于案件的事实证据、忠于法律。

二是注重"及时性"。所谓及时性，是指决策者能否具有较强的应变能力，对不断变化的环境做出迅速的反应，不断采取对策。在收集信息过程中，要尽量缩短信息的流动时间，使对信息的收集、整理、传递快节奏进行。据此，法官在审理案件时要严格遵循审理期限等时间要求，并坚持集中审理等原则。其中，一个案件要组成一个合议庭进行审理，每起案件自始至终应由同一法庭进行审判。在案件审理开始后尚未结束前不允许法庭再审理其他任何案件。合议庭成员不得随意更换。要集中证据调查与法庭辩论。庭审不中断并迅速作出裁判。这些要求都是集中审理原则的体现。

三是注重"适用性"。所谓适用性，是指要选择对决策具有直接意义、参考价值、实际作用，能体现最新情况的高质量的信息。既包括正面的信息，又包括负面的信息。法官在阅卷、庭审等审理活动中，要围绕犯罪构成所涵摄的事实要素、相关信息进行审查，有针对性地收集相关事实证据以及法律规范信息，并在审理报告等材料中予以全面、客观地反映，便于合议庭、审委会讨论。

四是注重"系统性"。所谓系统性，要求决策信息不是零星的、个别的、紊乱的，而是由具有特定内容和性质，在一定的环境条件下为某种决策服务的信息所组成的有机整体。在案件审理过程中，承办法官收集决策信息必须全面、客观，以系统观念有针对性地收集，尽可能把与案件定罪量刑有关的信息都收集到位并在审理报告中反映情况、汇报到位，为合议庭、审委会讨论提供全面的信息。

四、建构决定

任何一个决策都需要对信息进行解释和评估。我们的资料一般都来自于多种渠道，需要对它们进行过滤、加工和解释。比如，哪些资料与决策有关，哪些与决策无关？决策者的认知将回答这一问题。决策者还需要开发各种备选方案，并评估每一方案的优点和缺点，由于备选方案并没有插上小红旗明确指明自己有多少个，或清楚表明自己的优缺点，因而决策者的知觉过程会对最终结果有巨大的影响。由于知觉存在个体差异性，这也就造成了个体决策的差异性。这也正好说明，法官个体决策难免具有不稳定性和多样化等个性特征。

而合议庭、审委会讨论是典型的群体决策。所谓群体决策，俗称集体决策，简而言之，即与个人相对的决策，由决策群体共同作出决策的过程。① 它既是一种决策形式，又是一门学问。作为合作的决策形式，群体决策是处理重大定性决策问题的有力工具。② 投票是群体决策行为中一种常见的方式，人们往往以投票的结果作为群体最后的决策选择。③ 作为学问，群体决策是研究如何将一群个体中每一成员对某类事物的偏好汇集成群体偏好，以使该群体对此类事物中的所有事物作出优劣排序或从中选优的一门具有悠久研究历史和现代应用价值的学科。④ 一个群体决策问题包含两大要素：一个是供选择的对象，称为供选方案，如选举中的候选人、购物中的品牌货物或文体竞赛中的选手、案件合议中的定罪量刑方案；另一个是参与决策的成员，即决策者或称决策个体，如选举中的选民、购物中的顾客或文体竞赛中的评判员、案件审理中的法官。当然，任意一个群体决策问题均应有不少于两个

---

① 参见刘兴波：《群体决策分析》，载《党政论坛》2006年第2期。

② 在现代，任何一种民主社会体制都应当尽可能地满足它的每一个成员的需求。然而，在一个社会群体中，由于各个成员对所考虑的事物总会存在着价值观念上的差别和个人利益间的冲突，因而他们对各种事物必然会具有不同的偏好态度。将众多不同的个体偏好汇集成一个群体偏好，据此对某类事物作出群体抉择，是当今社会处理各种重大决策和分配问题的有效手段。民主政治中的选举、市场机制中的投资招标、专业职称评定、文体竞赛排名以及军事参谋团决策，这些都是典型的群体决策问题。

③ 参见吴泽俊、李平香：《群体决策中的投票行为分析》，载《江西社会科学》2001年第4期。

④ 参见胡毓达：《群体决策的不可能性定理和多数规则》，载《科学》2004年第6期。

供选方案和不少于两位决策个体。

所谓建构决定，也就是拟定备选方案。决策目标确定以后，就应拟定达到目标的各种备选方案。拟定备选方案：第一步是分析和研究目标实现的外部因素和内部条件，积极因素和消极因素，以及决策事物未来的运动趋势和发展状况；第二步是在此基础上，将外部环境各不利因素和有利因素、内部业务活动的有利条件和不利条件等，同决策事物未来趋势和发展状况的各种估计进行排列组合，拟定出实现目标的方案；第三步是将这些方案同目标要求进行粗略的分析对比，权衡利弊，从中选择出若干个利多弊少的可行方案，供进一步评估和抉择。

五、选择方案

所谓选择方案，就是在讨论过程中，从多个备选方案中选择最优方案的过程。虽然法律是人类理性的制度设计，但在实际运作过程中司法的这种理性是存在局限性的，主要体现在认定事实、适用法律、运用程序三方面。因此，法律裁判关注的焦点定位于找到实际情况中各种可能方案中"最优"的一种，在人类有限理性的范围内为案件发现真理。其中，"发现"为案件提供可选答案，"检测"为最佳选择提供基础，而裁判结论的"论证"，是指法官通过权衡不同裁判所带来的可能后果，对裁判结论进行后果主义论证与反复修正，以求得最恰当裁判的司法过程。

司法裁判的形成，最终应以事实与规范的"公正"匹配为最高境界。亦即，经由逻辑推理过程的裁判结论的获得，应以法官认定的案件事实与裁判规范已形成最佳匹配为前提。正如法国学者所说："三段论的大前提和小前提往往不表现为既定的因素，而是需要人们去认真探索、发现的。在探索的过程中，法学家们从事实出发来寻找恰当的规则，然而又回到案件的具体情况中来检验是否一致。在这有时费时颇久的往返运动中，法学家逐步深化着对大前提和小前提的分析，但不能迷失他最终应证明的一致性。"美国法学家德沃金亦指出："法律判断存在多个正确答案，关键要从这些答案中依据正义、公平、正当程序与整体性原则选择最佳的答案作为判决结论。"在这一过程中，法官要立足时代、国情、文化，综合考量法、理、情等因素，强化社会主义核心价值观的导向作用，既要反复审查分析事实证据认定的准确性，防止事实认定对客观真相的偏离，又要反复审查分析法律解释的合情理性，使发现的"裁判规范"符合当下案件的事实，使事实与规范形成相互对应的"最佳匹配"状态，并在文书中采取文义、体系、目的、历史等法律解释方法讲清罪与非罪、此罪与彼罪、罪重与罪轻的认定问题。

在我国，社会主义核心价值观在裁判事实、规范乃至初始结论的"发现"和"证立"环节分别发挥了"指引""检测"等功能作用。有的刑事判决之所以受到质疑，主要原因在于法官事先对该行为该不该处罚，现有处罚是否过重，缺乏必要的检测与论证、违背主流的价值判断。实践证明，唯有将核心价值观融入司法全过程，使裁判文书具有针对性、充分性、逻辑性的说理，才能推开司法公正的全景之门，让公平正义以看得见的方式得以呈现，不断提升裁判的法律认同、社会认同和情理认同，实现法律效果、社会效果、政治效果的有机统一。

专题三 案件讨论的形式与种类

司法实践中,案件讨论主要体现为四种形式:一是合议庭讨论;二是审判委员会讨论;三是专业法官会议讨论;四是陪审团讨论。

一、合议庭讨论

在我国,合议制度是人民法院根据法律规定以合议庭为组织审理各类案件的最基本的审判制度。合议制主要表现在,案件由三人或三人以上的合议庭成员通过集体审理、评议讨论、表决,然后以集体的名义作出裁判。支撑合议制运作的科学原理正是心理学上的群体决策机制,群体决策是合议制的核心和灵魂。[①]

2002年8月12日,最高人民法院印发的《最高人民法院关于人民法院合议庭工作的若干规定》对合议庭的职责作了进一步明确:(1)根据当事人的申请或者案件的具体情况,可以作出财产保全、证据保全、先予执行等裁定;(2)确定案件委托评估、委托鉴定等事项;(3)依法开庭审理第一审、第二审和再审案件;(4)评议案件;(5)请院长决定将案件提交审判委员会讨论决定;(6)按照权限对案件及其有关程序性事项作出裁判或者提出裁判意见;(7)制作裁判文

[①] 参见陈增宝:《合议制的原理与规则——基于群体决策理论的检视》,载《法律适用》2008年第5期。

书；（8）执行审判委员会决定；（9）办理有关审判的其他事项。

为了全面准确落实司法责任制，规范合议庭运行机制，明确合议庭职责，最高人民法院于 2022 年 10 月又制定印发了《关于规范合议庭运行机制的意见》，对合议庭的产生方式、审判长和承办法官的职责等作了细化、规范。该意见第 1 条明确指出"合议庭"是人民法院的基本审判组织。合议庭全体成员平等参与案件的阅卷、庭审、评议、裁判等审判活动，对案件的证据采信、事实认定、法律适用、诉讼程序、裁判结果等问题独立发表意见并对此承担相应责任。该意见第 3 条规定，审判长除承担由合议庭成员共同承担的职责外还承担确定案件审理方案、庭审提纲，协调合议庭成员分工，指导合议庭成员或者审判辅助人员做好其他必要的庭审准备工作；主持、指挥庭审活动；主持合议庭评议；建议将合议庭处理意见分歧较大的案件，依照有关规定和程序提交专业法官会议讨论或者审判委员会讨论决定等职责。

二、专业法官会议讨论

专业法官会议是指人民法院向审判组织和院庭长（含审判委员会专职委员），履行法定职责提供咨询意见的内部工作机制。2015 年印发的《最高人民法院关于完善人民法院司法责任制的若干意见》，明确人民法院可以建立专业法官会议，为审判组织正确理解和适用法律提供咨询意见。司法责任制改革全面推开后，各级人民法院均配套建立了专业法官会议机制。①2018年11月，最高人民法院在总结各地经验基础上，印发《关于健全完善人民法院主审法官会议工作机制的指导意见（试行）》（已失效），为健全完善专业法官会议机制提供初步政策指引。经过两年多的试行，各级人民法院积累创建了许多有益经验，并在司法实践中发挥了积极作用，但也存在制度定位不准、程序运行不畅、参加人员无序、意见质量不高、讨论规则不完善、绩效考核不配套、意见效力不确定、成果转化不及时等问题。2019年以来，为推动法律正确统一适用，最高人民法院先后就完善审判委员会制度、建立法律适用分歧解决机制、加强类案检索运用、完善统一法律适用标准工作机制印发指导意见，不断健全完善专业法官会议与司法责任制其他配套制度的衔接机制。2020年7月印发的《最高人民法院关于深化司法责任制综合配套改革的实施意见》，进一步将"类案检索初步过滤、专业法官会议研究咨询、审判委员会讨论决定"作为新型审判权力运行体系的基础制度框架。为进一步激发专业法官会议的制度效能，健全新型审判权力运行机制，推动司法责任制全面落实落地，最高人民法院经深入调研，并广泛征求意见，于2021年1月

---

① 例如，陕西高院于2016年2月出台《专业法官会议规则（试行）》，2016年11月四川自贡中院出台《专业法官会议工作规则（试行）》，浙江省宁波中院于2017年5月出台《专业法官会议工作规则（试行）》，上海市第一中级人民法院2018年出台《关于专业法官会议集体研判（专家会诊）疑难复杂案件的规定（试行）》，天津高院于2019年3月出台《关于规范专业法官会议运行机制的指导意见》。同时，各地法院还在积极探索专业法官会议的新模式，如2020年7月7日，浙江嘉善、上海青浦、江苏吴江三地法院出台《跨区域专业法官会议工作指引》，对提请跨区域专业法官会议的议案范围、会议规则等作了规定，积极探索和推进长三角一体化司法，优化共享司法资源，促进裁判标准尺度的统一。

6日印发《关于完善人民法院专业法官会议工作机制的指导意见》(法发〔2021〕2号,以下简称《指导意见》)。①

(一)明确了专业法官会议的制度定位

《指导意见》第一条开宗明义,明确了"专业法官会议是人民法院向审判组织和院庭长履行法定职责提供咨询意见的内部工作机制",具有三重制度属性:

1. 辅助决策。专业法官会议讨论形成的意见,仅供审判组织作裁判或院庭长行使审判监督管理职权时参考。

2. 咨询参考。专业法官会议提供的只是咨询意见,而非决定性意见。

3. 全程留痕。专业法官会议的意见虽然仅供参考、咨询之用,但在整个审判权力运行过程中,有着重要的枢纽作用,是推动审判组织复议、院庭长监督、审判委员会讨论的关键节点。因此必须规范专业法官会议的运行机制,确保会议全程留痕,并提升主持人、参加人员的责任意识和发言质量,促进会议成果转化。

(二)明确了专业法官会议的运行机制

1. 明确了专业法官会议规模。《指导意见》第二条明确了"各级人民法院根据本院法官规模、内设机构设置、所涉议题类型、监督管理需要等,在审判专业领域、审判庭、审判团队内部组织召开专业法官会议,必要时可以跨审判专业领域、审判庭、审判团队召开"。

2. 明确了专业法官会议的人员组成。《指导意见》第三条明确了

---

① 参见刘峥、何帆、马骁:《〈关于完善人民法院专业法官会议工作机制的指导意见〉的理解与适用》,载《人民法院报》2021年1月14日。

"专业法官会议由法官组成"。各级人民法院可以结合所涉议题和会议组织方式，兼顾人员代表性和专业性，明确不同类型会议的最低参加人数，确保讨论质量和效率。专业法官会议主持人可以根据议题性质和实际需要，邀请法官助理、综合业务部门工作人员等其他人员列席会议并参与讨论。

3. 明确了专业法官会议讨论的范围。《指导意见》第四条明确了"专业法官会议讨论案件的法律适用问题或者与事实认定高度关联的证据规则适用问题，必要时也可以讨论其他事项"。独任庭、合议庭办理案件时，存在下列情形之一的，应当建议院庭长提交专业法官会议讨论：

（1）独任庭认为需要提交讨论的；

（2）合议庭内部无法形成多数意见，或者持少数意见的法官认为需要提交讨论的；

（3）有必要在审判团队、审判庭、审判专业领域之间或者辖区法院内统一法律适用的；

（4）属于《最高人民法院关于完善人民法院司法责任制的若干意见》第24条规定的"四类案件"范围的；

（5）其他需要提交专业法官会议讨论的。

院庭长履行审判监督管理职责时，发现案件存在前款情形之一的，可以提交专业法官会议讨论；综合业务部门认为存在前款第（3）(4)项情形的，应当建议院庭长提交专业法官会议讨论。

各级人民法院应当结合审级职能定位、受理案件规模、内部职责分工、法官队伍状况等，进一步细化专业法官会议讨论范围。

4. 明确了专业法官会议主持人的职责。《指导意见》第四条规定，专业法官会议由下列人员主持：

（1）审判专业领域或者跨审判庭、审判专业领域的专业法官会议，由院长或其委托的副院长、审判委员会专职委员、庭长主持；

（2）本审判庭或者跨审判团队的专业法官会议，由庭长或其委托的副庭长主持；

（3）本审判庭内按审判团队组织的专业法官会议，由庭长、副庭长或其委托的资深法官主持。

同时，《指导意见》第六条规定，主持人应当在会前审查会议材料并决定是否召开专业法官会议。对于法律适用已经明确，专业法官会议已经讨论且没有出现新情况，或者其他不属于专业法官会议讨论范围的，主持人可以决定不召开会议，并根据审判监督管理权限督促或者建议独任庭、合议庭依法及时处理相关案件。主持人决定不召开专业法官会议的情况应当在办案平台或者案卷中留痕。

实践中，专业法官会议的讨论质量，很大程度上取决于主持人是否能够恪尽职责。对此，《指导意见》明确指出，"主持人召开会议时，应当严格执行讨论规则，客观、全面、准确归纳总结会议讨论形成的意见"。

5. 明确了专业法官会议讨论案件的准备程序和召集规则。《指导意见》第七条规定，拟提交专业法官会议讨论的案件，承办案件的独任庭、合议庭应当在会议召开前就基本案情、争议焦点、评议意见及其他参考材料等简明扼要准备报告，并在报告中明确拟提交讨论的焦点问题。案件涉及统一法律适用问题的，应当说明类案检索情况，确有必要的应当制作类案检索报告。全体参加人员应当在会前认真阅读会议材料，掌握议题相关情况，针对提交讨论的问题做好发言准备。

《指导意见》第八条规定，专业法官会议可以定期召集，也可以根据实际需要临时召集。各级人民法院应当综合考虑所涉事项、议题数量、会务成本、法官工作量等因素，合理确定专业法官会议的召开频率。

6. 明确了专业法官会议的会务要求。《指导意见》第九条规定，主持人应当指定专人负责会务工作。召开会议前，应当预留出合理、充足的准备时间，提前将讨论所需的报告等会议材料送交全体参加人员。召开会议时，应当制作会议记录，准确记载发言内容和会议结论，由全体参加人员会后及时签字确认，并在办案平台或者案卷中留痕；参加人员会后还有新的意见，可以补充提交书面材料并再次签字确认。

7. 明确了专业法官会议的讨论规则。《指导意见》第十条规定，专业法官会议按照下列规则组织讨论：

（1）独任庭或者合议庭作简要介绍；

（2）参加人员就有关问题进行询问；

（3）列席人员发言；

（4）参加人员按照法官等级等由低到高的顺序发表明确意见，法官等级相同的，由晋升现等级时间较短者先发表意见；

（5）主持人视情况组织后续轮次讨论；

（6）主持人最后发表意见；

（7）主持人总结归纳讨论情况，形成讨论意见。

8. 明确了专业法官会议的意见效力。《指导意见》第十一条规定，专业法官会议讨论形成的意见供审判组织和院庭长参考。经专业法官会议讨论的"四类案件",独任庭、合议庭应当及时复议;专业法官会议没有形成多数意见,独任庭、合议庭复议后的意见与专业法官会议多数意见不一致,或者独任庭、合议庭对法律适用问题难以作出决定的,应当层报院长提交审判委员会讨论决定。对于"四类案件"以外的其他案件,专业法官会议没有形成多数意见,或者独任庭、合议庭复议后的意见仍然与专业法官会议多数意见不一致的,可以层报院长提交审判委员会讨论决定。独任庭、合议庭复议情况,以及院庭长提交审判委员会讨论决定的情况,应当在办案平台或者案卷中留痕。

9. 明确了专业法官会议与审委会讨论的衔接程序。《指导意见》第十二条规定,拟提交审判委员会讨论决定的案件,应当由专业法官会议先行讨论。但存在下列情形之一的,可以直接提交审判委员会讨论决定:

(1) 依法应当由审判委员会讨论决定,但独任庭、合议庭与院庭长之间不存在分歧的;

(2) 专业法官会议组成人员与审判委员会委员重合度较高,先行讨论必要性不大的;

(3) 确因其他特殊事由无法或者不宜召开专业法官会议讨论,由院长决定提交审判委员会讨论决定的。

10. 明确了专业法官会议讨论的保密等其他要求。《指导意见》第十三条规定,参加、列席专业法官会议的人员和会务人员应当严格遵守保密工作纪律,不得向无关人员泄露会议议题、案件信息和讨论情况等审判工作秘密;因泄密造成严重后果的,依纪依法追究纪律责任直至刑事责任。

《指导意见》第十四条规定，相关审判庭室应当定期总结专业法官会议工作情况，组织整理形成会议纪要、典型案例、裁判规则等统一法律适用成果，并报综合业务部门备案。各级人民法院可以指定综合业务部门负责专业法官会议信息备案等综合管理工作。

《指导意见》第十五条规定，法官参加专业法官会议的情况应当计入工作量，法官在会上发表的观点对推动解决法律适用分歧、促成公正高效裁判发挥重要作用的，可以综合作为绩效考核和等级晋升时的重要参考因素；经研究、整理会议讨论意见，形成会议纪要、典型案例、裁判规则等统一法律适用成果的，可以作为绩效考核时的加分项。各级人民法院可以参照前述规定，对审判辅助人员参加专业法官会议的情况纳入绩效考核。

《指导意见》第十六条规定，各级人民法院应当提升专业法官会议会务工作、召开形式、会议记录和审判监督管理的信息化水平，推动专业法官会议记录、会议纪要、典型案例等与智能辅助办案系统和绩效考核系统相关联，完善信息查询、裁判指引、自动提示等功能。

值得一提的是，专业法官会议由原先的审判长联席会议演变而来，在名称上也曾有"主审法官会议""法官联席会议"等不同称谓。

在本轮司法改革过程中，随着改革的深入开展，审判长联席会议已经被专业法官会议所取代。从前述文件来看，专业法官会议作为一种咨询、会商、研讨机制而存在，负责讨论研究重大、疑难、复杂案件以及具有普遍意义的法律适用问题，为合议庭办案提供智力支持，讨论意见供合议庭复议时参考。但从决策机制的角度来看，专业法官会议与原先的审判长联席会议均具有群体决策的特点。

三、审判委员会讨论

审判委员会是人民法院决定案件处理的最高审判组织。从司法决策的角度看，审判委员会无疑是法院中最高审判组织和案件决策机构，指导和监督全院审判工作。审判委员会由院长1人，副院长、庭长、副庭长、审判员中的若干人组成。《刑事诉讼法》规定，对于疑难、复杂、重大案件，合议庭认为难以作出决定的，由合议庭提请院长决定提交审判委员会讨论决定。审判委员会在对案件的实质处理上的职权，决定了它在诉讼中的地位，表明它具有审判组织的性质。与独任庭、合议庭相比，后两者的组成人员是不固定的，只是在审理案件时指定，一旦案件审理终结即结束。而审判委员会的人员组成是固定的，审判委员会委员由与人民法院同级的国家权力机关任免。为使审判委员会活动制度化、规范化，提高工作效率，以充分发挥其国家最高审判组织的重要作用，各级法院一般都根据《人民法院组织法》和有关法律的规定以及审判实践经验，制定了《审判委员会工作规则》。

审判委员会的设置是我国审判权行使中的一大特色。实践证明，审判委员会作为审判工作的一个集体决策机构，在总结审判经验，讨论、决定重大、疑难案件，避免错案、冤案的发生，提高办案质量，确实起到了十分积极的作用。但随着司法改革的逐步深入，审判委员会制度正面临着现实公正诉求和现代司法理念的冲击，审判委员会的改革和完善已成为理论和实践中广泛关注的重大课题。

为贯彻落实中央关于深化司法体制综合配套改革的战略部署，全面落实司法责任制，最高人民法院于2019年8月2日印发《关于健全完善人民法院审判委员会工作机制的意见》（以下简称《意见》）。该《意见》对审判委员会的基本原则、组织构成、职能定位、运行机制、保障监督等进行了明确。

（一）明确了审委会工作的基本原则

1. 坚持党的领导。坚持党对人民法院工作的绝对领导，坚定不移走中国特色社会主义法治道路，健全公正高效权威的社会主义司法制度。

2. 实行民主集中制。坚持充分发扬民主和正确实行集中有机结合，健全完善审判委员会议事程序和议事规则，确保审判委员会委员客观、公正、独立、平等发表意见，防止和克服议而不决、决而不行，切实发挥民主集中制优势。

3. 遵循司法规律。优化审判委员会人员组成，科学定位审判委员会职能，健全审判委员会运行机制，全面落实司法责任制，推动建立权责清晰、权责统一、运行高效、监督有力的工作机制。

4. 恪守司法公正。认真总结审判委员会制度改革经验，不断完善工作机制，坚持以事实为根据、以法律为准绳，坚持严格公正司法，坚持程序公正和实体公正相统一，充分发挥审判委员会职能作用，努力让人民群众在每一个司法案件中感受到公平正义。

（二）明确了审委会的组织构成

1. 各级人民法院设审判委员会。明确审判委员会由院长、副院长和若干资深法官组成，成员应当为单数。审判委员会可以设专职委员。

2. 审判委员会会议分为全体会议和专业委员会会议。明确专业委员会会议是审判委员会的一种会议形式和工作方式。中级以上人民法院根据审判工作需要，可以召开刑事审判、民事行政审判等专业委员会会议。专业委员会会议组成人员应当根据审判委员会委员的专业和工作分工确定。审判委员会委员可以参加不同的专业委员会会议。专业委员会会议全体组成人员应当超过审判委员会全体委员的二分之一。

（三）明确了审委会的职能定位

1. 明确了审判委员会的主要职能。根据该《意见》，审委会的主要职能是：

（1）总结审判工作经验；

（2）讨论决定重大、疑难、复杂案件的法律适用；

（3）讨论决定本院已经发生法律效力的判决、裁定、调解书是否应当再审；

（4）讨论决定其他有关审判工作的重人问题。

最高人民法院审判委员会通过制定司法解释、规范性文件及发布指导性案例等方式，统一法律适用。

2. 明确了应当提交审判委员会讨论的案件范围。根据该《意见》，各级人民法院审理的下列案件，应当提交审判委员会讨论决定：

（1）涉及国家安全、外交、社会稳定等敏感案件和重大、疑难、复杂案件；

（2）本院已经发生法律效力的判决、裁定、调解书等确有错误需要再审的案件；

（3）同级人民检察院依照审判监督程序提出抗诉的刑事案件；

（4）法律适用规则不明的新类型案件；

（5）拟宣告被告人无罪的案件；

（6）拟在法定刑以下判处刑罚或者免予刑事处罚的案件；

高级人民法院、中级人民法院拟判处死刑的案件，应当提交本院审判委员会讨论决定。

3. 明确了可以提交审判委员会讨论的案件范围。根据该《意见》，各级人民法院审理的下列案件，可以提交审判委员会讨论决定：

（1）合议庭对法律适用问题意见分歧较大，经专业（主审）法官会议讨论难以作出决定的案件；

（2）拟作出的裁判与本院或者上级法院的类案裁判可能发生冲突的案件；

（3）同级人民检察院依照审判监督程序提出抗诉的重大、疑难、复杂民事案件及行政案件；

（4）指令再审或者发回重审的案件；

（5）其他需要提交审判委员会讨论决定的案件。

（四）明确了审委会的运行机制

该《意见》明确，合议庭或者独任法官认为案件需要提交审判委员会讨论决定的，由其提出申请，层报院长批准。未提出申请，院长认为有必要的，可以提请审判委员会讨论决定。拟提请审判委员会讨论决定的案件，应当有专业法官会议研究讨论的意见。审判委员会讨论案件或者事项的决定，合议庭、独任法官或者相关部门应当执行。人大代表、政协委员、专家学者，同级人民检察院检察长或者其委托的副检察长可列席审判委员会会议。具体体现在以下几个方面：

1. 合议庭或者独任法官认为案件需要提交审判委员会讨论决定的，由其提出申请，层报院长批准；未提出申请，院长认为有必要的，可以提请审判委员会讨论决定。其他事项提交审判委员会讨论决定的，参照案件提交程序执行。

2. 拟提请审判委员会讨论决定的案件，应当有专业法官会议研究讨论的意见。专业法官会议意见与合议庭或者独任法官意见不一致的，院长、副院长、庭长可以按照审判监督管理权限要求合议庭或者独任法官复议；经复议仍未采纳专业法官会议意见的，应当按程序报请审判委员会讨论决定。

3. 提交审判委员会讨论的案件，合议庭应当形成书面报告。书面报告应当客观全面反映案件事实、证据、当事人或者控辩双方的意见，列明需要审判委员会讨论决定的法律适用问题、专业法官会议意见、类案与关联案件检索情况，有合议庭拟处理意见和理由。有分歧意见的，应归纳不同的意见和理由。其他事项提交审判委员会讨论之前，承办部门应在认真调研并征求相关部门意见的基础上提出办理意见。

4. 对提交审判委员会讨论决定的案件或者事项，审判委员会工作部门可以先行审查是否属于审判委员会讨论范围并提出意见，报请院长决定。

5. 提交审判委员会讨论决定的案件，审判委员会委员有应当回避情形的，应当自行回避并报院长决定；院长的回避，由审判委员会决定。

审判委员会委员的回避情形，适用有关法律关于审判人员回避情形的规定。

6. 审判委员会委员应当提前审阅会议材料，必要时可以调阅相关案卷、文件及庭审音频视频资料。

7. 审判委员会召开全体会议和专业委员会会议，应当由其组成人员的过半数出席。

8. 审判委员会全体会议及专业委员会会议应当由院长或者院长委托的副院长主持。

9. 下列人员应当列席审判委员会会议：

（1）承办案件的合议庭成员、独任法官或者事项承办人；

（2）承办案件、事项的审判庭或者部门负责人；

（3）其他有必要列席的人员。

审判委员会召开会议，必要时可以邀请人大代表、政协委员、专家学者等列席。

经主持人同意，列席人员可以提供说明或者表达意见，但不参与表决。

10. 审判委员会举行会议时，同级人民检察院检察长或者其委托的副检察长可以列席。

11. 审判委员会讨论决定案件和事项，一般按照以下程序进行：

（1）合议庭、承办人汇报；

（2）委员就有关问题进行询问；

（3）委员按照法官等级和资历由低到高顺序发表意见，主持人最后发表意见；

（4）主持人作会议总结，会议作出决议。

12. 审判委员会全体会议和专业委员会会议讨论案件或者事项，

一般按照各自全体组成人员过半数的多数意见作出决定，少数委员的意见应当记录在卷。

经专业委员会会议讨论的案件或者事项，无法形成决议或者院长认为有必要的，可以提交全体会议讨论决定。

经审判委员会全体会议和专业委员会会议讨论的案件或者事项，院长认为有必要的，可以提请复议。

13. 审判委员会讨论案件或者事项的决定，合议庭、独任法官或者相关部门应当执行。审判委员会工作部门发现案件处理结果与审判委员会决定不符的，应当及时向院长报告。

14. 审判委员会会议纪要或者决定由院长审定后，发送审判委员会委员、相关审判庭或者部门。

同级人民检察院检察长或者副检察长列席审判委员会的，会议纪要或者决定抄送同级人民检察院检察委员会办事机构。

15. 审判委员会讨论案件的决定及其理由应当在裁判文书中公开，法律规定不公开的除外。

16. 经审判委员会讨论决定的案件，合议庭、独任法官应及时审结，并将判决书、裁定书、调解书等送审判委员会工作部门备案。

17. 各级人民法院应当建立审判委员会会议全程录音录像制度，按照保密要求进行管理。审判委员会议题的提交、审核、讨论、决定等纳入审判流程管理系统，实行全程留痕。

18. 各级人民法院审判委员会工作部门负责处理审判委员会日常事务性工作，根据审判委员会授权，督促检查审判委员会决定执行情况，落实审判委员会交办的其他事项。

（五）明确了审委会的保障监督

该《意见》强调，审判委员会委员依法履职行为受法律保护，领导干部和司法机关内部人员违法干预、过问、插手审判委员会委员讨论决定案件的，应当予以记录、通报，并依法依纪追究相应责任。

同时明确该《意见》关于审判委员会委员的审判责任范围、认定及追究程序，依据《最高人民法院关于完善人民法院司法责任制的若干意见》及法官惩戒相关规定等执行。各级人民法院可以根据该意见，结合本院审判工作实际，制定工作细则。

第二讲
合议庭的讨论原理与规则
——基于群体决策理论的检视

合议庭讨论是法官评议、审理案件的主要形式之一。而合议庭讨论原理的理性认识与运行规则的有效构建,是推进合议制的前提和基础。近年来,法学理论和实践部门对合议制实施中暴露出来的"形合实独"问题已经给予了广泛关注,但是有效的措施并不多,至今依然是困扰审判实践的难题。依笔者浅见,对合议制的原理与规则,"如果恪守狭窄的通道,坚持纯粹规范性的理解范式,就无法注入其他理论",也难以促进问题的有效解决。而理性的态度是,"不要固执于一个学科的眼光,而要坚持开放的态度,不同的方法论立场,不同的理论目标,不同的角色视域,以及不同的语用研究态度。"故本讲拟借助社会心理学有关群体决策的科学研究成果，对合议制的原理与规则进行反思和探索，以资理论和实践。

我国法律设置合议制的初衷就在于通过群体决策这一形式充分发扬司法民主、集思广益、形成监督，增强裁判结论的正确性、合法性和可接受性，保证案件得以公平、公正地解决。

法律设置合议制的目的并非随着法律的规定就能够自动得以实现，如果缺乏相应的科学的运行机制和讨论规则，在群体决策的表象下合议制极易发生异化。

● 专题一　群体决策：合议制的灵魂

合议制度是法院根据法律规定以合议庭为组织审理各类案件的最基本的审判制度。合议制主要表现在，案件由三人或三人以上的合议庭成员通过集体审理、评议讨论、表决，然后以集体的名义作出裁判。支撑合议制运作的科学原理正是心理学上的群体决策机制，群体决策是合议制的核心和灵魂。

一、群体决策的概念和决策形式

所谓群体决策，俗称集体决策，简而言之，即与个人相对的决策，由决策群体共同作出决策的过程。① 它既是一种决策形式，又是一门学问。作为决策形式，群体决策是处理重大定性决策问题的有力工具。在现代，任何一种民主社会体制都应当尽可能地满足它的每一个成员的需求。然而，在一个社会群体中，由于各个成员对所考虑的事物总会存在着价值观念上的差别和个人利益间的冲突，因而他们对各种事物必然会具有不同的偏好态度。将众多不同的个体偏好汇集成一个群体偏好，据此对某类事物作出群体抉择，是当今社会处理各种重大决策和分配问题的有效手段。民主政治中的选举、市场机制中的投

---

① 参见刘兴波：《群体决策分析》，载《党政论坛》2006年第2期。

资招标、专业职称评定、文体竞赛排名以及军事参谋团决策，这些都是典型的群体决策问题。投票是群体决策行为中一种常见的方式，人们往往以投票的结果作为群体最后的决策选择。[①] 作为学问，群体决策是研究如何将一群个体中每一成员对某类事物的偏好汇集成群体偏好，以使该群体对此类事物中的所有事物作出优劣排序或从中选优的一门具有悠久研究历史和现代应用价值的学科。[②] 一个群体决策问题包含两大要素：一个是供选择的对象，称为供选方案，如选举中的候选人、购物中的品牌货物或文体竞赛中的选手、案件合议中的定罪量刑方案；另一个是参与决策的成员，即决策者或称决策个体，如选举中的选民、购物中的顾客或文体竞赛中的评判员、案件审理中的法官。当然，任意一个群体决策问题均应有不少于两个供选方案和不少于两位决策个体。

二、群体决策的主要优势

与个体决策相比，群体决策的主要优势有三：

一是占有更完全的信息和知识，能够增强观点的多样性和决策的正确性。群体决策有许多成员参加，知识面较广，信息量较大，能够产生较多的可供选择的方案，又具有校正错误的机制，因而群体决策

[①] 参见吴泽俊、李平香：《群体决策中的投票行为分析》，载《江西社会科学》2001年第4期。

[②] 参见胡毓达：《群体决策的不可能性定理和多数规则》，载《科学》2004年第6期。

的结果往往比较正确。① 一个人的能力、知识、经验和精力都是有限的，群体决策可以把众人的力量、智慧集中起来，取长补短，使决策更加科学、更加全面、更加准确，从而最大限度地减少失误的发生。

二是提高了决策的可接受性。许多决策在作出之后，因为不为人们所接受而告夭折。但是，如果那些会受到决策影响的人或将来要执行决策的人能够参与到决策过程中去，他们就更愿意接受决策，并鼓励别人也接受决策。这样，决策就能够获得更多支持，执行决策的员工的满意度也会大大提高。

三是增强结论的合法性。群体决策过程与人类的民主理想是一致的，是民主的体现，因此，容易被认为比个人决策更合乎法律要求。如果个人决策者在进行决策之前没有征求其他人的意见，决策者的权力可能会被看成是独断专行，缺乏合法性。很久以来，北美和其他国家法律体系就有的一个基础信念是：两人智慧胜一人。这在这些国家的陪审团制度中表现得最为明显。② 现在，这种信念已经扩张到许多新的领域：组织中的许多决策是由群体、团队或委员会作出。我国法律设置合议制的初衷就在于通过群体决策这一形式充分发扬司法民主、集思广益、形成监督，增强裁判结论的正确性、合法性和可接受性，保证案件得以公平、公正地解决。③

---

① 参见郭亨杰主编：《心理学——学习与应用》，上海教育出版社2001年版，第361页。

② 参见乐国安主编：《法律心理学》，华东师范大学出版社2003年版，第232页。

③ 参见胡常龙、吴卫军：《走向理性化的合议庭制度——合议庭制度改革之思考》，载尹忠显主编：《合议制问题研究》，法律出版社2002年版，第30页。

专题二 合议制运行中可能存在的问题

人民法院实行合议制审判第一审案件，由法官或者由法官和人民陪审员组成合议庭进行；人民法院实行合议制审判第二审案件和其他应当组成合议庭审判的案件，由法官组成合议庭进行。人民陪审员在人民法院执行职务期间，除不能担任审判长外，同法官有同等的权利义务。但是，实践证明，法律设置合议制的目的并非随着法律的规定就能够自动得以实现，如果缺乏相应的科学的运行机制和讨论规则，在群体决策的表象下合议制极易发生异化。实践中，可能存在的问题和不足至少表现在以下两个层面：

一、有的合议庭成员缺乏全程参与

这个问题实际上与当时各级法院普遍施行的"案件承办人制度"有关。在合议庭负责制下，审理案件的"承办人"本应是合议庭，其全体成员都应当全程参与案件的各项审理活动，作为一个整体成为案件的决策者和责任者。但是，在"案件承办人制度"下，每一个案件的实际办理，总有一位法官是此案的具体承办人，由他对该案件的事实和法律适用负主要责任。一个案件从受理到庭前准备活动的安排、证据交换和调查，提出案件的初步处理意见等，基本上都由他独自完成。特别是大多数实行书面审理的刑事二审案件，往往由承办人先对案件进行全面的阅卷审查，提审被告人或进行调查，然后撰写审查报告，对案件事实的认定、法律适用、定罪量刑等提出意见，然后交由合议庭评议、讨论。一段时间以来，在现实审判活动中，非承办人的合议庭其他成员除了参与庭审、案件评议外，对案件审理的其他环节有时缺乏全程参与。对此，2023年7月13日全国大法官研讨班就合议庭运行中存在的问题指出"在司法办案中，特别是案多人少的情况下，合议经常流于形式，只有承办法官在切实履行职责，审判长往往听听汇报，其他合议庭成员跟着附和，甚至拿编好的笔录签名合议"等不规范情形，强调要按最高人民法院于2022年10月下发的《关于规范合议庭运行机制的意见》要求抓好落实，"合议庭必须依法规范履职。"另外，强调合议庭还应当报告有无违反三个规范情形，督促大家共同履行法定职责，落实司法责任制。

二、部分合议庭成员的作用发挥不够

可能存在的问题和不足，主要有以下几种情况：

1. 造成"合而不议"

所谓"合而不议"，是指有的合议庭成员可能由于没有参与全面阅卷、自身法律业务水平不高、工作责任心不强等各种原因，对案件事实本身缺乏深入了解，对法律问题没有自身独立的判断，在裁判结论的形成上往往依赖于承办人或另外合议庭成员，这使实践中合议庭的讨论活动往往只是围绕承办人的意见进行简单表态，使合议制可能流于形式。

2. 出现"陪而不审"

实践中，个别合议庭成员尤其是有的陪审员由于自身法律业务素质、责任心等方面的原因，虽然表面上参与审理，但没有在案件事实审查认定、法律适用等问题的决策中真正发挥作用。

3. 造成"一言堂"

实践中，有的合议庭成员由于迷信业务权威、过于服从领导等原因，不敢坚持自己的观点或不能真实自由地表达自己的意愿，使合议成为"个人说了算"。

上述问题和不足作为合议制异化的集中体现，主要危害在于使合议制被沦为事实上的独任制，导致合议制形同虚设。所谓的"群体决策"可能会演变成个人决策和推脱责任的遮羞布与挡箭牌，应当成为今后我国合议制完善改革的重中之重。

专题三　理想情境中的合议制：走向理性化的群体决策

要想真正有效地解决合议制问题，必须了解和遵循群体决策的科学规律。只有厘清合议制的基本原理，完善或构建相应的科学运行规则，才能确保合议庭走向理性化的群体决策。

一、群体决策的心理机制

心理学研究表明，群体决策这种决策形式虽然有独特的优势，但也有其先天的不足，主要在于群体决策容易在实际的操作运行过程中事与愿违，甚至被少数人所操纵控制。为此，理性的群体决策应当遵循以下几条规则：

1. 要遵循依多数决策规则

将众多不同的个体偏好汇集成一个群体偏好，依靠的就是少数服从多数的多数决策规则，即依多数人的偏好作为群体偏好，进而作出决策。为了提高决策质量，在一些特别重大问题的决策上，应当提倡以复杂多数规则谨慎通过表决，如规定需要超过与会人数的三分之二或四分之三或五分之四以上方能通过表决。

2. 要保证个体有效获取决策信息

信息的获取是判断与决定的基础。只有让受到决策影响的人和将来要执行决策的人都能够参与到决策过程中去，让个体参与决策的全过程，占有更完全的信息和知识，才能确保群体决策过程拥有更多的信息，给决策过程带来异质性，为多种方法和多种方案的讨论提供机会。如果决策者的信息不对称，即使表面上共同参与，但实际上也难以做到共同决策。

3. 要促进个体成员克服从众心理

社会心理学认为，个体在群体中生活，常常会不知不觉地遵从群体压力，在知觉、判断、信仰以及行为上，放弃自己的主张，趋向于与群体中多数人一致，这就是从众现象。[①] 群体成员希望被群体接受和重视的愿望可能会导致不同意见被压制，在决策时使群体成员都追求观点的统一。从众行为的特点主要有三：

一是引起从众行为的压力可能是真实存在的也可能是想象的；

二是群体压力可以在个体意识到的情况下发生作用，使个体通过理性选择而从众，也可以在没有意识到的情况下发生作用，使其表现为"人云亦云"的盲目跟从；

三是从众个体的自愿行为。从众在一定程度上具有积极的促进作用，有利于学习他人的智能经验，开阔视野，克服固执己见和盲目自信，修正自己的思维方式。但也有着不容忽视的消极作用，它很大程度上压抑了个性，束缚了思维，扼杀了创造力，在理性的群体决策机制中应当注意培养主体的自觉、自主性。

---

① 郭亨杰主编：《心理学——学习与应用》，上海教育出版社2001年版，第348页。

4. 要防止被少数人控制与多数人服从

群体讨论可能会被一两个人所控制，如果这种控制是由低水平的成员所致，那么群体的运行效率就会受到不利影响。如果是被领导控制，这时就会出现服从心理。所谓服从，是指个体按照社会要求、群体规范或他人意志而作出的行为。[①] 个体之所以会有服从行为，主要原因有两个：

一是合法权力。我们通常认为，在一定情境下，社会赋予了某些社会角色更大的权力，而自己有服从他们的义务。比如，学生应该服从教师，病人应该服从医生，下级应当服从上级等。

二是责任转移。一般情况下，我们对于自己的行为都有自己的责任意识，如果我们认为造成某种行为的责任不在自己，特别是当有指挥官主动承担责任时，我们就会认为该行为的主导者不在自己，而在指挥官。因此，我们就不需要对此行为负责，于是发生了责任转移，使得人们不考虑自己的行为后果。

5. 要明确各个成员的具体责任

对于个人决策，责任者是很明确的。但对于群体决策，任何一个成员的责任都会降低，群体决策容易导致责任不清。法国农业工程师林洛曼曾经设计了一个拉绳实验：把被试者分成一人组、二人组、三人组和八人组，要求各组用尽全力拉绳，同时用灵敏的测力器分别测量其拉力。结果，二人组的拉力只是单独拉绳时两人拉力总和的95%；三人组的拉力只是单独拉绳时三人拉力总和的85%；而八人

---

① 郭亨杰主编：《心理学——学习与应用》，上海教育出版社2001年版，第352页。

组的拉力则降到单独拉绳时八人拉力总和的49%。实验证明了群体合作有内耗现象出现，群体力量的总数低于单个人力量叠加的总和。"拉绳实验"中出现"1+1<2"的情况说明，对某件事，一个人单枪匹马作独立操作，会做出积极反应，并竭尽全力去完成；如果在由群体完成的情况下，就会将责任悄然分散，扩散到其他人身上，表现为退缩和保留。社会心理学家认为，这是集体工作时存在的一个普遍特征，并可概括为"责任分散"现象。

二、合议庭评议表决规则的理性构建

根据群体决策的心理机制，理想情境中的合议庭运作机制应能够确保合议庭成员参与案件审判的全过程，能够使参与审判的合议庭成员均能在审判过程中真实有效地表达个人的意愿和观点，真正承担个人应当承担的责任，从而真正发扬民主、集思广益、形成监督，保证办案质量。近年来，有关合议制的改革，以及学界对完善合议制的理论探讨，其重心多围绕合议庭的独立审判问题而展开，对合议庭内部运作的评议规则，却缺乏必要的关注。现行法律和《最高人民法院关于人民法院合议庭工作的若干规定》对合议庭评议表决规则的规定也较为简单。

当前合议庭评议制度存在两个最为突出的问题：

一是合议庭评议表决对象不清。即到底哪些问题需要评议表决。实践中，对应当评议的事项，未经评议便作出决定的现象不在少数，这其实侵犯了其他合议庭成员的决策权力，架空了集体审判制度。

二是合议庭表决规则模糊。在决定评议结果时,法律和司法解释将评议原则简单地规定为少数服从多数,但对表决的方式、具体规程并不明确。如果缺乏共同参与、民主决策、科学合理的评议表决机制,合议制容易沦为事实上的独任制。空有独立外壳而缺乏民主内涵的合议制,是很难取得预期改革效果的。①

作者认为,当前合议制改革的突破点应当放在构建科学、理性的合议庭评议表决规则上。即在《最高人民法院关于人民法院合议庭工作的若干规定》基础上,对评议表决规则进一步细化和规范化,内容上至少应当包含以下几条:

1. 充分的讨论

也就是说,合议时间、程度要有保障,在合议过程中应当营造一种有利于群体决策的氛围,让合议庭成员把话讲完,充分发表自己的意见。合议应当持续、集中进行,避免打断对方发言,要提倡提问、相互启发。审判长必须有虚怀若谷的情操和容人的气量,不但要允许大家发表不同的意见和看法,而且还要鼓励大家发表不同的意见和看法。

2. 合理的提炼和归纳

为了提高效率,审判长应当对评议和表决对象作适当的提炼和归纳,同时归纳出来的观点不宜太多,然后集中表决或逐条表决。

3. 禁止弃权规则

根据规定,合议庭能够作出决议的,应当作出裁决,不得将案件

---

① 参见林劲松:《我国合议庭评议制度反思》,载《法学》2005年第10期。

提交给非合议庭成员进行判决。审判活动中，有的合议庭把能够处理的案件仍作为"问题"上交庭务会、专业法官会议或审判委员会讨论和向上级法院请示汇报，有些是有违禁止弃权原则的做法，应当予以规范、限制或禁止。

4. 限定发言顺序

群体决策的目的在于发挥集体的智慧，能够使每一个成员的意愿得以真实地表达，因此规定发言顺序可以使得职位较低的也能表达自己的意见，是解决"一言堂"的基础。具体可规定审判长或资深法官后发言，资历较浅的法官或陪审员先发言。

5. 限制复议规则

为了保证决策的权威性，一般情况下，没有法定的理由禁止复议，禁止随便更改合议庭已经形成的决议。当然，需要注意的是，限制复议原则的适用不是绝对的。根据2023年7月召开的全国大法官研讨班会议精神，为了全面准确落实司法责任制，压实院庭长的审判监督管理责任，9类案件之外的案件，原则上庭领导都应当阅核，重要问题报院领导阅核，有不同意见可以建议复议，提请专业法官合议讨论，报请院领导提交审委会讨论，并依法对裁判承担相应的责任。

6. 禁止结论性的简单表态

即法官在表达意见过程中应当阐明理由。实践中，有的合议庭成员仅作同意与否的简单表态，不阐明理由，没有对案件事实证据认定进行依法认证，应加以改变。

7. 同时亮出观点（投票）规则

多人参与并不能保证平等决策，"不平等的多人决策只会为少数人的独裁或擅断提供合法的外衣。"① 因此，对于重大事项如定罪量刑等采取投票的形式，确保合议庭成员同时亮出观点是很有必要的。

三、加强对合议庭的监管和建设

还权于合议庭，是依法独立行使审判权的需要，但不等于说不要监管。相反，要想真正发挥这项制度的作用，必须强化对它的监管和建设。针对合议庭的监管和建设，具体建议有三：

1. 合议庭成员的搭配要合理

当然，究竟怎样搭配最好？对合议庭成员进行强弱搭配，还是同类组合？这些需要各地结合自己的实际作进一步的论证研究。但是有一点是明确的，即合议庭成员的组成搭配要有所考虑，应当避免盲目组合，具体可从业务强弱、纪律作风好坏、知识结构等方面综合考虑。

2. 合议庭成员适时适度交流轮岗

据作者观察，在本轮司法改革之前，随着原先审判长负责制的实施，比较多的法院合议庭成员的组成也趋于长期固定状态。不少法院的刑庭划分为几个合议庭加以管理，每个合议庭确定一名审判长，由审判长再带几个审判人员。目前改革之后，实行审判团队，有的"审判团队"成员总人数有三到五个，就个案合议庭而言，增加了一些随机性，但长远来看，仍然比较固定。合议庭成员的长期固定显然有利有弊。最大的好处在于合议庭成员相互比较了解，有利于沟通，从而

---

① 胡常龙、吴卫军：《走向理性化的合议庭制度——合议庭制度改革之思考》，载尹忠显主编：《合议制问题研究》，法律出版社2002年版，第30页。

提高审判质量。但全面来看，合议庭成员长期固定弊大于利。最大的弊端在于容易结成利益同盟，滋生司法腐败。因此，对同一专业背景的不同合议庭成员适时交流轮岗是非常必要的。

3. 建立理性的责任追究制度

以往，合议庭成员只是"陪衬"，没有真正成为责任主体。有些案件出现错误问题后，仅仅追究承办法官的责任甚至因责任不清而大家都不承担责任。长期如此，合议庭成员自然缺乏积极性、主动性和责任心。以上就阅卷、庭审、评议到核稿签发等环节所提的建议就是希望能够从制度上真正界定审判长、承办人及其他合议庭成员的职责，做到共同审案，职责明确，责任也就容易搞清楚了。在合议庭负责制下，审判长、承办人均是合议庭成员，全体成员以平等身份共同参与案件的审理，对所承办的案件的事实、证据、定性、适用法律、裁判结果理应全面负责。需要强调的是，为了促进发言，案件出错时对原来评议讨论过程中附和了事、敷衍塞责甚至一言不发不表态者也要追责。只有全面参与，每个成员都是主角，人人都有责任，才能促使人人都尽职尽责，促进合议庭整体功能的发挥。

四、推行院庭长阅核制度

2023年7月13日，全国大法官研讨班在北京召开。本次全国大法官研讨班上，与会大法官围绕推进审判机制现代化对院庭长"阅核"进行了研究讨论。作为加强合议庭监督管理的一项制度举措，"阅核"具有重要的制度价值和实际影响力，迫切需要理论和实践部门加以全面、系统、深入研究，准确地理解和适用。以下对阅核的概念、精神内涵和实践要求等问题作一些学理探究，供理论和实务部门参考。

（一）什么是阅核——阅核的概念及其功能定位

从词义上看，"阅核"和"核阅"不同，二者的主要区别在于使用场景不同。"阅核"通常用于描述核对、审查试卷或者文件等书面材料的过程。这个过程可能涉及对材料内容进行仔细的阅读、对比和评估，以确保其准确性、真实性和完整性。而"核阅"则更常用于描述领导或上级对下属的请示、报告或其他文件的审批过程。在这个过程中，上级领导会阅读并评估文件内容，然后做出决策或者给予反馈和建议。根据前述词义解释，就"阅核"制度的功能定位可以得出以下几条结论：

一是案件"阅核"制不是恢复原来的案件"审批"制。总的来说，"阅核"强调的是对书面材料的核对和审查，而"核阅"则更侧重于对下级请示或报告的审批过程。因此，全国大法官研讨班讨论的"阅核"制绝非回到案件"审批制"这一司法改革的老路。

二是案件"阅核"不是简单的院庭长"阅卷"。"阅核"既包括对案件书面材料的"阅读"，也包括对书面材料的"审核"，而不是简单地"阅卷"，更不可能像案件承办人一样从头到尾对全部案卷材料进行"阅读"。实际上，院庭长"阅核"的材料范围并无固定要求，而是根据案件的难易程度、审查发现的疑点以及需要深入审查的内容等因素综合确定，即视情决定。

三是案件"阅核"侧重于"审核把关"。在"阅核"过程中，院庭长侧重于对案件审查报告、裁判文书、合议庭评议笔录等材料内容进行仔细的阅读、对比和评估，以确保其司法裁判的准确性、真实性和完整性。也就是说，院庭长只有发现合议庭的裁判存在错误时才能建议复议，合议庭裁判正确、判对的，不能进行干涉，以彰显院庭领导"阅核"的审判监督管理功能定位。

（二）"阅核"的重大现实意义及其制度价值

当前形势下，推行院庭领导"阅核"制度，不仅有其现实必要性，而且具有可行性，既符合司法责任制改革的制度规定，又符合司法责任制的本质要求。笔者认为，新形势下，推行院庭领导"阅核"制度不仅具有重大的现实意义，而且具有重要的制度价值和理论意义。

首先，推行院庭领导"阅核"制度是践行司法公正为民宗旨、全面提升案件审判质效的现实需要。案件质量是审判执行工作的生命线，也是践行司法公正为民宗旨的最终落脚点。总体上看，通过这几年深化司法体制改革，持续加强审判质量监督管理，人民法院的案件质量是好的，但是，我们也应当清醒地意识到，从历年查案情况来看，审判执行领域的滥用自由裁量权、同案不同判、虚假诉讼等质量瑕疵和顽瘴痼疾问题仍然不少，人民群众对司法公正的期待与案件审理质量不高、裁判文书说理不够充分、裁判标准不够统一等之间的矛盾还比较突出。尤其是一段时期以来，较多强调"还权于合议庭"，院庭领导不愿管、不敢管、不会管的现象还存在一定的普遍性，影响了案件质量的整体提升。只有不断创新和加强审判监督管理，"规范、保障、促进、服务"审判执行工作，不断巩固提升办案质效，才能让人民群众切实感受到公平正义就在身边。

其次，推行院庭领导"阅核制度"是由全面准确落实司法责任制的本质要求所决定的，体现了司法裁判责任和监督管理责任的有机统一。司法责任由审委会、院庭长、合议庭、法官依法定职责分别承担、共同负责。审判组织是审判权运行的载体，独任法官、合议庭、审委会等审判组织依法履职，是全面准确落实司法责任制的基本要求。但是，审理者、裁判者绝不仅为法官、合议庭，院庭长在不直接审理案件时，仍须依法履行审判监督管理职责；审委会讨论决定案件，既是审理、裁判案件，也是履行监督管理职责。实践中，一个错误的裁判，人民法院都要承担最终的责任，这种集体责任不是任何个人责任所能替代的。事实上，错案发生后，给司法机关和司法公信力造成的损害和影响，个人是无法承担的。因此，我们必须纠正一提到司法责任制，就片面理解为是"谁办案谁负责"的法官个人的裁判责任，院庭长则"大撒把""全放权"的错误认识和做法。从责任归属上看，院庭领导"阅核"制度体现了司法裁判责任和监督管理责任根本统一于党的领导责任。实践中，既要落实落细审判组织的法定职责，又要以党的领导责任统领、压实司法审判各环节、各方面责任。

最后，"阅核"机制符合现有的制度规范以及科学的司法原理和规律，彰显了党对司法责任制改革认识和把握的持续深化。党的十八届三中、四中全会提出，完善主审法官、合议庭办案责任制，让审理者裁判、由裁判者负责，落实谁办案谁负责；党的十九大报告提出，全面落实司法责任制，努力让人民群众在每一个司法案件中感受到公平正义；党的二十大报告强调，全面、准确落实司法责任制，加快建设公正高效权威的社会主义司法制度。从"落实"到"全面落实"，再到"全面准确落实"的递进，蕴含着党对司法责任制规律性认识的持续深化，完全符合现有的制度规定，为我们以全面准确落实司法责任制为牵引、加快推进审判机制现代化指明了方向，提出了新的更高要求。

（三）院庭长"阅核"制度的适用场景和操作原则

实践中，推行院庭长"阅核"制度应当注意把握以下几个问题：

首先，从适用场景来看，阅核主要针对"四类"案件之外的案件。2021年11月，最高人民法院印发的《关于进一步完善"四类案件"监督管理工作机制的指导意见》对"四类案件"的识别流程、分案要求、监督模式、平台建设和考核机制等问题作了规范，明确了责任主体和问责机制，并与最高人民法院此前印发的关于专业法官会议制度、审判委员会制度、四级法院审级职能定位等改革文件内容协同配套，为院庭长对"四类"案件的监督管理提供了操作依据。从文件精神来看，院庭长对"四类案件"的监督管理不同于一般意义上的"阅核"，而是比"阅核"更为深入、全流程的实质性监管举措，当然，也可以理解为院庭长"阅核"是"四类案件"监管的题中应有之义。此次全国大法官研讨班研究讨论提出对"四类案件之外的案件，原则上庭领导都应当阅核，重要问题报院领导阅核"，从而为全部案件构建起一个完整的监督管理体系。

其次，从操作原则来看，"阅核"中提出不同意见的前提是合议庭裁判存在错误，而不能在裁判正确的情况下，以阅核之名行干预之实。原则上庭领导对"四类案件"之外的案件都应当阅核，这是司法责任制从落实到全面落实再到全面准确落实，思想认识和规律把握不断深化的过程，符合司法规律，也符合现有制度规定要求。这里的"阅核"不是审批，庭领导只有阅核才能及时有效履行监督管理责任，这里面有一个庭领导从被动履职到主动履职的问题。需要指出的是，从"阅核"的词义来看，侧重于审核与确认，以确保裁判的正确性、准确性。这也是院庭领导"阅核"制度的正当性之所在。因此，在实践中，院庭领导对合议庭裁判提出不同意见、建议复议需要慎重对待，注重提高"阅核"的质量，要防范院庭领导本身以"阅核"为名行干预之实，将合议庭本身"正确"的裁判意见"管"成"错误"的裁判。

最后，从责任承担来看，院庭领导应当注意"阅核"的规范性并对其"阅核"行为承担相应的责任。从全国大法官研讨班研讨精神来看，"对四类案件之外的案件，原则上庭领导都应当阅核，重要问题报院领导阅核，有不同意见可以建议复议，提请专业法官会议讨论、报请院领导提交审委会讨论，并依法对裁判承担相应责任"。在这个过程中，院庭领导"阅核"应当注意在办案办公平台全程留痕，确保履职过程规范、有据可查、责任清晰，可回溯，可倒查。因此，"阅核"责任作为审判监督管理责任成为司法责任的重要表现形式和组成部分。

第三讲
专业法官会议的讨论原理与规则

专业法官会议作为中国特色的司法决策咨询平台，起源于2000年的审判长联席会议，与合议庭、审委会讨论均有着会议属性等共同之处，但又由于各自制定功能定位不同而有自身的特点。相较而言，合议庭讨论一般以三人为主，有的为五人或七人，其会议规模上比专业法官会议、审委会要小得多。

根据最高人民法院有关审委会议事规则，审委会更多体现了民主集中制的特征，而专业法官会议成员之间更显平等讨论的特点。

因此，本讲以专业法官会议为参照，对其会议属性进行探究，对其讨论案件的原则进行研究，对于理解和把握合议庭、审委会讨论的运行原理和规则亦具有同样参考意义。

专业法官会议的意见虽然仅供参考、咨询之用,但在整个审判权力运行过程中,有着重要的枢纽作用,是推动审判组织复议、院庭长监督、审判委员会讨论的关键节点,绝非可有可无。

专业法官会议作为一种协商会议,其实际运行过程中既有自身的局限性,也遇到一般会议所可能遇到的问题。

专题一　专业法官会议的会议属性

一般而言，把握专业法官会议的功能定位和制度属性，必须将其置于中国特色社会主义审判权力运行体系下统筹考虑。《最高人民法院关于完善人民法院专业法官会议工作机制的指导意见》（以下简称《指导意见》）第一条开宗明义，明确了："专业法官会议是人民法院向审判组织和院庭长（含审判委员会专职委员）履行法定职责提供咨询意见的内部工作机制。"换言之，专业法官会议既非法定审判组织，亦非法定诉讼程序，只是嵌入审判权力运行体系的内部机制或咨询平台，并具有辅助决策、咨询参考、全程留痕等三重制度属性。[①] 但无论赋予专业法官会议什么样的功能定位，但都难改其会议属性。所谓会议属性，是指有组织、有领导、有目的的议事活动，它是在限定的时间和地点，按照一定的程序进行的行动。研究专业法官会议的会议属性，并借鉴通行的"会议"议事规则，对于提高专业法官会议的质量和效率具有重要参考意义。而对专业法官会议的会议属性则可以从议题的提交、会议的召开、会议的主持三个方面加以具体阐释。

[①] 参见刘峥、何帆、马骁：《〈关于完善人民法院专业法官会议工作机制的指导意见〉的理解与适用》，载《人民法院报》2021年1月14日。

一、议题的提交

实践中，如何开会，是一个普遍面临的难题。《罗伯特议事规则》是当今世界广泛认可的议事规范，起初由美国陆军工程兵长官亨利·马丁·罗伯特将军编写，经过后人不断完善与发展，现被广泛运用于政府、企业、NGO组织的议事活动之中。罗伯特议事规则是一套完整的议事"工具"，具有很强的实践性和可操作性。根据罗伯特议事规则，一次议事过程主要包括六个步骤：一是动议；二是附议；三是陈述议题；四是辩论；五是提请表决；六是宣布表决结果。其中，根据该规则，任何一件事务都可以由任何一位成员以"动议"（通常也被译作"提议"）的形式"提交会议考虑"。一项"动议"本身可以含有它要提交会议考虑的主题，也可以紧跟在某份报告或者其他文件后面，把这些报告或者文件当中的问题和建议提交会议考虑。换言之，所谓动议，是指与会者在会议上提出的、需要会议处理的正式建议，也就是提出议题让大家讨论的意思。"动议"的内容可以是主张某种实质性的行为，也可以是表达某种看法等。它是议事时的"灯塔"，必须明确具体、可操作，才能确保会议效率。如果大家觉得议题没有讨论的必要，就可以否决动议，如果觉得有必要讨论，就通过动议，正式展开讨论。实践中，为了提高会议的质量和效率，凡是会议对需要提请会议讨论的事项都有一定要求，必须履行议题的提交程序。所谓议题的提交程序，包括议题的调研准备、材料起草、填表送审、审核把关等内容。

《指导意见》第四条规定："专业法官会议讨论案件的法律适用问

题或者与事实认定高度关联的证据规则适用问题，必要时也可以讨论其他事项。"独任庭、合议庭办理案件时，存在下列情形之一的，应当建议院庭长提交专业法官会议讨论：（1）独任庭认为需要提交讨论的；（2）合议庭内部无法形成多数意见，或者持少数意见的法官认为需要提交讨论的；（3）有必要在审判团队、审判庭、审判专业领域之间或者辖区法院内统一法律适用的；（4）属于《最高人民法院关于完善人民法院司法责任制的若干意见》第24条规定的"四类案件"范围的；（5）其他需要提交专业法官会议讨论的。院庭长履行审判监督管理职责时，发现案件存在前款情形之一的，可以提交专业法官会议讨论；综合业务部门认为存在前款第（3）（4）项情形的，应当建议院庭长提交专业法官会议讨论。《指导意见》第七条还规定，拟提交专业法官会议讨论的案件，承办案件的独任庭、合议庭应当在会议召开前就基本案情、争议焦点、评议意见及其他参考材料等简明扼要准备报告，并在报告中明确拟提交讨论的焦点问题。

从专业法官会议的议题设置、提交程序来看，其无疑具有会议的"动议"之基本属性。承办法官、独任庭、合议庭将案件提请院庭长提交"专业法官会议"讨论的过程，体现了"动议"的特征。

二、会议的召开

协商会议的议事规则是一套复杂的规则体系，其中的概念和规定相互交错、互相联系。其基本的规则和程序包括以下几个方面：

1. 符合协商会议的最小构成

一是必须达到法定人数。一次会议得以合规召开，或者说会议的决议能够拥有效力的一个必要的前提条件，就是亲自出席这次会议的人，其数量必须达到规定的"法定人数"。设立这个条件的目的是保护组织的名义不被滥用，防止一小部分人以组织整体的名义作出不能代表整体意见的决定。根据通用议事规则，它的法定人数一般为"全体成员的过半数"。二是必须有"基本官员"。协商会议的进行最少需要两名会议官员，一个"主持人"，主持会议，秉持规则；另一个是"秘书"，负责形成会议的书面记录，就是"会议纪要"。一般情况下，会议的官员也是会议的成员。《指导意见》第三条明确指出："专业法官会议由法官组成。各级人民法院可以结合所涉议题和会议组织方式，兼顾人员代表性和专业性，明确不同类型会议的最低参加人数，确保讨论质量和效率。"该条对专业法官会议的最低参加人数提出了原则性的指导意见，具体由各级法院根据所涉议题和会议组织方式等实际情况加以确定。

2. 遵循礼节规范

无论是主持人还是每一位与会成员，都必须遵守议事规则所建立的"礼节规范"。这对于保证主持人的中立立场，保证会议的客观公正，尤其是出现严重分歧时的客观公正，意义重大。一次会议的召开需要遵循的礼节规范包括两方面内容：一是所有成员都应遵循的礼节规范。比如如何称呼"主持人"。就礼节规范来说，如果主持人没有固定头衔，或者只是临时担任主持人，一般就用"主持人"这个称呼。需要注意的是，即使是规模很小的会议，也不能对主持人直呼其名。同时，也不应对主持人称呼为"您"或"你"之类。如果是大会，成员发言时应当起立。除一些特别情况外，成员必须先"取得发言权"才能够发言。发言权意味着在每个时间段内独享的、发表意见、被聆听的权利。二是主持人应遵循的礼节。主持人对自己的称呼不用"我"，而用第三人称"主持人"，比如"主持人认定／认为……"主持人一般不能对成员直呼其名，或用"您""你"之类。①

3. 宣布开会与会议程序

召开会议时，如果开会的时间到了，主持人应当先判定出席人数是否满足法定人数，然后坐主持人之位，等待会场肃静，或者示意会场肃静，然后站立并大声宣布"会议现在开始"，或者"现在进入会议程序"。根据前述可知，一次议事过程主要步骤除了动议、附议，还包括陈述议题、辩论、提请表决、宣布表决结果等过程。

根据《指导意见》第八条规定，专业法官会议可以定期召集，也可以根据实际需要临时召集。各级人民法院应当综合考虑所涉事项、议题数量、会务成本、法官工作量等因素，合理确定专业法官会议的召开频率。《指导意见》第十条规定，专业法官会议按照下列规则组织讨论：（1）独任庭或者合议庭作简要介绍；（2）参加人员就有关问题进行询问；（3）列席人员发言；（4）参加人员按照法官等级等由低到高的顺序发表明确意见，法官等级相同的，由晋升现等级时间较短者先发表意见；（5）主持人视情况组织后续轮次讨论；（6）主持人最后发表意见；（7）主持人总结归纳讨论情况，形成讨论意见。从专业法

---

① 参见［美］亨利·罗伯特（Henry M.Robert）：《罗伯特议事规则（第11版）》，袁天鹏、孙涤译，格致出版社、上海人民出版社2015年版，第15~18页。

官会议的召集、召开程序来看，专业法官会议从召集、议题介绍、询问、讨论到最终归纳讨论情况，呈现出比较完整的会议程序特征。

三、会议的主持

协商会议的进行最少需要两名会议官员，一个"主持人"，另一个为"秘书"。其中主持人主持会议，秉持规则。实践中，会议主持是一门学问，更是一门艺术。会议主持人应了解和具备基本会议主持礼仪，根据理论和实践的总结，一般而言，会议主持人的礼仪主要有以下几种：

1. 做好会前准备工作

开会前要明确会议目的，确定议题、程序和开会的方法方式；选定出席的人员；确定会议的时间、地点。要把会议目的、议题、时间、地点、要求事先通知参加者，请他们做好准备。会前应收集意见，准备必要的有关资料，做好会场的准备，桌椅的排列方法要适于会议的特点。做了充分准备，会议就开得顺利、紧凑，效果就会好。

2. 控制出席人数

国外群体心理学家研究表明，会议参加者超过10人以上，就容易出现不思考问题和滥竽充数的人。有的单位规定与会者一般不超过12人。研究表明，参加会议的人数与人们之间沟通的渠道数量和难度成正比。与会者越多，能够充分利用个人才智的可能性就越小，主持者也就越难以有效地控制会议进程。

3. 严肃会议作风

会议作风主要体现在以下几个方面：一要准时到会，不能迟到。二不准私下交谈，不允许做私活、早退席。三是发言不能信口开河，不能离题胡扯。四要集中时间和精力解决主要问题。五要发扬民主，不搞"一言堂"。与会者只有自由地说出自己的意见，才能更好地集思广益。主要结论应当场确认，会而有议，议而有决，决而必行。

4. 保持自然大方的主持姿态

主持人主持会议时，从走向主持位置到落座等环节都应符合身份，其仪态姿势都应自然、大方。比如，主持人在步入主持位置时，步伐要刚强、有力，表现出胸有成竹、沉稳自信的风度和气概，要视会议内容掌握步伐的频率和幅度。平常主持工作会议，可根据会议内容等具体情况决定步频、步幅，等等。

《指导意见》第四条规定，专业法官会议由下列人员主持：（1）审判专业领域或者跨审判庭、审判专业领域的专业法官会议，由院长或其委托的副院长、审判委员会专职委员、庭长主持；（2）本审判庭或者跨审判团队的专业法官会议，由庭长或其委托的副庭长主持；（3）本审判庭内按审判团队组织的专业法官会议，由庭长、副庭长或其委托的资深法官主持。从专业法官会议的召开和主持程序来看，专业法官会议亦完全具备会议的一般属性。实践中，专业法官会议的讨论质量，很大程度上取决于主持人能否恪尽职责。对此，《指导意见》还强调指出，"主持人召开会议时，应当严格执行讨论规则，客观、全面、准确归纳总结会议讨论形成的意见"。

● 专题二 专业法官会议讨论的主要步骤

一次议事过程主要包括六个步骤：一是动议；二是附议；三是陈述议题；四是辩论；五是提请表决；六是宣布表决结果。专业法官会议作为一种会议形式，具有会议的动议、辩论、表决等必经步骤。其中，承办人或合议庭介绍、汇报案情的过程类似于"动议"，讨论的过程即为"辩论"的过程，最后的环节为表决。本专题着重对专业法官会议的汇报、讨论和表决等主要步骤或环节作些梳理和阐述。

一、汇报

会议的讨论应当是基于一系列明确、具体、可操作的行动建议。《指导意见》第十条规定，专业法官会议在讨论之前，由独任庭或者合议庭作简要介绍、参加人员就有关问题进行询问。独任庭或合议庭介绍案情或针对参加人员就有关问题的询问进行回答的过程就是汇报的过程。独任庭或合议庭就案件定罪量刑或适用法律等形成的若干种分歧意见，并提请专业法官会议就相关处理意见进行讨论的过程实质上就是"动议"的过程。"动议者，行动的提议也。""动议"是一个完整议事的首要步骤，是会议的最基本单元，是与会者在会议上提出的、需要会议给予处理的建议。任何事务都必须以"动议"的形式提交给会议，之后会议才可考虑。根据"通用议事规则"的定义，"动议"可分为"主动议""辅动议""再议类动议","主动议"又有"实质主动议"和"程序主动议"之分,"辅动议"则包括附属动议、优先动议、偶发动议。①

在专业法官会议讨论中,独任庭或者合议庭的汇报非常重要。独任庭或者合议庭法官的案情介绍和汇报是参会法官从外界获取案件事实信息的最初渠道,是参会法官作出裁判决策建议的前提和基础。正如弗里德曼所言:"不管人们赋予法律制度以什么性质,它总具有每一个程序共有的特点。首先,要有输入,从制度一端进来的原料……下一步是法院,法院工作人员开始对输入的材料进行加工……然后,法院交付输出:裁判或判决。"② 汇报的过程,对于参加专业法官会议的人员来说就是信息"输入"的过程。我国李安博士借助认知科学的研究范式来考察刑事裁判的思维模式,将刑事裁判分为三个环节:输入、加工和输出。其中,加工就是法官对案件的思维运作,案件与判决之间存在一个"加工通道",法官对规则的理解和事实的认知均发生在"通道"加工之中,从而颇具创新性地提出了"加工通道"的法律思维理论。③这也同时为我们指出了案情汇报、法官认知与司法裁判之间的密切关系。

认知心理学非常强调策略与技巧的作用。由于信息加工系统的

---

① 参见[美]亨利·罗伯特(Henry M.Robert):《罗伯特议事规则(第11版)》,袁天鹏、孙涤译,格致出版社、上海人民出版社2015年版,第58页。
② [美]弗里德曼:《法律制度》,李琼英、林欣译,中国政法大学出版社1994年版,第13页。
③ 参见李安:《刑事裁判思维模式研究》,中国法制出版社2007年版,第7页、第13页。

能力有限，人不能同时应用一切可能的信息，也不能采取一切可能的行动，因此人必须采取一定的行动方案、计划或策略，从而体现出人的主动性和智慧性。为了全面探究法官的案情汇报与认知活动，提高法官汇报水平，必须找出影响法官汇报、认知的心理因素，同时对法官汇报和认知偏差的情况进行规律性总结，可为控制法官的汇报和认知奠定基础。因此，本书在后续的专题中将会对案件汇报作专门阐述和研究。

二、讨论

讨论是专业法官会议最为重要的环节。实践中，专业法官会议原则上按照听取承办人介绍案情、承办人、合议庭其他成员补充、庭长补充、列席人员发言、会议成员提问、回答问题、讨论研究、发表意见、表决的顺序进行。法官享有平等的发言权。《指导意见》第十条对专业法官会议的讨论流程作了明确规定。归纳起来，讨论的流程主要有以下几个步骤：

一是列席人员发言。专业法官会议召开过程中，先由独任庭或合议庭向专业法官会议成员介绍、汇报案情，以及处理意见的分歧情况，紧接着由列席人员发言。根据《指导意见》的有关规定，专业法官会议由法官组成。但是，专业法官会议主持人可以根据议题性质和实际需要，邀请法官助理、综合业务部门工作人员等其他人员列席会议并参与讨论。据此，专业法官会议的列席人员主要为法官助理、综合业务部门工作人员等，他们在会议召开过程中可以发言并参与讨论。

二是参加人员按规定顺序进行发言。根据《指导意见》规定，参加人员按照法官等级等由低到高的顺序发表明确意见，法官等级相同的，由晋升现等级时间较短者先发表意见。从前述规定来看，专业法官会议跟合议庭、审委会讨论的流程基本一致，都是按照参加人员的资历深浅来确定发言的顺序，也就是说，一般由资历较浅的成员先发言，资历较深的成员后发言。

三是主持人视情况组织后续轮次讨论。专业法官会议究竟安排几轮讨论，并无定规。实践中，一般由主持人视案情以及讨论情况而定，以必要为原则。讨论实际上也是辩论的过程。所谓辩论，即"就议题展开辩论"。从广泛意义上讲，辩论是人类文明的基本元素之一。它使人类社会能够产生理性而有价值的决定。在协商会议中，"辩论"特指就待决议题的利弊而展开的讨论——更准确地说，就是讨论是否应该通过当前动议。"协商"这个词本身赋予每个成员以辩论权。所有的主动议都是可以辩论的，一些辅动议也是可以辩论的。"可辩论性"取决于各个动议的功能和目的。一项动议需要得到多长时间的辩论，取决于诸多因素。如动议的重要性、分歧的严重程度，等等。对于每个可以辩论的动议，每个成员都有权发表至少一次的辩论。在辩论过程中，可进一步提出"修改"等"附属动议""优先动议"和"偶发动议"。如果看起来没有人要继续辩论，那么主持人可以再问一遍"是否有人要发言"？如果在等待一段时间之后仍然没有人申请发言权，主持人可以认为辩论结束。[①] 从前述原理来看，专业法官会议中讨论时间的长短、

---

① 参见［美］亨利·罗伯特（Henry M.Robert）：《罗伯特议事规则（第11版）》，袁天鹏、孙涤译，格致出版社、上海人民出版社2015年版，第282~283页。

每次辩论发言的时间长度、同一天、同一问题、同一成员的发言次数取决于诸多因素，一般由主持人视具体案情而定。

四是主持人最后发表意见。主持人本身也是组织的成员，他本人也享有同样的辩论权。专业法官会议讨论时，之所以让主持人最后发表意见，主要是为了保证资历相对较浅的成员能够独立思考并根据自己的判断发表处理意见，避免由于主持人资历较深、先发言带来不敢独立发表自身意见的影响，以真正的群体决策确保司法判断的公正性。

五是主持人总结归纳讨论情况，形成讨论意见。所谓总结归纳，就是把一定阶段内的有关情况进行归纳、分析研究，作出有指导性的经验方法以及结论。

总结是指社会团体、企业单位和个人在自身的某一时期、某一项目或某些工作告一段落或者全部完成后进行回顾检查、分析评价，从而肯定成绩，得到经验，找出差距，得出教训和一些规律性认识的一种活动。总结既可作动词，也可作名词。而归纳，指归拢并使有条理，也指一种推理方法，由一系列具体的事实概括出一般原理（跟"演绎"相对）。另外，数学中的所谓归纳，是指从许多个别的事物中概括出一般性概念、原则或结论的思维方法。在专业法官会议讨论过程中，主持人要对讨论中的事实证据认定、定罪量刑、法律适用等争议问题的讨论情况和处理意见建议进行回顾、概括性小结和归纳，形成讨论意见。

三、表决

从全国各地出台的地方性审判业务文件以及以往的司法实践情况

来看，专业法官会议存在类似"表决"的过程，且法官享有表决权，列席人员没有表决权。2020年，最高人民法院出台的《指导意见》没有提及专业法官会议的表决，仅规定主持人总结归纳讨论情况，形成讨论意见。依笔者理解，最高人民法院的《指导意见》之所以淡化专业法官会议的"表决"色彩，原因与该《指导意见》以及司法责任制改革中对专业法官会议"咨询参考"机构的制度定位有关。根据该《指导意见》规定，专业法官会议提供的只是咨询意见，而非决定性意见。按照"权责一致"原则，审判责任仍应由承办案件的审判组织承担；院庭长履行审判监督管理职权不力的，也应承担相应责任。因此，审判组织不能以"案件经专业法官会议讨论"为由推卸办案责任，院庭长也不能因专业法官会议提供了咨询意见而放弃应有的监督把关之责。换言之，专业法官会议讨论形成的意见仅供审判组织作裁判或院庭长行使审判监督管理职权时参考，不能越位成为决定案件结果的依据。司法实践中，独任庭、合议庭若有充足理由，可以不受专业法官会议讨论意见约束，按照司法责任制要求独立作出判断。另外，即使专业法官会议讨论意见与独任庭、合议庭一致，院庭长也可以根据审判监督管辖权限，按程序将案件提请审判委员会讨论。

但是，也需要指出的是，专业法官会议的意见虽然仅供参考、咨询之用，但在整个审判权力运行过程中，有着重要的枢纽作用，是推动审判组织复议、院庭长监督、审判委员会讨论的关键节点，绝非可有可无。从该《指导意见》的相关表述来看，专业法官会议成员发表意见之后，需要进行"票数"统计，区分多数意见和少数意见。该《指导意见》明确指出，经专业法官会议讨论的"四类案件"，独任庭、合议庭应当及时复议；专业法官会议没有形成多数意见，独任庭、合议庭复议后的意见与专业法官会议多数意见不一致，或者独任庭、合议庭对法律适用问题难以作出决定的，应当层报院长提交审判委员会讨论决定。对于"四类案件"以外的其他案件，专业法官会议没有形成多数意见，或者独任庭、合议庭复议后的意见仍然与专业法官会议多数意见不一致的，可以层报院长提交审判委员会讨论决定。可见，专业法官会议实际上存在类"表决"的过程。

一次完整的议事过程必然包括动议、附议、陈述议题、辩论、提请表决、宣布表决结果等步骤。表决是议事必不可少的步骤之一。协商会议形成一项决定所需满足的最基本的要求就是"过半数表决"。有的会议中需要"三分之二表决"或"相对多数表决"等规则要求。伴随表决过程的必要环节就是计票，主持人要对讨论情况进行归纳、统计，区分多数意见和少数意见。

综上所述，无论是根据协商会议的议事规则还是专业法官会议的实际运行来看，专业法官会议实际上存在计票、类"表决"的过程，只不过受其"咨询参考"的法律地位所决定，淡化"表决"的色彩，仅作讨论意见的归纳、总结和统计，明确多数意见和少数意见，供独任庭或合议庭参考，同时也为审委会讨论提供了重要参考。

专题三　专业法官会议运行中可能存在的问题

最高人民法院的指导性文件对专业法官会议的召集、召开、讨论等提供了基本遵循，明确了讨论的基本规则，为专业法官会议的公正、规范、高效运转奠定了良好的基础和有效的保障。但是，任何一种制度都难以做到完美。专业法官会议作为一种协商会议，其实际运行过程中既有自身的局限性，也遇到一般会议所可能遇到的问题。如何针对司法领域的讨论会尤其是专业法官会议可能遇到的问题和困难完善规则，提升会议质量和效率，意义重大。本专题重点对专业法官会议运行中可能遇到的困难和问题进行梳理和探究。

一、议事程序行政化

长期以来，司法地方化、行政化是影响人民法院依法独立公正行使审判权的重要因素，那种"办案需经过层层签审、审判或审批"的行政化做法一直为专家学者所诟病。去行政化、地方化是本轮司法体制改革的重要目标。专业法官会议本就是为确保审判权独立、公正、科学运行而设计的制度安排。但实践中，专业法官会议的运行还可能存在议事程序行政化的问题，需要加以克服。具体可从以下三个方面加以考察：

首先，从专业法官会议的人员组成来看。根据《指导意见》，专业

第三讲
专业法官会议的讨论原理与规则——基于群体决策理论的检视

法官会议根据本院法官规模、内设机构设置、所涉议题类型、监督管理需要等，在审判专业领域、审判庭、审判团队内部组织召开，必要时可以跨审判专业领域、审判庭、审判团队召开。专业法官会议由法官组成，可以结合所涉议题和会议组织方式，兼顾人员代表性和专业性，明确不同类型会议的最低参加人数。人员组成上一般多由分管副院长、审判委员会委员、庭长或副庭长等组成，资深法官占比相对较少。由于人员构成的特殊性，容易造成专业法官会议在实际运行中难以完全摆脱行政化的色彩。

其次，从专业法官会议的启动来看。实践中，是否召开专业法官会议除了独任庭、合议庭提请之外，院庭长对是否启动专业法官会议程序进行研究，起决定作用。根据《指导意见》第六条规定，主持人应当在会前审查会议材料并决定是否召开专业法官会议。对于法律适用已经明确，专业法官会议已经讨论且没有出现新情况，或者其他不属于专业法官会议讨论范围的，主持人可以决定不召开会议，并根据审判监督管理权限督促或者建议独任庭、合议庭依法及时处理相关案件。专业法官会议的召集往往由担任一定领导职务的分管副院长、审委会委员、庭长或副庭长负责召集，并担任主持人。

再次，从专业法官会议的讨论过程来看。《指导意见》对发言顺序作了一定规定，明确"参加人员按照法官等级等由低到高的顺序发表明确意见，法官等级相同的，由晋升现等级时间较短者先发表意见"，但同时规定"主持人视情况组织后续轮次讨论"。在后续轮次讨论过程中，专业法官会议的成员之前按资历先后发言的程序设计不再具有刚性制约意义，致使后续发言中盲目跟风行政化等现象还有可能在一定范围内存在。

二、审议程序简单化

《指导意见》对专业法官会议的讨论规程作了明确规定，按照独任庭或者合议庭作简要介绍、参加人员就有关问题进行询问、列席人员发言、"参加人员按照法官等级等由低到高的顺序发表明确意见，法官等级相同的，由晋升现等级时间较短者先发表意见"、主持人视情况组织后续轮次讨论、主持人最后发表意见、"主持人总结归纳讨论情况，形成讨论意见"七个步骤具体展开。但是上述七个步骤究竟如何展开，则没有进一步的规制。比如，独任庭或者合议庭成员如何介绍案情或者如何进行汇报、参加人员如何就有关问题进行询问、询问的顺序、每个成员是多个问题一起询问还是逐一询问、列席人员如何发表意见、各个成员如何发表意见、主持人在什么情况下组织后续轮次讨论、主持人如何归纳讨论情况等没有作更为详细的规范，因此，实践中，有时也就难免犯一般会议通病，如议事范围过于宏观笼统、议事范围不科学、议事事项不具体、程序不严密、议事程序简单化等问题。

三、缺少当事人参与

1975年，蒂鲍特（Thibaut）和沃克（Walker）通过对一系列关于冲突解决过程的研究指出，人们对冲突解决过程是否公正的评价与两种控制有关，即过程（程序）控制（process control），例如能够在程序中发表自己的观点并进行论述；以及决定控制（decision control），例如能够影响结果。他们研究发现在冲突解决过程（主要是法庭审讯）中能给予人过程控制的程序更容易被人们认为是公正的。由此产生了过程控制效应（process control effect）的概念。[1] 在西方国家和地区，到了 20 世纪 80 年代初，程序公正开始受到极大的关注。人们更多地关心"如何作决策"，矛盾冲突应如何解决等，而较少关心"决定是什么样的"。于是程序公正成为法学研究领域的重心和热点；而决策控制和过程控制也成了程序公正研究的经典范式。众多研究表明，发言权是影响程序公正判断最重要的因素，有发言权的程序更容易被人们认为是公正的，这被称为"发言权效应"，也叫"过程控制效应"。研究者进一步探讨了什么样的发言权对提高程序公正才有意义？对于这个问题，亨顿（Hunton）（1998）[2] 等认为应该分析发言权的三个特点，即发言权在决策过程中的什么阶段提供？实际提供的发言权与人们所预期的发言权大小相比较是相同、过量还是不足？实际提供的发言权是多大？Earley 和 Kanfer 的研究表明，发言权在决策过程的早期提供比在晚期提供，更能提高满意度和公正感。[3] 多利（Doll）和托克扎德（Torkzadeh）的研究表明，当人们所预期的发

---

[1] Thibaut J, Walker L. Procedural justice: A psychological analysis, Hillsdale, NJ: Erlbaum, 1975.

[2] Hunton J E, Hall T W, Price K H. The value of voice in participative decision making. Journal of Applied Psychology, 1998, 83（5）: 788-797.

[3] Earley P C, Kanfer R. The influence of component participation and role models on goal acceptance, goal satisfaction and performance. Organizational Behavior and Human Decision Processes, 1985, 36: 378-390.

言权大于实际的发言权时,发言权效应便会失效。①关于发言权的第三个特点实际上就是为了回答"是否发言权越大越好?"而相当一部分的研究否认了这一说法。亨顿(1998)等发现,发言权的大小与程序公正、结果满意度的关系并不是简单的线性关系,而是存在某个点,在此之前,会随着发言权的增加,因变量快速增加,而在这一点之后,则出现平缓状态。②彼得森(Peterson)(1999)通过实验研究也得出类似的结论,但他认为可能存在一个不是很完美的倒 U 形曲线。③为什么有时发言权大了反而不好呢?存在两种可能的原因:其一,这可能会造成大量时间的消耗;其二,每个人的发言权机会大了,反而意味着每个人还要去听取其他人的意见,自己的意见反而得不到充分体现。

  在诉讼中如何充分发挥这一效应呢?当事人参与原则是发挥这一效应的基本要求。在当事人有机会参与的前提下,在民事、行政诉讼中都赋予当事人享有陈述权;在刑事诉讼中赋予被告充分的辩护权以及受害人陈述权。一般而言,这些制度的设置仅仅在发言的机会上考虑发言权效应,与发言机会相关的还有以下几种相关的概念需要区分。发言机会(voice opportunity):是指实际获得的向决策者反映自己想法的机会。所感受到的发言机会(perceived voice

---

① Doll W J, Torkzadeh G. The measurement of end-user computing satisfaction. MIS Quarterly, 1988, 12: 258-274.

② Doll W J, Torkzadeh G. The measurement of end-user computing satisfaction MIS Quarterly, 1988, 12: 258-274.

③ Peterson R S. Can you have too much of a good thing? The limits of voice for improving satisfaction with leaders. Personality and Social Psychology Bulletin, 1999, 25(3): 313-324.

opportunity）：是指人们对所获得的发言机会的主观感受。发表意见的行为（voice behavior）：是指在有发言机会的情况下，人们相应做出的行为反应。发言的工具性（voice instrumentality）：是指个人发表的意见对决策结果的影响。分清楚发言权这四个不同概念对程序公正判断的预测效果，对庭审提高发言权效应，促进当事人对组织程序的评价是有实用价值的。

从上述来看，当事人参与是诉讼程序的本质特征。根据诉讼程序的一般法理，诉讼程序是"按照公正而有效地对具体纠纷进行事后的和个别的处理这一轴心而布置的"，具有规范性、对话性、程序结果的确定性等特征。法官作为纠纷解决者，不仅要公平、耐心地关注双方当事人，而且要进一步耐心倾听双方的辩论和证据。专业法官会议虽然仅属于裁判决策的咨询参考机构，但实际上对案件的处理仍会产生很大影响，其较明显的弊病就是程序运行过程中缺乏当事人参与，裁判决策所依赖的信息来源于承办人的汇报，属于对案情的二手感知，容易产生认知偏差。

四、责任追究有待细化

专业法官会议由于其作为法官决策咨询参考机制的制度定位，《指导意见》只对主持人的职责、参加会议成员工作量的计算和绩效考核等作了规定或提出了相关要求，但对专业法官会议参会人员故意违背事实、法律等情况发表意见的责任追究程序未作出进一步规定。例如，《指导意见》强调指出，"主持人在会前审查会议材料""主持人决定不召开专业法官会议的情况应当在办案平台或者案卷中留痕""主持人召开会议时,应当严格执行讨论规则,客观、全面、准确归纳总结会议讨论形成的意见""拟提交专业法官会议讨论的案件,承办案件的独任庭、合议庭应当在会议召开前就基本案情、争议焦点、评议意见及其他参考材料等简明扼要准备报告,并在报告中明确拟提交讨论的焦点问题。案件涉及统一法律适用问题的,应当说明类案检索情况,确有必要的应当制作类案检索报告""全体参加人员应当在会前认真阅读会议材料,掌握议题相关情况,针对提交讨论的问题做好发言准备"等,并明确"召开会议前,应当预留出合理、充足的准备时间,提前将讨论所需的报告等会议材料送交全体参加人员。召开会议时,应当制作会议记录,准确记载发言内容和会议结论,由全体参加人员会后及时签字确认,并在办案平台或者案卷中留痕;参加人员会后还有新的意见,可以补充提交书面材料并再次签字确认"。"法官参加专业法官会议的情况应当计入工作量,法官在会上发表的观点对推动解决法律适用分歧、促成公正高效裁判发挥重要作用的,可以综合作为绩效考核和等级晋升时的重要参考因素;经研究、整理会议讨论意见,形成会议纪要、典型案例、裁判规则等统一法律适用成果的,可以作为绩效考核时的加分项"。有的地方法院出台的《专业法官会议工作规则》则明确指出,"专业法官会议实行民主原则。各成员地位平等,针对案件自由发表看法,讨论意见与发表观点无论对错均不受责任追究,对个案的讨论不形成意见。"

依笔者浅见,把握专业法官会议的制度定位以及是否需要设定责任追究程序,都必须将其置于中国特色社会主义审判权力运行体系下统筹考虑。《指导意见》第一条开宗明义,就明确了"专业法官会议是人民法院向审判组织和院庭长履行法定职责提供咨询意见的内部工作机制"。换言之,专业法官会议既非法定审判组织,亦非法定诉讼程序,只是嵌入审判权力运行体系的内部机制或咨询平台。从上述规定来看,专业法官会议的确不是案件审理的必经程序。会议对个案的意见是指导性的,仅供主审法官、合议庭参考,不影响合议庭依法独立公正行使审判权。合议庭应当结合会议的意见,独立判断是否采纳。但是,作为中国特色的司法决策咨询机制,专业法官会议形成的讨论意见对独任庭、合议庭法官决策的影响力也不容忽视,尤其是专业法官会议一般由担任领导职务的院庭长担任主持人,其所发表的意见对承办法官和合议庭的影响力更是显而易见。实践中,专业法官会议责任追究方面可能遇到的问题,主要体现在以下三个方面:

一是独任庭、合议庭成员的责任问题。实践中,可能存在的现象是,个别独任庭、合议庭成员为了达到推卸责任的目的而将案件提交专业法官会议;或不如实、客观、全面汇报,误导专业法官会议讨论。一旦出现这些情况,都应当依法依规细化、追究相关办案人员的责任。

二是专业法官会议成员的责任问题。专业法官会议成员应当根据案件的事实和法律规定,坚持以事实为依据,以法律为准绳,依法准确、客观、公正地发表裁判意见,供独任庭、合议庭参考。实践中,可能会出现个别专业法官会议成员利用"咨询"机会,为徇私情故意违背事实或法律发表错误意见的情况,或者工作严重不负责任,轻率发表错误意见。类似这种情况,除了对承办案件的独任庭、合议庭成员追责外,还应考虑对专业法官会议成员进行一定的追责。而从目前的规定来看，如何对专业法官会议成员进行追责还有待进一步细化、实化。

三是专业法官会议主持人的责任问题。从前述分析来看，专业法官会议的主持人一般为分管院、庭领导，有权决定是否召开专业法官会议，以及掌握专业法官会议的发言顺序、是否启动后续轮次讨论、讨论的推进节奏、讨论意见的归纳总结等。尤其是主持人召开会议时，能否严格执行讨论规则，客观、全面、准确归纳总结会议讨论形成的意见，对于专业法官会议的讨论质量和效果影响巨大。实践中，如果出现个别主持人错误总结归纳或故意发表违背事实和法律规定的意见等现象，无疑应当予以追责。

五、会议成果转化不足

从实践情况来看，专业法官会议可能存在通知时间较短、会前准备不足、到会法官难以在会前充分了解案情，导致发表意见效率不高，讨论效果打折扣等情况。同时，实践中多为个案讨论、以案议案，缺乏对共性法律适用问题的研究和讨论，较少对类案裁判经验、裁判标准进行的系统总结和全面讨论，事后往往缺乏对会议纪要的梳理和转化，导致有关个案讨论成果难以进一步提升和转化应用。这种总结推广机制的欠缺，使得专业法官会议难以形成指导成果，最大程度地发挥其对类案裁判的指导作用，以及难以有效发挥总结和交流裁判经验、统一裁判标准等作用。不过，近几年这种现象正在发生很大的改变。特别是在最高人民法院的层面，各庭室和巡回法庭先后编写出版了一系列的专业法官会议纪要类图书，这表明在最高人民法院这一层面，专业法官会议成果的转化富有成效，值得各级人民法院借鉴推广。

专业法官会议作为人民法院全面深化司法体制改革的一项重要内容，具有保障审判组织依法独立行使审判权、规范院（庭）长审判监督管理权、统一裁判尺度和法律适用标准等作用。鉴于专业法官会议可能存在的各种问题，我们有必要以贯彻落实《指导意见》为契机，更加准确定位专业法官会议的价值功能和职能、正视会议属性和一般规律、合理划定议事范围、完善规范议事规则、提升成果转化，使专业法官会议真正落地见效。

专题四 专业法官会议讨论案件的原则

罗伯特议事规则对开会议事有非常精巧且实用的安排，成为促进文明议事和高效决策的强有力的工具。现代社会的各类团体和组织发展到目前阶段，实践议事规则变得更有用、更有益。《罗伯特议事规则》的中文版译者对罗伯特议事规则提炼出"十二条"基本原则，作为罗伯特议事规则的"极简版"，这十二条原则分别是：动议中心原则、主持中立原则、机会均等原则、立场明确原则、发言完整原则、面对主持原则、限时限次原则、一时一件原则、遵守裁判原则、文明表达原则、充分辩论原则、多数裁决原则。本专题拟结合这十二条原则，谈谈罗伯特议事规则对于完善合议庭、审委会尤其是专业法官会议的运行机制究竟有哪些有益的启示。

一、动议中心原则

动议中心原则是罗伯特议事规则的最大特点，对于完善合议庭、审委会、专业法官会议运行机制，尤其是落实"一案一议"原则具有重要的参考、借鉴意义。动议中心原则的内涵主要体现在以下几个方面：

（一）动议是开会议事的基本单元

"动议"是一个完整议事的首要步骤，是开会议事的最基本单元。

所谓"动议"（motion）是指与会者在会议上提出的、需要会议给予处理的建议。"通用议事规则"定义了"主动议"，以及从它衍生出来的一系列动议。其中，"动议"可分为"主动议""辅动议""再议类动议"，"主动议"又有"实质主动议"和"程序主动议"之分，"辅动议"则包括附属动议、优先动议、偶发动议。辅动议的概念是动议分类的基础，也是"动议优先级顺序"的基础。动议中心原则意味着任何事务都必须以"动议"的形式提交给会议，之后会议才可考虑。该特点给专业法官会议、审委会等运行机制带来的最大启示是，凡是提交专业法官会议、审委会等讨论的案件，独任庭、合议庭成员必须对案件的处理拿出明确的意见，不得模棱两可。所谓处理意见，不仅包含定罪量刑等事关裁判结论的意见作出，还应包括独任庭、合议庭成员本身对案件犯罪事实的认定、证据的审查分析、法律适用等方面也要形成自身的判断意见。

（二）主动议遵循"一次一个议题"原则

根据"一般议事规则"的根本原则：同一时间只能处理一个议题；一旦将一个动议提交给了会议，就必须处理完这个提议，然后才能引入下一项事务。这就意味着"主动议"只能在没有任何其他待决议题时才能提出。这就出现了对"辅动议"的需求。辅动议的程序性、紧迫性特征以及与主动议的关系，主要体现在两个方面：一是在有主动议待决时，仍可以提出并处理辅动议，而并不违反"一次一个议题"原则；二是辅动议在提出后，一旦被主持人接受为"合规"，允许在当时的情况下提出，就必须首先得到处理，然后才能继续处理被它打断的主动议。辅动议一般也要经过提出、附议、宣布议题三个步骤。上述"一次一个议题"原则对于专业法官会议或审委会集中讨论一个案件、防止"跑题"或多案合并讨论具有重要参考意义。在现实会议中，容易出现的现象是，这个问题还没有结论，又开始讨论另外一个问题。或者，不等别人把话讲完，就随意打断，拒绝聆听，放弃沟通。这种"跑题""打断"现象有违"一次一个议题""一事一议"原则，是需要努力克服的。但是，也需要言明的是，为了某一个案件能够得到更好地处理，在主持人允许的情况下，对与会人员提出的与待决案件有重大关联的"辅动议"尚存在优先讨论的必要性，体现相关事项的程序性、紧迫性特征。

（三）动议具有明确性、具体性、可操作性

"动议者，行动的提议也。"会议讨论的内容应当是一系列明确的动议，它们必须是具体、明确、可操作的行动建议。

1. 动议必须具有明确性。所谓明确性，就是动议要求清晰、明白，表达清楚。在专业法官会议或合议庭、审委会讨论中，提交会议讨论的案件所涉法律适用问题指向、处理意见必须是清楚的。承办人撰写的审查报告所反映的案件事实必须清楚，证据确实、充分，需要会议集体讨论的问题明确、清楚。

2. 动议必须具有具体性。所谓具体性，是指动议的内容不抽象，不笼统，细节很明确，所涉问题具有特定性。就专业法官会议的运行机制来看，提交会议讨论的首先是个具体个案，以及个案的具体裁判，包括案件事实证据的审查认定、犯罪事实与法律规范符合性的判断、此罪与彼罪、罪重与罪轻、刑罚的裁量等具体问题。在多被告人刑事案件中，这种具体性还涉及每一个刑事被告人犯罪事实的认定、情节的把握、罪名的确定、刑罚的裁量等问题。

3. 动议必须具有可操作性。所谓可操作性，是指可观察、可测量，给出的行动建议操作性强。在专业法官会议、审委会讨论过程中，独任庭、合议庭提交会议讨论所提的处理意见本身要有可操作性、可讨论性。在研究过程中，各位与会人员的咨询意见建议或其他"动议"也应当具有针对性、可操作性。

（四）动议是讨论的前置程序

动议是会议讨论的前置性程序，也即，先动议后讨论，无动议不讨论，讨论限于当前动议。具体来说：

一是先动议后讨论。动议有很多种，而会议就是通过运用各种动议来步步展开的，因此，动议就构成了会议的基本单位。从逻辑顺序和时间先后来看，动议是会议讨论的前置程序，是讨论的前提和基础。实践中，将动议提交会议考虑，前三步是：（1）一位成员"提出动议"，通常的语言表达是："我动议……"（2）另外一位成员"附议"，表示认为这个"动议"有在此考虑的必要，并不表示赞成。（3）主持人"宣布议题"，这里的"宣布议题"与后续的"提请表决"并不相同，后者"提请表决"意思是"把议题提交表决"。值得注意的是，有人"动议"并且有人"附议"，还不能说议题已经提交会议了。只有在主持人"宣布议题"之后，才能视为该议题已经提交会议考虑了。此处"提交会议考虑"中的"考虑"和"对动议的考虑"中的"考虑"，不是一般意义上的考虑，而是具有特定的含义，是指对议题的辩论、表决一直到宣布表决结果的整个过程。辩论也就是讨论的意思。

二是无动议不讨论。从前述分析来看，无动议，也就无讨论。在专业法官会议运行机制中，这个道理也是显而易见的。一般而言，通常情况下"动议"包括时间、地点、人物、资源、行动、结果六大要素，相关要素必须具有明确性、具体性和可操作性。而具备可操作性的六大要素是"动议"形成的前提和基础，也构成提交"讨论"的必备条件。如果相关"动议"不具备这些要素，或者这些要素不具有可操作性等特征，讨论便难以进行。联系到专业法官会议或审委会运行机制中，独任庭、合议庭法官提交专业法官会议讨论的案件事实、证据、拟处定罪量刑等处理意见必须满足相关"六大要素"，以审查报告等形式反映清楚，便于专业法官会议或审委会成员针对该"动议"展开充分的讨论（见下表）。

表　常见"动议"的六大要素表

时间	时间阶段、完成期限
地点	实施地点
人物	执行者、负责人，要落实到人
资源	要花多少钱、资金怎么来，需要其他什么物质资源
行动	必须要用可操作的实意动词，如"编写、授权、修改为、签发、解聘、取得信息、说服" 避免使用空泛的方向性的词语，如"加强、提升、促进、改进、完善、落实、重视、推动、跟踪"这类不知道如何做的动词
结果	要有衡量的指标 不要说"加强监督"，而要说"编写……的调查报告" 不要说"落实流程"，而要说"抽查……并编写……流程落实报告交……审阅"

三是讨论仅限当前动议。这是由"一次一个议题"原则所决定的。根据前述分析,当一个议题没有结束讨论的时候,与会成员不得随意讨论另外的议题,与会成员的讨论原则上仅限于当前的动议。在专业法官会议或审委会中,相关成员也应当遵循这些议事规则。如果不遵循"讨论仅限当前动议"原则,容易造成议而不决、效率低下等问题,甚至出现"跑题"的情况。

二、主持中立原则

协商会议的进行最少需要两名会议官员,一个"主持人",另一个为"秘书"。主持人、秘书是一个会议运行所必需的两位官员。实践中,会议主持是一门学问,更是一门艺术。主持人要主持好一场会议,很重要的一条就是要贯彻主持中立原则。所谓主持中立原则,是指会议"主持人"的基本职责是遵照规则来裁判并执行程序,尽可能不发表自己的意见,也不能对别人的发言表示倾向,必须保持中立和公正。主持人若要发言,必须先授权他人临时代行主持之责,直到当前动议表决结束。

(一)主持中立原则蕴含权力监督制约理念

所谓权力监督制约,是指权力之间相互监督制约以达到统一、平衡的目的,并解决权力集中所产生的诸多问题。主持人的主要作用在于维持会议秩序,使其按照会议规则公平高效地运行。主持人的权力也仅限于议事规则所赋予的与会议相关的主持权,与实际事务的决定权并无关系,并不是管理上的或行政上的权力。相反,主持人在决定事务时，为维护公正，往往需要回避发表自己的意见。

需要说明的是，如果主持人也系组织的成员，那么他本人也享有同样的辩论权。但是，主持人的中立性要求他在承担主持人工作期间不能行使辩论权。通常情况下，主持人尤其在大型会议中不能对待决议题的是非利弊发表任何意见。在极特殊情况下，主持人可能会认为会议在讨论中忽略了非常重要的问题，而他作为组织的一员，有责任提醒会议以免酿成错误，而且主持人判断在这个特殊情况下，这个提醒的责任比主持会议的责任更重要，那么他可以参与辩论。在专业法官会议讨论中，主持人作为会议成员，可以参加案件的讨论并发表自己的处理意见，但为了确保"主持中立"原则的贯彻，避免主持人先发言、表态对其他会议成员产生不当影响，最高人民法院《指导意见》明确"主持人最后发言"是有道理的。

（二）主持中立原则体现程序公正价值

在司法领域中引进"主持中立"这一理念，建立权力监督制约的机制模式，可以实现程序公正与实体公正的和谐统一，充分体现出中立、公正、独立、民主、效率、公开的现代司法理念。罗尔斯在《正义论》一书中以分蛋糕为例阐述了程序公正的价值理念。一些人要分一个蛋糕，假定公平地划分是人人平等的一份，什么样的程序将给出这一结果呢？我们把技术问题放在一边，明显的办法就是让一人来划分蛋糕并得到最后的一份，其他人都被允许在他之前拿。这样的程序设计，他将平等地划分这个蛋糕，因为这样他才能确保自己得到可能有的最大一份。这个"切蛋糕后挑"的故事体现了该书的精髓：背景正义（background justice）和程序正义（procedure justice）。

所谓背景正义，在故事中就是大家都同意公平地分这个蛋糕，大家都认可的一种基本的维持社会公正的意愿和思想。因为理性的人一般是不会喜欢产生摩擦的。为了避免"摩擦"，社会需要达成一种最基本的共识，那就是尽量公正地分配各种资源。这就是背景正义。所谓程序正义，在故事中就是指把蛋糕的权利分为切蛋糕的权利和先拿的权利。这样，即使背景正义要求完全按照其贡献的比例去分蛋糕（在这里假设是一半），但是，即使切蛋糕的人不小心把蛋糕切成明显的一大一小，然后大的被另外一个人拿走，他自己也无话可说，他也不会因为无法满足背景正义而产生怨恨。这样就能保证社会的稳定，这种程序保证了背景正义得以操作和实行。

（三）主持中立原则彰显了主持人的角色化、功能化

"角色"本是戏剧中的名词，指演员在戏剧舞台上按照剧本的规定所扮演的某一特定人物。20世纪20年代至30年代，学者发现舞台上的戏剧是人类现实社会的缩影，于是将它引入社会学。美国社会学家米德和人类学家林顿是较早把"角色"概念正式引入社会心理学的学者。社会心理学研究认为，当个体根据他在社会中所处的地位而实现自己的权利义务时，他就扮演着相应的角色。社会角色包含了角色扮演者、社会关系体系、社会地位、社会期望和行为模式五种要素，角色是个人在社会关系体系中处于特定社会地位并符合社会要素的一套行为方式。[1] 根据不同的标准，可以将社会上的各种角色进行分类。例如，根据角色扮演者获得角色的不同方式，可分为先赋角色与自致

---

[1] 参见全国13所高等院校《社会心理学》编写组编：《社会心理学》，南开大学出版社2003年版，第66~67页。

角色；根据角色存在的形态不同，可分为期望角色、领悟角色与实践角色；从社会规范的角度，可分为规定性角色与开放性角色。在现代社会心理学中，角色已经成了一个十分流行的概念。

　　就法官角色而言，我们既可以将角色视为法官个体在社会中的一种功能，以此解释法官的职业行为模式；同时，也可以将角色考虑为法官完整、理想人格的一个侧面，法官自身可以按照角色的规定性就像在社会生活中学习各种习惯和掌握各种品质特性一样学习他的职业角色。法官是司法机构中审判人员的通称、司法权的掌控者。在公众眼里，法官是审判法庭上的核心人物。法官这种在诉讼庭审中独特的法律地位和职责决定着他必然承担的社会角色。法官的社会角色是指与法官的特殊法律地位、身份相一致的一整套权利、义务、责任规范与行为模式，它是人民群众对具有法官身份的人的行为期待，具有社会互动性、规定性、示范性等特点。在不同法系中法官的角色不尽相同，但要求都是不偏不倚、不受他人影响或掣肘、大公无私地根据法律判案。法官从事司法审判的特点决定了法官必须具备良好的心理素

第三讲
专业法官会议的讨论原理与规则——基于群体决策理论的检视

质，掌握一定的角色技巧。①

主持中立原则彰显了主持人的角色化、功能化，突出表现在以下几个方面：

一是主持中立原则彰显了主持人"裁判员"的角色。主持中立原则意味着"主持人"的基本职责就是遵照规则来裁判并执行程序，必须保持中立和公正。这种"裁判员"的角色，所蕴含的一整套权利、义务、责任规范与行为模式，体现主持人的中立性和公正性。根据权力监督制约原则，主持人既然是"裁判员"，就应该不是"运动员"。主持中立作为一条会议规则，不断塑造着主持人的行为模式，促进主

---

① 研究法官角色心理，具有以下重要意义：首先，帮助法官增强角色意识与行为技巧。实践证明，法官有明确的角色意识和适宜的角色行为是完成好审判工作任务的前提条件。只有通过研究与认识自己的角色（包括角色行为模式和社会期待），法官个体才能进一步增强自己的角色意识，明确自己的角色适应行为，提高角色行为能力。其次，帮助法官个体妥善处理角色冲突。任何个人都不是"单向度"的，总有其多种社会属性，同时担当多种社会角色，而不同的角色各有其角色期待，不同的角色期待可能会产生不一致甚至对立，这就会使得个体成员在角色实践中出现困惑，产生角色紧张和角色冲突。法官的角色也不是单一的，往往在同一时期内可能兼有多种不同的角色，法官应当学会妥善处理在实践中碰到的各种角色冲突，用积极的方法和适当的角色配比去消除由法官角色冲突引起的心理紧张与矛盾情绪。同时，法庭社会体系中的角色冲突也需要通过法律程序（如回避制度）或道德规则来解决或避免，实现司法的良性循环。最后，帮助法官有效地实现角色期待。角色理论的有关研究表明，社会中的他人对每一种角色都有一定的期待，而每一个角色个体同时也对自我有一定的期待。想要实现社会中他人对自己的"角色期待"以及实现自我的"角色期待"，在审判实践中有所作为，法官应从理论上认识与了解角色期待形成的条件，做到"心中有数"，不断纠正角色实践中的偏离倾向，努力使自己的角色行为与社会对法官的普遍期待相一致。参见陈增宝：《法官心理与司法技巧》，中国法制出版社2017年版。

持人的"角色化"。

二是主持中立原则彰显了主持人"主持"的功能。根据前述分析，主持人的主要作用在于维持会议秩序，使其按照会议规则公平高效地运行。主持人的权力也仅限于议事规则所赋予的与会议相关的主持权，与实际事务的决定权并无关系。"主持权"并不是管理意义上的或行政意义上的权力。既然主持人有"主持权"，就应该放弃"发言权"。

三是主持中立原则彰显了主持人"规则"的执行力。值得思考的问题是，如果主持人在主持、发言时跑题、攻击、独占、打断，怎么办？谁来监督主持人？这里必须承认主持人也会犯错误。我们必须承认这是人性的一部分，必须运用规则和制度来解决，克服主持人可能出现的错误。其中，很重要的一条就是要严格贯彻"主持中立"原则。主持人只有"专心"维护规则，提高对"规则"的执行力，规则才能真正执行。长期坚持下去，人们对规则才会有信心。无论是主持人还是每一位与会成员都必须遵守议事规则所建立的"礼节"规范。这对于保持主持人的中立立场，保证会议的客观公正，尤其是在出现严重分歧时的客观公正，至关重要。可见，在专业法官会议讨论中主持人在"主持"过程中不发言或不抢先发言是非常必要的，最高人民法院《指导意见》之所以规定主持人要最后发言，原因也就在其中。

三、机会均等原则

所谓机会均等原则，是指在会议进行过程中，会议成员取得发言的机会均等。具体包含以下几层含义：

（一）必须经过主持人准许才能获得发言权

任何人发言前须示意主持人，得到其允许后方可发言。也即，任何一位成员，在每一次"动议"或者"讨论"之前，都必须首先"取得发言权"。只有获得主持人的"准许"，才享有单独发言的权利。其中，发言权以举手示意等方式申请发言的过程被称之为"申请发言权"。"申请发言权"的通常步骤是：申请发言的前提条件为没有其他人正在发言或拥有发言权；申请发言的成员可以在自己的位置上起立或面对主持人举手示意申请发言；如果按照规则该成员可以此时发言，那么主持人一般情况下就应该予以允许。成员发言结束后，以"回原位就座"等方式，示意"交回发言权"。在专业法官会议讨论过程中，会议成员发言的有序进行，实际上意味着按既定规则讨论，蕴含主持人事先"默认""准许"的基本程序。

（二）遵循"申请在先"原则

所谓申请在先，是指先申请的人先发言。对于几个人几乎同时起立的情况，一般的规则是：如果其他条件相同，那么最先起立并称呼主持人的人取得发言权。这种起立必须是在发言权被上一个发言人交回之后。在发言权还没有被交回之前就起立是无效的。原则上在其他人还拥有发言权的时候起立是"不合规"的。不过，需要说明的是，这种"申请在先"原则也不是绝对的。有时，还得根据会场的具体情况而定，比如，在大型会议中，如果话筒与大家有一段距离，上述规则可以作些变通。此外，如果几个人同时起立的情况出现在动议的辩论阶段，那在分配"发言权"的时候需要遵循以下两条原则：

一是尚未发言的人优先。先举手者优先，但尚未对当前动议发过言者，优先于已发过言者。也就是说，同一天内针对同一个动议，尚未发表过辩论意见的人，优先于已经发表过辩论意见的人。这个原则对专业法官会议讨论具有指导意义。在专业法官会议讨论中，各位与会人员均享有同等的讨论、发言机会，提交专业法官会议讨论的目的就是发挥集体决策的优势，听取众人对案件事实认定、证据审查判断的分析，尤其是定罪量刑、法律适用等方面的意见建议，为独任庭、合议庭裁决案件提供专业的咨询意见。基于这个制度设计初衷，应当倡导与会人员都要就案件的处理发表意见，当有的与会人员已经发表意见，有的尚未发表意见的时候，尚未发表意见的享有优先发言的机会，有利于防止会议被少数人的意见所左右，使专业法官会议讨论更加全面、深入，形成科学、准确、合理的法律判断，真正实现集体讨论的目的和初衷。

二是"动议人"优先。如果其中一人是该动议的"动议人"，并且还没就此动议发表辩论意见的，那么该"动议人"优先。"动议人"优先，在专业法官会议讨论中，首先，体现在独任庭、合议庭法官和承办人优先对案件的事实认定、证据审查分析和判断、定罪量刑、法律适用等方面发表处理意见，提出处理方案，供专业法官会议集体讨论。其次，"动议人"优先体现在讨论过程中，面对专业法官会议成员的发言、讨论和询问，独任庭、合议庭法官和承办法官享有优先发言并予以回应、回答的机会，便于将专业法官会议的讨论引向深入。最后，"动议人"优先原则还体现在专业法官会议讨论中，非独任庭、合议庭法官和承办人等与会人员作为某个偶发动议"动议人"时享有优先发言的机会，听取其对案件的处理或某一项事项的处置发表意见建议，由专业法官会议的与会成员进行讨论。

（三）实行"双方轮流发言"原则

如果上述第二点中的两条规则都难以适用，且主持人已经了解双方的立场和观点，此时应尽量让意见相反的双方轮流分配、取得发言机会，以保持平衡。为满足这条规则，主持人可以这样说："刚才的发言人赞同当前动议，是否有持反对观点的希望下一个发言？"或者"刚才的发言人反对当前动议，是否有持赞同观点的希望下一个发言？"一旦主持人分配出发言权，其他成员就不能再以"发言优先权"为由提出异议。

公正包括实体和程序两个方面。法官在履行职责时，应当切实做到实体公正和程序公正，并通过自己在法庭内外的言行体现出公正，避免公众对司法公正产生合理的怀疑。实体公正是相对的，而程序公正是绝对的，程序公正具有独立的价值。专业法官会议讨论中，通过"轮流发言"机制分配发言权，是在会议成员之间合理地调度审判资源、科学分配程序性和实体性权利和利益的过程，本质上符合程序公正的价值。

四、立场明确原则

所谓立场明确原则，是指发言人应首先表明对当前待决动议的立场是赞成还是反对，然后说明理由。具体而言，立场明确原则的含义主要体现在以下几个方面：

（一）立场态度要"明确"

所谓"立场",是指认识和处理问题时所处的地位和所持的态度,是处在某一地点位置看一个事物事件问题等,与"角度"的差别是更加宏观。现实生活中,立场问题一般指阶级立场。人们的思想行为总是有一定立场的,不管是自觉的立场,还是不自觉的自发的立场。立场问题,来自我们认识事物时的价值评价总是站在一定人们的利害角度进行评价的,因此,立场,就是一定的人,就是我们看问题、想事情、做事情时的利益目标人群。你在想和做的事是为了哪些人的利益好处,你就是站在了那些人的立场上。不同立场的人,对同一事物的感受评价情意是不同的。所谓树立自觉的正确的立场,就是要树立自身立场、自身家庭立场、自身工作单位立场、自身阶级立场、自身民族立场、自身国家立场等。在协商会议进行过程中,与会人员要表明自己对"动议"的态度,也即是赞成、还是反对。在专业法官会议或审委会讨论中,与会人员对独任庭、合议庭法官或承办法官提出有关案件事实认定、证据审查分析判断、定罪量刑、法律适用等方面的处理意见,是反对还是赞成,必须有明确的态度,究竟支持谁的意见,支持什么意见,反对什么意见,必须清晰明白,便于讨论的深入。

（二）"明确"意味着"确定不移"

所谓"明确",是指清晰明白而确定不移。比如,目的明确;明确表示态度;大家明确分工,各有专责等。这种"明确"意味着"确定不移",态度、主张、行动坚决,不能前后矛盾、出尔反尔、当墙头草,等等。换言之,与会成员必须态度明确,且前后表态一致,不能一会儿这样说,一会儿又那样说,前后不能自圆其说。在合议庭、专业法官会议以及审委会讨论中，与会人员敢于坚持自己意见、独立发表自己意见，就显得非常重要，绝不能当墙头草。俗语墙头草，是指两边倒的意思，形容一个人没有主见，见风使舵，随波逐流。看哪边得势，哪边意见比较强，他就倒向哪边。这样的情况，往轻了说，是意志不够坚定，别人说什么就是什么，没有自己的主见，往重了说，有的则是迎合领导、权威，不敢独立发表自己的意见，有违法官独立、客观、公正的基本立场。当然，需要说明的是，这种"确定不移"也是相对的，有时法官"固执己见"也是不好的。尤其是随着多轮辩论程序的展开，会议讨论的深入，案件事实、法律适用越来越清楚，真理越辩越明，先前发表的意见已被证实是错误的，此时，作为法官也应当坚持实事求是的原则，敢于修正自己的错误观点，否则那种"固执己见""坚持错误观点"也显然不妥。

（三）"明确"也意味着可以"部分明确"

立场明确原则是协商会议必须遵循的一般原则之一。与会人员必须表明态度，站稳立场。但并意味着要求发言人对"动议"全部赞成或全部反对。事实上，现实的情况是非常复杂多样的。因此，也就允许"部分明确"，也即部分赞成部分反对，或者有什么意见。比如，我赞成这个制度可以试运行，但是对于某部分我有三点修改意见。这种沟通方式上的改进，将有效提升会议的效率。在专业法官会议或审委会讨论中，针对案件事实认定、证据审查分析判断、定罪量刑、法律适用、审判程序等方面的处理意见，与会成员至少存在以下几种可能的表态：

一是全部赞成。对独任庭、合议庭法官提出的事实认定、证据分析、定罪量刑、法律适用等处理意见，表示全部赞成。

二是全部反对。对独任庭、合议庭法官提出的事实认定、证据分析、定罪量刑、法律适用等处理意见，表示全部反对，并提出自己的处理意见。

三是部分赞成、部分反对。对独任庭、合议庭法官提出的事实认定、证据分析、定罪量刑、法律适用等处理意见，表示部分赞成、部分反对，并就反对部分提出自己的处理意见。其中，"部分"既可以针对定罪，还可以针对量刑；既可以针对事实证据的审查认定，也可以涉及法律适用。由于案件本身的复杂性，与会人员还可仅针对部分内容明确表态，而对部分内容则不作表态，或者言明根据现有事实证据情况难以作出判断，可建议独任庭、合议庭法官围绕某些方面或什么方向作出进一步核实、查证，以便正确作出裁判。这些表态虽然具有一定的含糊性，但也属于一种立场和观点，具有明确性的特点。

（四）先讲"态度"再讲"理由"

立场明确原则要发言人首先表明对当前待决动议的立场是赞成还是反对，然后说明理由。这也就意味着表明"态度"与陈述"理由"之间具有先后关系，这样做，事实上比较符合主体的认知规律，先讲明总的态度和意见，然后再具体展开理由，具有较高的可接受性，便于与会成员快速、精准接收发言人发出的信息，有利于提高会议的讨论效率。在专业法官会议、合议庭评议或审委会讨论案件时，先由承办法官对认定案件事实、证据是否确实、充分以及适用法律等发表意见，主持人、审判长最后发表意见。专业法官会议的与会成员，合议庭、审委会成员进行评议讨论的时候，应当认真负责，充分陈述意见，独立行使表决权，不得拒绝陈述意见或者仅作同意与否的简单表态。同意他人意见的，也应当提出事实根据和法律依据，进行分析论证。

（五）"立场明确"的目的是提高"会议效率"

所谓会议，是指人们怀着各自相同或不同的目的，围绕一个共同的主题，进行信息交流或聚会、商讨的活动。一次会议的利益主体主要有主办者、承办者和与会者（许多时候还有演讲人），其主要内容是与会者之间进行思想或信息的交流。会议一般包括议论、决定、行动3个要素。必须做到会而有议、议而有决、决而有行，否则就是闲谈或议论，不能称为会议。会议是一种普遍的社会现象，几乎有组织的地方都会有会议，会议的主要功能包括决策、控制、协调和教育等功能。实践中，开会效率是一个令人头疼的问题。如何靠制度、规则来约束，提高开会效率，使原则的稳定性与方法的适应性之间达到平衡，发现组织治理的精髓，就显得非常重要。审判实践中，有的合议庭、专业法官会议、审委会开会比较凌乱，如开会随便打断别人讲话，不经举手申请就申请发言，讲话不控制时间，不围绕争议焦点而展开，发言的过程跑题等。其中，立场明确原则最重要的功能就是提高会议的质量和效率。在合议庭、审委会、专业法官会议运行过程中，各方秉持立场明确的原则，亮明观点和态度并阐明具体理由，有利于使问题聚焦，把讨论引向深入，使裁判意见建议更加精准、可靠。

五、发言完整原则
——防止"打断"

所谓发言完整原则，是指在协商会议进行过程中不得打断别人的正当发言。在理解和适用发言完整原则时，应当注意把握以下几个方面的内容。

（一）原则上不得打断别人正当的发言

发言完整原则主要的功能和意义在于防止"打断"，确保发言人能够完整、连续地发言。实践中，让与会人员完整发言，不仅体现了对发言人的尊重，具有礼节意义，而且有利于规范发言的秩序，使发言在正常的规则之下能够持续进行，使讨论走向深入。

一是不打断他人正当发言，具有礼节意义。无论是主持人还是每一位与会成员，都必须遵守议事规则所建立的"礼节规范"。不打断别人发言，这是人与人相处之间最基本的礼貌。《礼记·曲礼上》中，写过这么一句话："侍坐于先生，先生问焉，终则对。"意思是说，侍奉先生，如果先生问话，一定要等先生问完，才能去回答。与人相处交流，要懂得尊重对方，不要随意打断对方的话；倾听别人的话后，应当认真思索，仔细斟酌，再去分享自己的看法。这是对别人的尊重，也是对自己的尊重。对此，歌德曾言："对别人述说自己，这是一种天性；认真对待别人向你叙说他自己的事，这是一种教养。"人与人之间最珍贵的关系，莫过于相处舒服。而相处舒服最基本的要求，就是不随意打断别人说话，让人难堪。在专业法官会议或合议庭、审委会讨论过程中，轻易打断别人说话，显然是一种不礼貌的行为。无论是在工作场合，还是日常生活中，凡事，真的在微小处就注意，要时时提醒自己尊重他人，哪怕是听话这么一件小事，也要学会尊重他人，不轻易打断别人。

二是不打断他人正当发言，具有规范意义。"不打断"他人正当发言，不仅具有礼节意义，更重要的是对于维护会议秩序、提高会议效率、保证会议的客观、公正等均具有重要意义。比如说，在讨论过程中，与会人员就案件的事实、证据的审查判断、定罪、量刑、法律适用等正在发表自己的见解，其他成员听到一半，还未等对方说完，自己突然冒出一些观点，就急于发表自己的看法，此时，便打断了对方的说话，从中间插进去发表自己的见解，这样做就是对其他成员的不尊重。其实，当事情还没听到结局便急于发表见解，这个成员所发表的看法也未必正确，而总想表达自己的观点，反而不能耐下心来把事情听清楚，或是不能真正把道理听懂，这样说来，不管是在为人处世，或是在自身的修养，都是很有妨碍的。

（二）出现"程序问题"或紧急情形下允许打断

在成员取得发言权并且开始发言之后，其他任何人——包括主持人——不可以随意打断成员的发言，除非发言人的言行出现"程序问题"（例如，在没有任何动议待决的情况下发表评论，或者在辩论中发言时间超过规定）或者出现其他足够紧迫的事由。其中的"程序问题"主要有以下几种情形：

一是没有待决动议。在会议进行过程中，如果没有待决动议，也没有已经开始的系列动议，那么作为主持人就可以打断成员的发言。这个道理是显而易见的。在专业法官会议讨论时，如果没有待决动议，自然也就不需要与会人员再发言了，否则就会出现"跑题"等情况，浪费与会成员的宝贵时间。

二是发言严重超时。在会议进行过程中，如果某个与会成员的发言时间过长，出现严重超时等情况，那么主持人也可打断其发言。在专业法官会议讨论过程中，与会成员要善于控制自己的发言时间，强化时间观念。虽然专业法官会议成员的发言时长并无定规，有时还得视案情而定，但也得有一定规矩。一般来说，与会成员的发言时间必须控制在"合理"范围之内，保持合理时长，同时与其他成员相比，不要出现明显的失衡，或偏长、过长等情况。

三是出现紧急事由。当其他成员有如下理由且这些理由足够紧迫时，可以打断发言人的发言。主要包括以下几种情形：

（1）因为出现未遵守既定"议程"的情形，与会成员提出"要求遵守议程"；

（2）提出"权益问题"。所谓"权益问题"是指会议组织或者会议组织的成员出现一些特殊情况，这些情况涉及会议或成员的基本权益，而且很重要也很紧急，需要立刻给予考虑和解决。"提出权益问题"是一个"优先动议"，它提供了一种手段，使得任何一个成员都能够打断当前的待决议题，立刻提出相应的"请求"或者"动议"来及时处理和解决这些权益问题。否则，如果没有这样的手段，那么按照动议的优先级顺序，就只能等到所有当前待决议题都处理完之后才能考虑这些请求或动议。

（3）提出"程序问题"，或者要"请发言人遵守规则"，或者主持人"提醒发言人遵守发言规则"。任何成员，只要认为有违反规则的现象发生，就可以提出"程序问题"，要求主持人裁定并纠正，以严格地贯彻和执行规则。"程序问题"的理论依据是每一位成员都有权指出破坏规则的行为并要求维护规则的强制性。如果主持人先发现了破坏规则的行为，主持人应当立即纠正；如果主持人没有注意到这样的行为，或者因为其他原因，主持人未予以纠正，那么任何成员都可以提出"程序问题"。无论是主持人还是其他成员提出的程序问题，主持人都要接着明确说明违反的是什么纪律，然后再提请会议就"是否允许该成员继续发言"进行表决。

（4）提出"拆分议题"。就是把由一个动议提出的、一系列主题独立的决议或修正案拆分开，要求对其中一个或几个决议单独表决。

（5）提出"请求"或者"咨询"且需要立即得到处理，或者提出"申诉""反对考虑""起立重新表决"等。①

（三）被打断之后并不必然失去发言权

获得发言权的成员，在被上述理由打断之后，并不必然失去发言权。虽然在处理这个插进来的事务时，该成员要坐下，但只要这个插进来的事务处理完毕之后，主持人可视情请该成员起立并继续发言。此时，主持人可以说，"下面，请×××继续发言"。

---

① 参见［美］亨利·罗伯特（Henry M.Robert）：《罗伯特议事规则（第11版）》，袁天鹏、孙涤译，格致出版社、上海人民出版社2015年版，第165页、第184页、第185页、第281页。

六、面对主持原则

所谓面对主持原则，是指发言要面对主持人，参会者之间不得直接辩论。根据面对主持原则，任何成员只能对着主持人发言，即使要对另外一位成员发言，也只能通过主持人。成员在发言时要避开直接引用另外一位成员的姓名，要尽可能使用其他表达方式，例如，"主持人，我可以请刚才这位会员／同事／代表解释一下吗？"实践中，理解和把握面对主持原则，必须注意以下几点：

（一）"面对主持"体现对主持人的尊重

"面对主持"原则首先作为礼节规范而存在，具有重要的礼节意义。与会成员面对主持人进行发言，意味着对主持人的尊重，对于维护主持人的权威、确保主持人的中立客观公正立场等方面具有重要意义。特别是当出现严重分歧时，更需要主持人的权威性、中立性和客观性加以支撑。在专业法官会议讨论中，与会成员在讨论中面对主持人进行发言，有利于体现对主持人的尊重，彰显主持人的权威性。虽然专业法官会议制度功能定位于咨询参考机制，但是从会议的组织和讨论的有效推进来说，主持人是否具有权威性、能否站在中立的立场上推进讨论的深入、能否做到最后发言等都有非常重要的意义。

（二）"面对主持"严禁参会者直接辩论

"面对主持"原则，意味着参会者不能直接辩论，也就是说，成员之间严禁直接辩论，所有的辩论必须而且只能通过主持人进行。在成员张三发言辩论的时候，如果成员王五想对张三提问，成员张三可以自由地选择接受提问或者不接受提问，但是一旦选择了接受提问，那么提问和回答的时间都要计算在成员张三的发言时间内，成员王五必须起立并向主持人提问。之所以严禁参会者之间直接辩论，显然是维护会议秩序、提高会议效率的需要。在专业法官会议的组织、讨论过程中，贯彻"面对主持"原则，严禁成员之间脱离主持人的掌控，避免擅自相互之间展开辩论，也是有必要的。不过，也需要言明的是，这里"严禁成员之间直接辩论"，并不是说严禁成员之间辩论的发生，而是说要严禁成员之间未通过主持人"直接"发生争论。

（三）"面对主持"保障辩论通畅有序

议事规则是人类社会各种群体活动的操作性基石。"面对主持"原则不仅仅作为礼节规范而存在，更重要的意义在于维护会议的正常秩序，保障会议顺畅进行。在组织和会议运营中要确立这样的信念：程序正义优先于结果正义——这就是罗伯特议事规则给我们的启示。罗伯特议事规则是"在竞争环境中为公正平衡和正当地维护各参与方的利益而设计的精妙程序"，蕴含着丰富的理念，包括：法治、民主、权利保护、权力制衡、程序正当、程序性竞争、逐利和制衡、自由和制约、效率和公平，等等。罗伯特议事规则仅定位为"工具"，极少对理念进行专门论述。而是把理念融会在规则之中，直接面向实践、面向细节、面向可操作性，用平实而严密的语言陈述规则，而其规则却无处不流露着理念的光辉。罗伯特议事规则蕴含大量的元规则、基本规则、具体规则，旨在寻求公平与效率的最佳平衡。正如罗伯特所指出的："很少有一门知识能像议事规则这样，只需稍加学习即可如此显著地提高效率。"①"面对主持"原则跟前述其他原则一样，对于维护会议公平与效率的平衡、保障会议的通畅有序进行有着十分重要的意义。在专业法官会议讨论过程中，吸收和借鉴"面对主持人"原则亦具有十分重要的实践意义，这不仅体现对主持人的尊重，而且对于维护主持人的权威、促进会议的畅通有序等具有重要保障意义。

七、限时限次原则
——防止"一言堂"

所谓限时限次原则，是指同一问题，每人只能发言 n 次，每次 m 分钟。换言之，每人每次发言的时间都要有限制，比如约定不得超过 2 分钟；每人对同一动议的发言次数也有限制，比如约定不得超过 2 次。在理解和把握限时限次原则时，应当注意以下几点：

（一）至少辩论发言一次

从广泛的意义上讲，辩论是人类文明的基本元素之一，它使人类社会能够产生理性而有价值的决定。在协商会议中，辩论特指就待决议题的利弊而展开的讨论——更准确地说，就是讨论是否应该通过当前的动议。协商这个词本身就赋予每个成员以"辩论权"。所有的主动议都是可以辩论的。一项动议需要得到多少时间的辩论，取决于诸多因素，如动议的重要性、分歧的严重程度等。但对于每个可以辩论的动议，每个成员都有权发表至少一次的辩论。也就是说，无论辩

---

① 参见［美］亨利·罗伯特（Henry M.Robert）：《罗伯特议事规则（第11版）》，袁天鹏、孙涤译，格致出版社、上海人民出版社2015年版，第15页。

论进展到什么程度，一个尚未对这个动议发言的成员仍然有权发言辩论。在专业法官会议讨论中，与会成员都必须参与发言、辩论，而不能"一言不发"。在笔者看来，在专业法官会议讨论中，既要防止"一言堂"，也要防止"一言不发"。试想，大家都一言不发，专业法官会议也难以开得起来，就会失去其存在的意义。

（二）遵循限时原则

如果会议组织没有制定"特别议事规则"来规定辩论发言的时间长度，那么每次发言的最长时间为 10 分钟。除非会议"默认一致同意"或者"调整辩论限制"来批准延长。其中"调整辩论限制"是用来控制辩论的手段之一，通常的做法是减少发言的次数或缩短每次发言的时间。"调整辩论限制"对辩论的"放宽"方式就是增加允许的发言次数或者延长每次发言的时间。"调整辩论限制"作为"附属动议"而存在。在专业法官会议讨论过程中，原则上每位成员的发言时间受到一定的限制也是非常必要的，这不仅体现对其他成员的尊重，而且有利于提高效率，防止"一言堂"现象的出现。但是，从实践情况来看，每位成员的发言时间是否严格控制在 10 分钟以内也要视案情而定，并非绝对。其实，即使按照罗伯特议事规则，在对每次发言的时间长度进行规定的同时，也有"调整辩论限制"等配套措施予以纠偏。因此，我们也没必要予以简单地照搬。

（三）遵循限次原则

所谓限次原则，是指除非组织制定的"特别议事规则"有不同的规定，否则在同一天内，针对同一问题，同一发言次数不能超过两次。在同一天，除非会议特别批准，已经辩论两次的成员不能再参与辩论。

但是，如果不在同一天，辩论权刷新，可以忽略之前的辩论次数，此时发言人的发言次数重新计算。需要言明的是，无论是限时原则还是限次原则，都不是绝对的，都有"调整辩论限制"等配套措施加以平衡。总的来看，无论是限时原则，还是限次原则，其目的都在于防止"一言堂"，使讨论更加全面、深入。事实上，只有与会成员都能够得到充分、平等、客观的表达，会议讨论的质量和效率才有保障。在专业法官会议讨论过程中，综合把握限时限次原则，对于提高专业法官会议的讨论质量和效率，为合议庭、独任庭提供公正、客观、理性的裁判参考意见，意义重大。

八、一时一件原则
——防止"跑题"

所谓一时一件原则，是指与会成员的发言不得偏离当前待决的问题。只有在一个动议处理完毕后，才能引入或讨论另外一个动议。主持人对跑题行为应予制止。在理解和把握"一时一件"原则时，应当注意以下几点：

（一）"一时一件"促进"对话性"论证

根据罗伯特议事规则，与会成员要贯彻"一时一件"原则，其发言必须紧密围绕当前待决议题，不得偏离当前待决问题。这一规则使得与会成员都有机会针对当前待决议题进行"协商""对话"和"论证"。其中，"对话"理论源远流长，在中国文化和西方文化的早期奠定时期，都有先哲推崇和主张通过"对话"来探究真理和知识。比如，孔子、苏格拉底都采用对话的形式来教学，成效显著，意义非凡。这种对话往往是探索一定真理、知识的手段，"是以回忆为导向的……意在获取存在于外部的和先前已知的真理。"对话还被赋予了特定的哲学、社会学、文化学和教育学等多个领域的内涵。对话作为一种理论，其覆盖的内容极其广泛，研究的方向和角度因而也呈多样化，包括哲学方向、文学和语言学方向、心理学方向、社会学方向，以及教育学方向，等等。大多数人认为，最早提出对话概念的是俄国文艺理论家巴赫金。巴赫金认为，人类情感的表达、理性的思考乃至任何一种形式的存在都必须以语言或话语的不断沟通为基础，"两个声音才是生命的最低条件，生存的最低条件"，对话无处不在，广泛而深入，"……在每一句话、每一个手语、每一次感受中，都有对话的回响（微型对话）"，而且，"人是作为一个完整的声音进入对话。不仅以自己的思想，而且以自己的命运、自己的全部个性参与对话。"一时一件原则，有利于促进与会成员的平等"对话"和讨论的深入。

（二）"一时一件"保障"充分审议"

所谓审议，是指审查评议。《魏书·世宗纪》："八座可审议往代贡士之方，擢贤之体，必令才学并申，资望兼致。"《宋史·职官志四》："〔太常寺〕博士，掌讲定五礼仪式，有改革则据经审议。"我国《宪法》规定："各专门委员会在全国人民代表大会和全国人民代表大会常务委员会领导下，研究、审议和拟订有关议案。"根据一时一件原则，与会成员只有在一个动议处理完毕后，才能引入或讨论另外一个动议。这个原则有利于与会成员对当前待决议题集中精力进行充分的讨论和审查评议，使"充分审议"得到有效保障。在专业法官会议或合议庭、审委会讨论中，与会成员秉持一时一件原则，对于充分讨论、审议案件、形成客观公正的裁判意见，意义重大。

（三）"一时一件"蕴含公正、效率价值追求

实践中，一次会议与一场会议是有区别的。一次会议可以大概定义为会议组织处理事务的一个完整过程，一般要由一场或者若干场会议组成。而议事规则，是指会议组织正式采纳的、成文的规则。这些规则规定了组织的会议所必须遵循的程序与官员在其中必须承担的责任。议事规则的目标是保证会议的公平和效率，并为解决程序上的分歧提供坚实的基础。其中，以进行真正的对话性论证和充分审议为目的而确立的一时一件原则，对于提高会议的质量和效率意义重大。尤其在专业法官会议讨论中，贯彻一时一件原则，防止"跑题"现象的出现，对于维护司法公正、提高审判效率是具有重大意义的。

九、遵守裁判原则

在协商会议议事规则中，所谓遵守裁判原则，是指主持人应制止违反议事规则的行为，这类行为者应立即接受主持人的裁判，服从并执行主持人的裁判结果。在理解和把握遵守裁判原则时，应当注意以下几点：

（一）"遵守裁判"彰显议事规则的严肃性

会议的主持人，尤其是大型会议的主持人，其最主要的职责就是主持会议。遵守裁判原则彰显了主持人的权威性和议事规则的严肃性。主持人必须坚决维护议事规则的严肃性，禁止成员藐视、省略、跳跃

甚至破坏议事程序。所有会场上的人，都有义务遵守会议主持人的命令和裁定。在专业法官会议讨论中，按议事规则遵守"主持人的裁判"，对于维护专业法官会议运行规则的严肃性和权威性意义重大。

（二）"遵守裁判"有利于提高议事质效

裁判一词，既是名词，也是动词。名词意义上的裁判，原本是指体育比赛中负责维持赛场秩序，执行比赛规则的职位或人物，或称为裁判员。许多国际比赛中的裁判员必须从比赛双方的国家以外的第三国中选出，以示独立、公正和无利益冲突。而动词意义上的裁判，是指裁判员执行规则、依规则作出裁决的行为或活动。"遵守裁判"原则不仅有利于维护议事规则的严肃性，而且体现了对作为"裁判员"的主持人的尊重，还有利于有效维护会场秩序、提高讨论的质量和效率。在专业法官会议讨论中，也是"无规矩不成方圆"，与会成员遵守规则、尊重"主持人"裁判地位的重要性不言而喻。

（三）"遵守裁判"必须合理合规

根据协商会议通用议事规则，主持人的领导必须强有力，但是也必须公平。也就是说，"遵守裁判"并非绝对的。在会议讨论过程中，主持人的命令必须合理合规，否则任何成员都可以动议"申诉"、动议"暂缓规则"或者动议"重议"——无论主持人的命令或裁定是否针对动议人本人，或者是否关系到动议人本人的利益。会场上无论出现什么情况，主持人在处理的时候也应当尽量保持冷静协商的口吻，绝不可情绪激动。即使遇上最棘手的成员，也应当保持公正。大量的实践经验告诉我们，在各类会议主持过程中，主持人的机智老练与明智判断是规则无法取代的。在专业法官会议讨论中，主持人的知识经验和阅历等因素对于会议的秩序、效率、质量等会产生重大影响。

十、文明表达原则
——防止"不文明"

所谓文明表达原则，是指与会成员在发言时不得进行人身攻击、不得质疑他人动机、习惯或偏好，辩论应就事论事，以当前待决问题为限。具体而言，在理解和把握"文明表达"时，应当注意以下几点：

（一）遵守文明礼仪

"文明表达"原则首先蕴含遵守基本的文明礼仪。文明礼仪是人类为维系社会正常生活而要求人们共同遵守的最起码的道德规范，它是人们在长期共同生活和相互交往中逐渐形成，并以风俗、习惯和传统等方式固定下来的。文明礼仪不仅是个人素质、教养的体现，也是个人道德和社会公德的体现，更是城市的素养、国家的脸面。所以，我们作为具有五千年文明史的"礼仪之邦"，就更应该用文明的行为、举止，合理的礼仪来待人接客。这也是弘扬民族文化、展示民族精神的重要途径。"文明表达"意味着规则的约定性、工具性和"价值中性"等特点，即规则明示在前，对事不对人；凡事不往道德上扯，能用工具来解决的绝不无端拔高和指控；规则的宗旨在于凝聚组织认同，提高运作效率，平衡多元利益，通过文明议事来说服、辩论、妥协，从而形成有效果的行动。在专业法官会议讨论等场合中，与会成员应当遵守基本的文明礼仪，规范自己的言行，以礼相待，绝不可进行人身攻击、恶语相加，也不可质疑他人发言的动机、偏好或习惯。比如，在案件讨论过程中，与会成员站在不同的角度，对案件事实认定、定罪量刑、法律适用、上诉理由能否成立等方面可能出现分歧、产生不同的法律判断，与会成员不得"先入为主"，质疑某某持某种观点或处理意见背后有人情案、关系案等不良动机，如这样怀疑自己的同事，则有可能会冤枉他人、影响团结，也不符合司法规律以及专业法官会议鼓励"畅所欲言"运行机制的健康有序发展。

（二）遵守议事规则所建立的礼节规范

根据前述分析，"文明表达"原则重点体现在：无论是主持人还是每一位与会成员，都必须遵守议事规则所建立的"礼节规范"。包括所有成员都应遵循的礼节规范和主持人要遵守的礼节规范。成员应遵守的礼节，涉及称呼、发言姿态、发言权的取得等方方面面。比如，主持人对自己的称呼不用"我"，而用第三人称"主持人"，比如"主持人认定／认为……"主持人一般不能对成员直呼其名，或用"您""你"之类。① 这些依靠议事规则建立起来的"礼节规范"对于保证主持人中立立场、提升会议的客观公正性等具有重大意义。同时，在意见分歧、争论激烈的情况下，尤其是出现严重分歧时的客观公正，对于防止恶意揣度、粗言相激、肢体相争等"不文明"现象的出现，意义重大。

---

① 参见［美］亨利·罗伯特（Henry M.Robert）：《罗伯特议事规则（第11版）》，袁天鹏、孙涤译，格致出版社、上海人民出版社2015年版，第15~18页。

十一、充分辩论原则

所谓充分辩论原则，是指表决须在讨论充分展开之后方可进行。会议实质上就是"辩论"的过程，充分的辩论对于提升会议的质量和效率具有十分重大的意义。在理解和把握"充分辩论"原则时，应当注意以下几点：

（一）"充分辩论"符合法律心理学科学原理

表决必须在讨论充分之后才能进行，必须基于充分的讨论、辩论，这非常符合认知心理学原理和集体决策的要求，对于克服人的认知选择性特点带来的局限性、使决策更加全面理性可靠等具有重大意义。认知心理学是昭示人类心理过程（思维过程）这一"暗箱"为己任的新兴学科。如果我们借助认知科学的研究范式来考察"法官究竟如何裁判"，可以将裁判分为三个环节：输入、加工与输出。正如弗里德曼所言："不管人们赋予法律制度以什么性质，它总具有每一个程序共有的特点。首先，要有输入，从制度一端进来的原料。……下一步是法院，法院工作人员开始对输入的材料进行加工。……然后，法院交付输出：裁判或判决。"① 近年来，在我国，以法律方法论为议题的司法理论研究蓬勃发展，裁判决策的过程是一个心理过程也已被许多法学家作为一个命题提出，但许多法学家却认为关于裁判过程的研究属于心理学家研究的另一种议题，或者因为自身缺乏相关的心理学专业背景，对法律究竟怎样被适用的真实过程往往难以达成共识。值得一提

---

① ［美］弗里德曼：《法律制度》，李琼英、林欣译，中国政法大学出版社1994年版，第13页。

是，浙江外国语学院副校长李安教授一直致力于法律与心理学的交叉结合研究，先后出版了《刑事裁判思维模式研究》《法律心理学》等专著，为当下的理论和实践提供了重要参考。在《刑事裁判思维模式研究》一书中，李安教授创新性地提出裁判思维是法官处理案件的一个心理"加工通道"，研究裁判的关键就是要研究该"加工通道"，并考察"事实"与"规范"在"加工通道"中是否能够保持原貌以及如何被加工。法官在思维通道中至少进行了"发现""检测"与"证成"等心理运作，其中"发现"大多依赖启发思维，"证成"依赖精密思维，整个裁判思维是建立在人类精密思维和直觉思维双重运作基础之上，而法律论证、释法说理则是提升启发性思维结论理性程度的重要手段。可以说，在该书中，作者在法律现实主义的基础上，融入科学的法律心理学原理，已经生动地描绘出一道法官裁判的真实思维图景，为我们深入理解和把握真实世界中的司法提供了理论指导。事实上，理性的学说和真实的实践都告诉我们，司法裁判并非运行于逻辑推理的真空或书斋之中。无论是刑事案件事实的发现与建构，还是法律的发现和解释、事实与规范的匹配、检测和证成，抑或裁判文书的释法说理都给司法者的情感因素、价值判断和利益衡量提供了应用空间，这种"衡情度理"的经验判断方式所蕴含的衡平、灵活等司法元素，赋予裁判中的法律以适应性等价值功能。同时，也容易造成裁判的分歧和多样性。在理想情境下，信息会按照真实的情况被解读，能够表达信息发出者的原意。由于刺激本身的特性以及法官认知心理过程的不确定性往往导致法官的认知偏差。所谓认知偏差，是指法官根据事物的表面表象或虚假信息对他人作出判断，从而出现判断本身与判断对象的真实情况不相符合。"充分辩论""集体决策"等制度为司法者的认知偏差提供校正机制，有利于司法决策更全面、可靠，更贴近事实真相、符合公正要求。

（二）"充分辩论"使真理越辩越明

"充分辩论"原则的首要功能就在于使"真理越辩越明"，这对于司法领域的专业法官会议及合议庭、审委会等运行具有十分重要的参考和指导价值。虽然法律是人类理性的制度设计，但在实际运作过程中司法的这种理性是存在局限性的，主要体现在认定事实、适用法律、运用程序三方面。因此，法律裁判关注的焦点定位于找到实际情况中各种可能方案中"最优"的一种，在人类有限理性的范围内为案件发现真理。裁判形成过程中的充分质辩、讨论，无疑具有"发现""检测"和"论证"等功能。其中，"发现"为案件提供可选答案，"检测"为最佳选择提供基础，而裁判结论形成的"论证"，是指法官通过权衡不同裁判所带来的可能后果，对裁判结论进行后果主义论证与反复修正，以求得最恰当裁判的司法过程。美国学者鲁格罗·亚狄瑟在《法律的逻辑》一书中指出："价值判断经常隐含在大前提和小前提的建构当中。"有的刑事判决之所以受到质疑，主要原因在于法官事先对该行为该不该处罚，现有处罚是否过重，缺乏必要的检测与论证，违背主流的价值判断。于欢案中，二审法院通过权衡社会多元价值诉求，将贬低他人人格尊严或亵渎人伦情节作为防卫过当的量刑情节，契合了主流价值观，取得了良好的社会效果。

（三）"充分辩论"为表决提供了"裁判基准"

协商会议的"充分辩论"无疑为与会者行使表决提供了自由裁量

的"参照基准"。这对于司法领域的专业法官会议讨论等程序运作具有十分重要的启发意义。对于个案裁判基准的获得而言,实体规范与程序运作不可或缺。最高人民法院制定的《人民法院量刑指导意见》以及各地自行出台的"量刑指南"等规范性文件规定了常见罪名量刑起点和基准刑的确定依据等内容,无疑是法官获取个案量刑基准的主要依据。但在以往的理论研究与司法实践中,人们却较少注意到程序的运作对于法官获取"量刑基准"的实践意义。笔者认为,程序中的充分质辩也能为法官自由裁量权的行使提供"参照基准"。为什么这样说呢?因为,案件都具有个性化的特征,要实现量刑公正必须考虑刑罚的个别化原则,个案量刑基准的确定是具体的,而在个案中究竟如何确定刑罚则无疑成了难题,此时,庭审程序、会议讨论和辩论都是法官发现"个案量刑答案"的重要场所。庭审中,控辩双方对被告人应适用的量刑幅度、基准刑、量刑情节等在法定范围内各陈己见,经过控辩双方的量刑辩论,肯定会基本达成一种"平衡状态",这种"平衡状态"就是法官行使自由裁量权的"参照物"。可见,将"量刑纳入庭审程序",不仅具有程序方面的价值,也为法院从实体上依法准确量刑提供了有参照价值的"量刑基准",以便让被告人和旁听群众预测法院将会作出什么样的刑罚决定,增强了"公正感"。在专业法官会议讨论中,也是类似道理,与会成员的充分讨论、质辩,模拟各种场景进行"论证",实际上可以为案件"恰当裁判"提供"基准"。

(四)"充分辩论"彰显了程序公正的独立价值

刑事司法的目标就是要"努力让人民群众在每一个司法案件中感受到公平正义",但"正义有着一张普罗透斯似的脸"。大量案例显示,裁判是认知的结果，是一种过程，公正从一开始就不全然是一种客观性的存在，作为一种价值理想准则一直都与人们的主观价值判断如影随形。"充分辩论"充分彰显了程序公正的独立价值。主要体现在以下几个方面：

一是强化参与者对冲突解决过程的控制感。心理学研究证明，寻求控制是个体的一种动力。人们对冲突解决过程是否公正的评价与两种控制有关，即过程（程序）控制，例如能够在程序中发表自己的观点并进行论述；和决定控制，例如能够影响结果。心理学研究发现，在冲突解决过程（主要是法庭审讯）中能给予人过程控制的程序更容易被人们认为是公正的。由此产生了过程控制效应的概念。

二是有发表意见的机会。程序公正的一个内在要求就是参与。而参与的核心思想是，那些权益可能会受到诉讼结局直接影响的主体应当有充分的机会富有意义地参与刑事裁判的制作过程，并对裁判结果的形成发挥其有效的影响和作用。在专业法官会议讨论中，虽然与会者是法官，不同于一般的诉讼当事人，但作为参加会议的成员，是否具有充分发表自己意见的机会，对于"公正感"的形成是同等重要的。对此，罗伯特还曾说："民主最大的教训，是要让多数方懂得他们应该让少数方有机会充分、自由地表达自己的意见，而让少数方明白既然他们的意见不占多数，就应该体面地让步，把对方的观点作为全体的决定来承认，积极地参与实施，同时他们仍有权利通过规则来改变局势。"①

---

① ［美］亨利·罗伯特：《罗伯特议事规则（第11版）》，袁天鹏、孙涤译，格致出版社、上海人民出版社2015年版，第45~46页。

三是参与者的尊严和价值得到维护。心理学研究认为，当人们在程序中受到尊敬，其尊严、价值得到了维护时，该程序更容易被认为是公正的。如果在讨论中能够给予各方参与者平等的机会、能力和程序的保障，各个当事人的主张和请求受到平等的尊重和关注，并可在一定限度内自由进攻和防御，程序主体受到公正对等的情感便会油然而生，从而备觉自主意志受到了尊重。公平的多重需要模式还告诉我们，公平是出于人的一些重要心理需要，即控制、归属、自尊和有意义的生活。人的这些多重需要是诉讼价值多重追求的心理基础。组织的治理，需要把美好的愿景落实为具体的行动，在这个过程中，充分探讨、凝聚共识有时候比效率更重要，合议庭、专业法官会议、审委会上各种声音吵吵闹闹，看似慢，实则有慢的价值，吵而不破，折中妥协，才是司法治理的常态。如果说司法是争论、妥协的艺术，那罗伯特议事规则就是把艺术变成科学的尝试。

十二、多数裁决原则

所谓多数裁决原则，是指在简单多数通过的情况下，动议的通过要求"赞成方"的票数严格多于"反对方"的票数，平局即没通过。

（一）"多数裁决"的基本要求：过半数表决

协商会议形成一项决定所需要满足的最基本的要求就是"过半数表决"。这个术语的定义是"超过半数"，以过半数为"表决额度"。所谓"表决额度"，是指"决定表决结果的底线"，也就是说，至少要达到什么样的票数才能通过，否则就是否决。通常的比例是"过半数"，达到"三分之二"等。在专业法官会议讨论中，虽然不像审判委员会那样需要进行"表决"，但仍然需要统计票数，类似"表决"的结果是否过半数对于独任庭、合议庭的参考作用无疑是不一样的。

（二）"多数裁决"的特殊要求：三分之二表决

实践中，为了在个人权利与会议整体的权利之间找到平衡与妥协，确立了"三分之二"表决规则。比如，在以下几种情形下就可能要求"三分之二"表决：一是暂缓或修改现行的议事规则；二是阻止动议的引入；三是调整辩论限制或者要求结束辩论；四是结束提名或结束投票，以及对提名或投票加以限制；五是剥夺会员的资格；等等。其中，所谓暂缓规则，是指有时会议为了达到某种目的或者解决某种冲突，需要暂时将一些规则或者规定放在一边，或者说要在一定的条件下暂不遵循这些规则，那么就可以动议"暂缓规则"。这种动议要求比较高的表决额度。此外，在上述两种表决额度之外加上一些限制条件，还可以衍生出若干其他的表决额度。有时用"特别议事规则"来规定这些表决额度，演变的过程无非是调整比例和总票数两个数字。比例可以是"过半数""三分之二""四分之三"，等等。依笔者浅见，在司法领域，对一些重大刑事案件的表决引入复杂多数规则还是非常有必要的。

（三）"多数裁决"的前提条件：弃权者不计入有效票

默认条件下，如果没有加上其他一些限制条件，在计算总票数的时候，只计算那些有表决权且实际参与表决的成员的票数，不考虑空白票或弃权的成员。因此，上述表决额度"过半数"实际上指"投票者的过半数"或"在场且投票者的过半数"。"三分之二"表决的统计也一样，只计算那些有表决权且实际参与表决的成员的票数，不考虑空白票或弃权的成员。在专业法官会议讨论中，不允许弃权情况的出现。专业法官会议主持人可以根据议题性质和实际需要，邀请法官助理、综合业务部门工作人员等其他人员列席会议并参与讨论，那么这些人员的发言不计入票数。

第四讲
审委会讨论案件的原理与规则

审判委员会(简称审委会)制度是人民法院为了落实民主集中制原则,总结审判经验,讨论重大或疑难案件和其他有关审判工作的问题而设立的一种制度。审委会是人民法院审理案件的最高审判组织。审委会讨论与合议庭、专业法官会议讨论案件既具有相同之处,又有诸多自身的特点和规律。在对合议庭、专业法官会议讨论案件的原理与规则论述的基础上,本讲拟对审委会讨论案件的原理与规则作专题探究,以便更加全面阐述和揭示人民法院内部讨论案件的各种形式以及规律性特点和方法。

审委会讨论制主要表现在，案件由院长、副院长、庭长等担任的审委会委员通过集体讨论、表决，然后以集体的名义作出裁判。支撑审委会运作的科学原理正是心理学上的群体决策机制。群体决策，是合议制、审委会讨论制的核心和灵魂。

第四讲
审委会讨论案件的原理与规则——基于群体决策理论的检视

• 专题一　审委会的历史沿革及其制度定位

　　审委会制度自建立以来，在人民法院审判执行工作中发挥着不可替代的重要作用，但在运行中也存在着一些问题和不足，影响了审委会职能作用的有效发挥。本专题主要对审委会制度的起源、历史沿革以及制度演变的过程作些梳理，以便对审委会制度的改革探索和功能定位有一个大致的把握，为进一步揭示审委会讨论的原理与规则奠定基础。

一、审委会的历史沿革

　　审委会是审判委员会的简称，作为中国法院的一种重要组织形式，最早起源于新民主主义时期，是我国司法历史的有效传承。1932年中共苏维埃共和国中央执行委员会颁布的《裁判部暂行组织及裁判条例》中规定，县以上裁判部组织裁判委员会。该裁判委员会即是审判委员会的雏形。

　　1950年第一届全国司法会议中，司法主管机关初步提出了法院组织草案，其中提到了建立审判委员会。

　　1951年中央政府通过了《法院暂行条例》，该条例第15条规定，省、县两级法院设立审判委员会，由院长、副院长、审判庭庭长及审判员组成。

1954年《人民法院组织法》正式颁布，规定在我国各级法院内部设立审判委员会，作为对审判工作的集体领导形式。

1955年3月，最高人民法院审判委员会第一次会议召开，宣布最高人民法院审判委员会成立，并形成了审判委员会的一些工作制度。随后，全国各级法院相继组建了审判委员会。审判委员会作为一项法定制度开始运行。

审判委员会制度在选择与建构时受到多种因素的影响。首先，几千年来，中国封建社会一直沿袭司法与行政合一，行政机关的行政长官统领行政权力，兼行司法职权。新中国成立后，建立起了社会主义性质的审判制度。但是一方面由于新中国成立前革命根据地的司法机关普遍实行集体领导，审判委员会的设立与我国司法传统和民族文化及民族心理具有极大的亲和力。其次，新中国成立后，打碎了旧的司法体制，创建了社会主义性质的司法体系，法制建设百废待兴，司法干部极其缺乏，当时法院法官绝大部分由工农干部组成，法官的业务素质整体上较低，有必要采取集体决策的方式，以保证审判质量。最后是受大陆法系和苏联审判体制影响。与普通法系国家相比，大陆法系在法院的内部组织结构中带有较强的等级色彩，强调上位权力对下位权力的制约与指导，法院体系结构带有浓厚的官僚层级味道。比如，法国最高法院中的"混合庭"、德国联邦法院中的"大联合会"，就与审判委员会有或多或少的共通之处。苏联的审判制度则强调执政党对司法审判的领导，强调集体智慧，这些都给构建中的中国司法制度产生了一定的影响，使审判委员会制度成为可能。

二、审委会的改革历程

（一）"一五改革"纲要（1999—2003）

1999年10月20日，最高人民法院在总结了人民法院50年以来特别是党的十一届三中全会以来审判工作全面发展经验的基础上，通过多种方式征求各级法院、专家学者以及有关各方面的意见，颁布了《人民法院五年改革纲要》（以下简称《"一五改革"纲要》）。《"一五改革"纲要》第一次明确了人民法院进一步深化改革的指导思想、基本任务和奋斗目标，提出了从1999年到2003年，人民法院以落实公开审判原则为主要内容，进一步深化审判方式改革；以强化合议庭和法官职责为重点，建立符合审判工作特点和规律的审判管理机制；以加强审判工作为中心，改革法院内设机构，使审判人员和司法行政人员的力量得到合理配备；坚持党管干部原则，进一步深化法院人事管理制度改革，建立一支政治强、业务精、作风好的法官队伍；加强法院办公现代化建设，提高审判工作效率和管理水平；健全各项监督机制，保障司法人员的公正、廉洁；对法院的组织体系、法院干部管理体制、法院经费管理体制等改革进行积极探索。《"一五改革"纲要》是人民法院贯彻党的十五大精神的重要文件，也是动员和组织各级法院探索和实施各项改革的行动规范，对于全面加强法院审判工作和队伍建设，具有重要意义。在《"一五改革"纲要》的指导下，全国法院迅速行动起来，一个扎扎实实的改革热潮在全国法院兴起。最高人民法院建立了大民事审判格局，实现审判流程管理中的立审分立、审执分立、审监分立——"三个分立"，推行审判长选任制，等等。地方各级法院因地制宜,大力落实《"一五改革"纲要》中的各项改革举措。截至2003年年底,人民法院从审判方式、诉讼制度、审判机制、审判组织、执行工作、队伍管理等方面进行了改革,进一步完善了审判工作机制,初步树立了现代司法理念,提高了审判质量和效率,推动了法官队伍建设,在建设中国特色社会主义司法审判制度方面取得了明显进展,为落实党的十六大提出的推进司法体制改革的要求,奠定了良好的基础。① 《"一五改革"纲要》涵盖了"审委会"的内容,但是并没有将"完善审委会制度"单独列为改革议题。

(二)"二五改革"纲要(2004—2008)

2002年,党的十六大提出了积极、稳妥地推进司法体制改革的要求,特别是2004年年底,党中央对今后一段时期的司法体制和工作机制改革作了全面部署。为了贯彻落实党中央部署的司法体制和工作机制改革任务,进一步深化人民法院各项改革,完善人民法院的组织制度和运行机制,增强司法能力,提高司法水平,保障在全社会实现公平和正义,最高人民法院制定并于2005年10月26日发布《人民法院第二个五年改革纲要(2004—2008)》(以下简称《"二五改革"纲要》)。根据该纲要,2004年至2008年人民法院司法改革的基本任务和目标是:"改革和完善诉讼程序制度,实现司法公正,提高司法效率,维护司法权威;改革和完善执行体制和工作机制,健全执行机构,完善执行程序,优化执行环境,进一步解决'执行难';改革和完善审判组织和审判机构,实现审与判的有机统一;改革和完善司

---

① 参见徐光明、唐亚南:《"一五纲要":启动法院全面改革的行动规范》,载《人民法院报》2008年2月25日。

第四讲
审委会讨论案件的原理与规则——基于群体决策理论的检视

法审判管理和司法政务管理制度,为人民法院履行审判职责提供充分支持和服务;改革和完善司法人事管理制度,加强法官职业保障,推进法官职业化建设进程;改革和加强人民法院内部监督和接受外部监督的各项制度,完善对审判权、执行权、管理权运行的监督机制,保持司法廉洁;不断推进人民法院体制和工作机制改革,建立符合社会主义法治国家要求的现代司法制度。"

其中,在第四部分"改革和完善审判组织与审判机构"中明确提出:"改革人民法院审判委员会制度。最高人民法院审判委员会设刑事专业委员会和民事行政专业委员会;高级人民法院、中级人民法院可以根据需要在审判委员会中设刑事专业委员会和民事行政专业委员会。改革审判委员会的成员结构,确保高水平的资深法官能够进入审判委员会。改革审判委员会审理案件的程序和方式,将审判委员会的活动由会议制改为审理制;改革审判委员会的表决机制;健全审判委员会的办事机构。"这是最高人民法院首次明确提出"改革人民法院审判委员会制度"。

《"二五改革"纲要》还明确要求全国法院进一步加强组织领导工作,完善协调机制,健全相关制度,周密组织,妥善安排,认真落实,要及时总结经验,加强理论指导,加强对具体改革方案的论证,把实现"公正与效率"这一主题作为检验改革效果的基本标准,确保改革顺利和健康发展,要坚持依法改革,通过改革促进我国法律制度的不断发展与完善,切实防止自发改革和违法改革。现在回过头来看,《"二五改革"纲要》的总体设计还是非常超前、到位的。但从改革部署的落实情况来看,《"二五改革"纲要》提出"将审判委员会的活动由会议制改为审理制""改革审委会的表决机制"等部署并没有得到很好地贯彻落实。

《人民法院第二个五年改革纲要（2004—2008）》(节选)

四、改革和完善审判组织与审判机构

23. 改革人民法院审判委员会制度。最高人民法院审判委员会设刑事专业委员会和民事行政专业委员会；高级人民法院、中级人民法院可以根据需要在审判委员会中设刑事专业委员会和民事行政专业委员会。改革审判委员会的成员结构，确保高水平的资深法官能够进入审判委员会。改革审判委员会审理案件的程序和方式，将审判委员会的活动由会议制改为审理制；改革审判委员会的表决机制；健全审判委员会的办事机构。

24. 审判委员会委员可以自行组成或者与其他法官组成合议庭，审理重大、疑难、复杂或者具有普遍法律适用意义的案件。

25. 进一步强化院长、副院长、庭长、副庭长的审判职责，明确其审判管理职责和政务管理职责，探索建立新型管理模式，实现司法政务管理的集中化和专门化。

26. 建立法官依法独立判案责任制，强化合议庭和独任法官的审判职责。院长、副院长、庭长、副庭长应当参加合议庭审理案件。逐步实现合议庭、独任法官负责制。

七、改革和完善人民法院内部监督与接受外部监督的制度

43. 落实人民检察院检察长或者检察长委托的副检察长列席同级人民法院审判委员会的制度。

46. 规范人民法院与新闻媒体的关系，建立既能让社会全面了解法院工作，又能有效维护人民法院依法独立审判的新机制。人民法院建立和完善新闻发言人制度，及时向社会和媒体通报人民法院审判工作和其他各项工作情况，自觉接受人民群众监督。

（三）"三五改革"纲要（2009—2013）

为贯彻党的十七大精神，落实中央关于深化司法体制和工作机制改革的总体要求，维护社会公平正义，满足人民群众对司法工作的新要求、新期待，实现人民法院科学发展，最高人民法院制定并于2009年3月17日发布了《人民法院第三个五年改革纲要（2009—2013）》（以下简称《"三五改革"纲要》）。《"三五改革"纲要》明确提出"完善审判委员会讨论案件的范围和程序，规范审判委员会的职责和管理工作""落实人民检察院检察长、受检察长委托的副检察长列席同级人民法院审判委员会的规定"等改革部署要求。

《人民法院第三个五年改革纲要（2009—2013）》(节选)

二、2009—2013年人民法院司法改革的主要任务

（一）优化人民法院职权配置

5. 改革和完善审判组织。完善审判委员会讨论案件的范围和程序，规范审判委员会的职责和管理工作。落实人民检察院检察长、受检察长委托的副检察长列席同级人民法院审判委员会的规定。完善合议庭制度，加强合议庭和主审法官的职责。进一步完善人民陪审员制度，扩大人民陪审员的选任范围和参与审判活动的范围，规范人民陪审员参与审理案件的活动，健全相关管理制度，落实保障措施。

(四)"四五改革"纲要(2014—2018)

2014年7月,最高人民法院召开新闻发布会,对《人民法院第四个五年改革纲要(2014—2018)》(以下简称《"四五改革"纲要》)的主要内容和起草思路作了介绍。据报道,围绕建立具有中国特色的社会主义审判权力运行体系这一关键目标,《"四五改革"纲要》针对八个重点领域,提出了45项改革举措,重点归纳为8个方面的核心内容:第一,深化法院人事管理改革。第二,探索建立与行政区划适当分离的司法管辖制度。第三,健全审判权力运行机制。让审理者裁判,由裁判者负责,是司法规律的客观要求。一直以来,司法机关为完善司法权力运行机制,进行了许多积极探索,也取得了一定成效,但仍存在内部层层审批、办案权责不明等问题。针对上述问题,《"四五改革"纲要》将完善主审法官、合议庭办案责任制作为关键环节,推动建立权责明晰、权责一致、监督有序、配套齐全的审判权力运行机制。在完善审判责任制方面,主要改革措施为完善主审法官、合议庭办案机制,改革裁判文书签发机制,建立科学合理、客观公正、符合规律的法官业绩评价体系,科学界定合议庭成员的责任,建立法官惩戒制度等。第四,加大人权司法保障力度。第五,进一步深化司法公开。第六,明确四级法院职能定位。第七,健全司法行政事务保障机制。第八,推进涉法涉诉信访改革。

2014年12月1日下午,最高人民法院审判委员会召开全体会议,专题研究部署人民法院审委会制度和量刑规范化改革问题。时任最高人民法院党组书记、院长周强主持会议并讲话,强调要认真贯彻党的十八届四中全会精神,进一步推进人民法院审委会制度和量刑规

第四讲
审委会讨论案件的原理与规则——基于群体决策理论的检视

范化改革，保证公正司法，提高司法公信力，努力让人民群众在每一个司法案件中感受到公平正义。最高人民法院对审委会的改革主要强调以下几点：

一是要准确把握审委会制度改革面临的新形势、新要求和新挑战。审委会制度自建立以来，在人民法院审判执行工作中发挥着不可替代的重要作用，但也存在一些问题，影响了审委会职能作用的有效发挥。党的十八届三中全会明确提出，要改革审委会制度，完善主审法官、合议庭办案责任制，让审理者裁判、由裁判者负责。十八届四中全会进一步对深化司法改革、优化职权配置、健全审判权运行机制等方面作出重要部署，这既对审委会制度改革提出了新的更高的要求，也为进一步完善审委会制度带来重要历史机遇。

二是要充分认识审委会在法院工作中的重要作用，明确审委会的职能定位。审委会制度是我国司法制度特有的决策机制和工作模式，是中国特色社会主义司法制度的重要组成部分。经过几十年的实践检验，审委会制度被证明是符合中国国情的，必须始终坚持并不断发展完善。坚持是前提、是基础，改革是动力，发展完善是目标。审委会制度改革既不能脱离司法实践盲目推进，也不能形改实不改，使改革流于形式；既要鼓励大胆探索，又要使审委会制度改革依法有序向前推进。根据新的形势，审委会的首要任务应该是从宏观上总结审判经验，研究审判工作中的重大问题，切实发挥审判决策、审判指导、审判管理和审判监督的功能作用。各级法院要建立审委会议题的把关机制，明确议题范围，大幅度压缩讨论案件比例，使审委会真正能够聚焦审判执行工作中的重大问题，聚焦重大疑难复杂案件的法律适用问题，充分发挥审委会作为最高审判组织的指导作用。

三是要进一步完善审委会工作机制。实践中，一些法院审委会工作制度不健全，管理措施不到位，或者虽有制度却执行不力，导致审委会委员履职"虚化"，议事准备不充分、表态敷衍塞责等现象时有发生。有的法院审委会还常常受其他工作影响，不按规定召开例会，影响了效率。同时，审委会形成决议的过程及理由缺乏公开机制，既不利于严格执行回避制度，也不符合司法公开的要求。下一步，要针对存在的问题，着力健全完善制度，理顺工作机制，特别是要积极探索推进审委会工作公开，促进司法公正。要进一步规范审委会的组织构成，按照专业化和权威性的要求，进一步优化审委会结构，明确专业委员会会议与全体会议的职责分工，探索建立科学合理的委员选任机制和任期制，积极研究吸收资深法官、相关审判领域专家进入审委会的可行性，着力增强审委会的专业性和权威性。

四是要进一步强化对审委会工作的监督。最高人民法院要率先垂范，要健全审委会议事规则，提高议事质量和效率，加强监督，对审委会会议实行全程录音录像。进一步明确审委会委员职责，对委员出勤率、发表意见情况、主持或参加庭审以及违反职责等情况建立履职档案，以适当方式予以公开。要对委员履职的合法性、积极性和公正性进行评价和监督，对失职行为进行问责，并将委员履职评价与领导干部业绩考核挂钩。在审委会讨论的案件中，要根据审委会与合议庭、主审法官的权责划分，落实司法责任制，每一名参与案件处理的法官，包括审委会委员，都要为自己发表的意见负责，确保案件处理经得起法律和历史的检验。要处理好公开与保密的关系，该公开的要公开，依法应当保密的要严格保密，防止发生失泄密事件。①

（五）"五五改革"纲要（2019—2023）

党的十八大以来，在以习近平同志为核心的党中央坚强领导下，人民法院司法体制改革全面深入推进，在重要领域和关键环节取得突破性进展，中国特色社会主义审判权力运行体系初步形成。党的十九大从发展社会主义民主政治、深化依法治国实践的高度，作出深化司法体制综合配套改革、全面落实司法责任制的重要战略部署。第十三届全国人民代表大会常务委员会第六次会议修订通过的《人民法院组织法》，进一步规范了人民法院的组织体系、机构设置、管理体制、队伍建设和履职保障，为深化司法体制改革提供了法律依据，从立法层面巩固了司法体制改革成果。为深入贯彻习近平总书记全面依法治国新理念新思想新战略，全面贯彻落实党的十九大和十九届二中、三中全会精神，进一步深化新时代人民法院各项改革，最高人民法院制定并于2019年2月27日发布了《关于深化人民法院司法体制综合配套改革的意见》，并将之作为《人民法院第五个五年改革纲要（2019—2023）》（以下简称《"五五改革"纲要》）贯彻实施。该《"五五改革"纲要》在第五部分"健全以司法责任制为核心的审判权力运行体系"第23条对"完善审判委员会制度"作出了部署。

---

① 参见新闻报道：《周强在最高人民法院审判委员会全体会议上强调认真贯彻落实党的十八届四中全会精神 积极推进审委会制度和量刑规范化改革》，载《人民法院报》2014年12月2日。

《人民法院第五个五年改革纲要（2019—2023）》（节选）

（五）健全以司法责任制为核心的审判权力运行体系

23. 完善审判委员会制度。强化审判委员会总结审判经验、统一法律适用、研究讨论审判工作重大事项的宏观指导职能，健全审判委员会讨论决定重大、疑难、复杂案件法律适用问题机制。建立拟提交审判委员会讨论案件的审核、筛选机制。深化审判委员会事务公开，建立委员履职情况和讨论事项在办公内网公开机制。完善审判委员会讨论案件的决定及其理由依法在裁判文书中公开机制。规范审判委员会组成，完善资深法官出任审判委员会委员机制。规范列席审判委员会的人员范围和工作程序。

从上述规定来看，《"五五改革"纲要》对强化审委会的宏观指导职能，健全讨论、审核、筛选、公开、委员任职等工作机制提出了部署要求。为贯彻落实中央关于深化司法体制综合配套改革的战略部署，全面落实司法责任制，最高人民法院于2019年8月2日印发《关于健全完善人民法院审判委员会工作机制的意见》（以下简称《意见》）。该《意见》对审判委员会的基本原则、组织构成、职能定位、运行机制、保障监督等进行了明确：

一是明确了审委会工作的基本原则。包括坚持党的领导、实行民主集中制、遵循司法规律、恪守司法公正等方面。

二是明确了审委会的组织构成。明确审判委员会由院长、副院长和若干资深法官组成；专业委员会会议是审判委员会的一种会议形式和工作方式。

三是明确了审委会的职能定位。根据该《意见》，审委会的主要职能是：（1）总结审判工作经验；（2）讨论决定重大、疑难、复杂案件的法律适用；（3）讨论决定本院已经发生法律效力的判决、裁定、调解书是否应当再审；（4）讨论决定其他有关审判工作的重大问题。最高人民法院审判委员会通过制定司法解释、规范性文件及发布指导性案例等方式，统一法律适用。同时明确了应当、可以提交审判委员会讨论的案件范围。

四是明确了审委会的运行机制。该《意见》明确，拟提请审判委员会讨论决定的案件，应当有专业（主审）法官会议研究讨论的意见。人大代表、政协委员、专家学者，同级人民检察院检察长或者其委托的副检察长可列席审判委员会会议，等等。

五是明确了审委会的保障监督。该《意见》强调，审判委员会委员依法履职行为受法律保护，领导干部和司法机关内部人员违法干预、过问、插手审判委员会委员讨论决定案件的，应当予以记录、通报，并依法依纪追究相应责任。同时明确该《意见》关于审判委员会委员的审判责任范围、认定及追究程序，依据《最高人民法院关于完善人民法院司法责任制的若干意见》及法官惩戒相关规定等执行。

三、审委会的制度定位

根据前述审委会的历史沿革、改革历程和实践探索情况来看，审委会的制度定位主要体现在以下几个方面：

（一）审委会制度的本质是集体决策

从审委会制度的建立和发展历史来看，审委会制度是我国司法制度特有的决策机制和工作模式，是中国特色社会主义司法制度的重要组成部分。审委会讨论制主要表现在，案件由院长、副院长、庭长等担任的审委会委员通过集体讨论、表决，然后以集体的名义作出裁判。支撑审委会运作的科学原理正是心理学上的群体决策机制。群体决策，是合议制、审委会讨论制的核心和灵魂。

所谓群体决策，俗称集体决策，简而言之，即与个人相对的决策，由决策群体共同作出决策的过程。① 它既是一种决策形式，又是一门学问。作为决策形式，群体决策是处理重大定性决策问题的有力工具。作为学问，群体决策是研究如何将一群个体中每一成员对某类事物的偏好汇集成群体偏好，以使该群体对此类事物中的所有事物作出优劣排序或从中选优的一门具有悠久研究历史和现代应用价值的学科。②

（二）审委会制度经过实践检验证明符合中国国情

经过几十年的实践检验，审委会制度被证明是符合中国国情的，必须始终坚持并不断发展完善。与个体决策相比，审委会制度作为群体决策的主要优势有三：

一是占有更完全的信息和知识，能够增强观点的多样性和决策的正确性。审委会作为群体决策有许多委员参加，知识面较广，信息量较大，能够产生较多的可供选择的方案，又具有校正错误的机制，因

---

① 参见刘兴波：《群体决策分析》，载《党政论坛》2006年第2期。
② 参见胡毓达：《群体决策的不可能性定理和多数规则》，载《科学》2004年第6期。

而群体决策的结果往往比较正确。① 一个人的能力、知识、经验和精力都是有限的，尤其在现阶段，法官队伍素质并不十分整齐的情况下，审委会作为群体决策可以把众多委员的力量、智慧集中起来，取长补短，使案件决策更加科学、更加全面、更加准确，从而最大限度地减少裁判失误、错案的发生。特别是重大刑事案件提交审委会讨论决定，对于切实防止刑事冤错案件的发生具有十分重大的意义。

二是提高决策的可接受性。许多决策在作出之后，因为不为人们接受而告夭折。但是，如果那些会受到决策影响的人或将来要执行决策的人能够参与到决策过程中去，他们就更愿意接受决策，并鼓励别人也接受决策。这样，决策就能够获得更多支持，执行决策的员工的满意度也会大大提高。

三是增强结论的合法性。群体决策过程与人类的民主理想是一致的，是民主的体现，因此，容易被认为比个人决策更合乎法律要求。如果个人决策者在进行决策之前没有征求其他人的意见，决策者的权力可能会被看作独断专行，缺乏合法性。很久以来，北美和其他国家法律体系就有的一个基础信念是：两人智慧胜一。这在这些国家的陪审团制度中表现得最为明显。② 现在，这种信念已经扩张到许多新的领域：组织中的许多决策是由群体、团队或委员会作出。我国法律设置合议制、审委会讨论制的初衷就在于通过群体决策这一形式充分发扬

---

① 参见郭亨杰主编：《心理学——学习与应用》，上海教育出版社2001年版，第361页。

② 参见乐国安主编：《法律心理学》，华东师范大学出版社2003年版，第232页。

司法民主、集思广益、形成监督，增强裁判结论的正确性、合法性和可接受性，保证案件得以公平、公正地解决。①

（三）审委会制度在坚持中不断发展完善

审委会制度自建立以来，在人民法院审判执行工作中发挥着不可替代的重要作用，但也存在着一些问题，影响了审委会职能作用的有效发挥。一段时间以来，广受诟病的审委会存在的问题主要表现在：（1）审委会职责范围不明确，除最高人民法院外，总结审判经验的少，研究具体案件的多。有很多法官或合议庭为了推卸责任，将不属于审委会研究的案件报审委会研究讨论；（2）审委会委员任职条件不明确，有些法院将审委会委员作为一种政治待遇，把不懂审判业务的人员提请任命为审委会委员；部分审委会委员滥竽充数，不负责任；（3）审委会委员责任追究不清，存在权力滥用问题；审委会研究结论即使出现错误，但因为是集体研究结果而无法追究；（4）缺乏完整科学的审委会委员管理制度，有些委员长期不参加审委会，或想参加就参加、不愿参加就不参加，等等。②

针对审委会存在的问题，需要进行不断改革和发展完善。但是，需要注意的是，坚持是前提、是基础，改革是动力，发展完善是目标。对审委会制度改革既不能脱离司法实践盲目推进，也不能形改实不改，使改革流于形式；既要鼓励大胆探索，又要使审委会制度改革依法有

---

① 参见胡常龙、吴卫军：《走向理性化的合议庭制度——合议庭制度改革之思考》，载江显和主编：《合议制问题研究》，法律出版社2002年版，第30页。

② 参见郭春红、李宏海：《如何深化审委会制度改革》，载《人民法院报》2013年12月5日。

第四讲
审委会讨论案件的原理与规则——基于群体决策理论的检视

序向前推进。根据新的形势，审委会的首要任务应该是从宏观上总结审判经验，研究审判工作中存在的重大问题，切实发挥审判决策、审判指导、审判管理和审判监督的功能作用。

根据《最高人民法院关于健全完善人民法院审判委员会工作机制的意见》规定，审判委员会的主要职能是：（1）总结审判工作经验；（2）讨论决定重大、疑难、复杂案件的法律适用；（3）讨论决定本院已经发生法律效力的判决、裁定、调解书是否应当再审；（4）讨论决定其他有关审判工作的重大问题。最高人民法院审判委员会通过制定司法解释、规范性文件及发布指导性案例等方式，统一法律适用。各级人民法院审理的下列案件，应当提交审判委员会讨论决定：（1）涉及国家安全、外交、社会稳定等敏感案件和重大、疑难、复杂案件；（2）本院已经发生法律效力的判决、裁定、调解书等确有错误需要再审的案件；（3）同级人民检察院依照审判监督程序提出抗诉的刑事案件；（4）法律适用规则不明的新类型案件；（5）拟宣告被告人无罪的案件；（6）拟在法定刑以下判处刑罚或者免予刑事处罚的案件。高级人民法院、中级人民法院拟判处死刑的案件，应当提交本院审判委员会讨论决定。各级人民法院审理的下列案件，可以提交审判委员会讨论决定：（1）合议庭对法律适用问题意见分歧较大，经专业（主审）法官会议讨论难以作出决定的案件；（2）拟作出的裁判与本院或者上级法院的类案裁判可能发生冲突的案件；（3）同级人民检察院依照审判监督程序提出抗诉的重大、疑难、复杂民事案件及行政案件；（4）指令再审或者发回重审的案件；（5）其他需要提交审判委员会讨论决定的案件。

从上述规定来看，近年来的审委会主要强化了审委会的宏观指导职能、大幅限缩了审委会讨论案件的范围、完善了审委会议题的把关机制，更加明确了审委会的议题范围，使审委会能够真正聚焦审判执行工作中的重大问题，聚焦重大疑难复杂案件的法律适用问题，充分发挥审委会作为最高审判组织的指导作用。

•专题二 审委会的会议属性及其议事规则

审判委员会的设置是我国审判权行使中的一大特色。从司法决策的角度看,审判委员会是法院的最高案件决策机构,指导和监督全院审判工作。审判委员会在对案件实质处理上的职权,决定了它在诉讼中的地位,表明它具有最高审判组织的性质。与独任庭、合议庭相比,后二者的组成人员是不固定的,只是在审理案件时指定,一旦案件审理终结即结束。而审判委员会的人员组成是固定的,审判委员会委员由与人民法院同级的国家权力机关任免。与专业法官会议相比,专业法官会议系独任庭、合议庭处理案件的参考咨询平台,而审委会作为最高审判组织,成员构成、表决规则、民主集中制的运用等方面具有自身的特点和议事规则。可以说,审委会既具有类似专业法官会议等议事平台的一般会议属性,又具有自身作为最高审判组织的特殊运行规则。本专题在前述全面阐述专业法官会议讨论原理和规则的基础上,拟对审委会的会议属性和特定议事规则加以探究。

一、审委会的会议属性

所谓会议属性,是指有组织、有领导、有目的的议事活动,它是在限定的时间和地点,按照一定的程序进行的行动。跟专业法官会议一样,无论如何定位审委会的职能,都难以改变其作为议事会议存在的一般会议属性。研究审委会的会议属性,并借鉴通行的"会议"议事规则,对于提高审委会的议事质量和效率具有重要参考意义。根据罗伯特议事规则,一次完整的议事过程主要包括六个步骤:一是动议;二是附议;三是陈述议题;四是辩论;五是提请表决;六是宣布表决结果。而对审委会的会议属性则可以从议题的提交、会议的召开、会议的主持等三个方面加以解读。

一是从审委会的议题设置、提交程序来看。审判委员会无疑具有会议的"动议"之基本属性。承办法官、独任庭、合议庭将案件提请院长提交"审判委员会会议"讨论的过程,体现了"动议"的特征。

二是从审委会的召集、召开程序来看。审判委员会会议从召集、议题介绍、案情汇报、询问、讨论到最终归纳讨论情况、表决,呈现出比较完整的会议程序特征。协商会议的议事规则是一套复杂的规则体系,其基本的规则和程序包括符合协商会议的最小构成、遵循礼节规范、宣布开会与会议程序等方面。其中,一次会议得以合规召开,或者说会议的决议能够拥有效力的一个必要的前提条件,就是亲自出席这次会议的审委会委员,其数量必须达到规定的"法定人数"。无论是主持人还是每一位与会成员,都必须遵守议事规则所建立的"礼节规范"。一次审委会议事过程主要步骤除了合议庭、承办人汇报,还包括委员就有关问题进行询问,委员按照法官等级和资历由低到高的顺序发表意见,主持人最后发表意见,主持人作会议总结,会议作出决议等程序,具有会议的一般特征。

三是从会议的主持来看。协商会议的进行最少需要两名会议官员,一个"主持人",另一个为"秘书"。而审委会的进行有一个"主持人"，主持会议，秉持规则；另一个是"秘书"，负责会议的书面记录，形成"会议纪要"。秘书根据主持人的指示，做好会前准备工作，包括确定议题、程序和开会的方法方式；选定出席的人员；确定会议的时间、地点。要把会议目的、议题、时间、地点、要求事先通知参加者，请他们做好准备。在讨论过程中，主持人最后发表意见，并作会议总结，会议作出决议。

从上述会议的议题设置、提交程序、召集、召开、主持等程序来看，审判委员会会议具有一般会议属性。故，前一讲有关议事规则对合议庭、专业法官会议的十二条启示对审委会讨论亦具有类似的一定的指导和参考意义。

二、审委会的议事规则

为贯彻落实中央关于深化司法体制综合配套改革的战略部署，全面落实司法责任制，最高人民法院于2019年8月2日印发《关于健全完善人民法院审判委员会工作机制的意见》。该意见对审判委员会的基本原则、组织构成、职能定位、运行机制、保障监督等进行了明确。

（一）主持

——会议的召集与推进

审判委员会会议从召集、议题介绍、案情汇报、询问、讨论到最终归纳讨论情况、表决，呈现出比较完整的会议程序特征。最高人民法院于1993年9月印发的《最高人民法院审判委员会工作规则》（该规则后被《最高人民法院关于印发〈关于改革和完善人民法院审判委员会制度的实施意见〉的通知》代替)明确规定,"审判委员会会议由院长或院长委托的副院长主持"。全国各地出台的《审判委员会工作规则》也都明确强调,审判委员会会议由院长或院长委托的副院长召集和主持等规则。所谓召集,是指召集、聚合、通知人们聚集在一起。实践中,虽然通知审委会委员开会一般由审委会秘书执行,但是否开会、何时召开审判委员会、有关议题的设置和审定都要报请院长或受院长委托的主持副院长。在会议的推进过程中,主持人发挥着重要作用,无论是合议庭、承办人汇报,还是委员就有关问题进行询问,都必须在主持人主持下有序进行。各位委员按照法官等级和资历由低到高顺序发表意见,主持人最后发表意见,主持人最后作会议总结,由会议作出决议。

(二)汇报

——详细案情的介绍与问答

合议庭、承办人汇报是审判委员会讨论案件的主要步骤。《最高人民法院关于健全完善人民法院审判委员会工作机制的意见》第十一条规定,审判委员会讨论决定案件和事项,一般按照以下程序进行:

(1)合议庭、承办人汇报;

(2)委员就有关问题进行询问;

(3)委员按照法官等级和资历由低到高顺序发表意见,主持人最后发表意见;

(4)主持人作会议总结,会议作出决议。

从上述流程来看,案件汇报按照汇报方式可分为书面汇报和口头汇报两种形式。书面报告,是指合议庭、承办人以书面审查报告的形式向审判委员会会议汇报案件的有关情况。事实上，合议庭、承办人的汇报往往是书面与口头两种形式同时使用。一般来说，合议庭、承办人向审委会汇报的案件往往比较重大、疑难、复杂，合议庭、承办人应当就案件的由来及审理经过、被告人和其他诉讼参与人的基本情况、案件的侦破及抓获经过、犯罪事实及认定依据、控辩双方的主要意见、争议焦点及分析、需要说明的其他问题、定罪量刑及拟处意见、合议庭评议形成的意见等方面形成一个综合审查报告予以提交。其中，犯罪事实及认定证据、控辩双方的意见及分析是核心内容。在审委会汇报过程中，由于有书面汇报材料，在口头汇报过程中，也就不一定照本宣读，而可以采用归纳、要点式汇报。有关汇报的技巧和方法将在后续章节中予以专门阐述。需要说明的是，这里的汇报还可以作扩充理解和解释。从审委会运行的实际情况来看，承办人、合议庭在审委会开始阶段进行集中汇报、介绍案情、提出处理意见，但在后续委员就有关问题进行询问的过程中，委员与承办人之间"一问一答"，承办人的回答实质上也属于"汇报"的范畴。具体来说，一个完整刑事案件的汇报内容主要体现在以下几个方面：

一是概括介绍汇报的目的。在汇报案件的主要内容之前，合议庭、承办人在开场白中要概括性介绍本次汇报的主要目的，案件的总体情况，存在的主要问题，让委员对案件的基本事实是否清楚、争议焦点何在、分歧主要集中在何处、需要审委会审定的主要问题是什么有大致的了解和把握。这种概括性的介绍和汇报可以使审委会委员的讨论思路更加清楚、目标更加明确、问题更加聚焦、辩论更有针对性，讨论的效率和质量自然更高。

二是汇报案件的由来及审理经过。案件的由来及审理经过，是一个案件的源头性信息。通过介绍案件的由来及审理经过，可以使案件的来源更加清楚，同时有利于委员对案件的检察院指控与法院认定是否一致、一审判决概况、判后被告人有无上诉、被害人方的反应情况等内容也有大致的了解和把握。

三是汇报被告人和其他诉讼参与人的基本情况。包括被告人的年龄，文化程度，出生地，户籍地，前科情况，被刑事拘留、逮捕的时间，羁押场所等方面。同时，包括有无委托律师、被害人的身份和伤亡后果、附带民事诉讼当事人的基本情况等。

四是汇报案件的侦破以及抓获经过。这是根据侦查机关为下一道司法程序专门出具的有关侦破情况以及抓获经过的证据材料制作而成，是汇报的重点。一般来说，通过该部分汇报基本上可以掌握整个刑事案件的发生、揭发或侦查、破获过程的情况，包括时间、地点、涉及的主要人物、破案线索的来源、侦查机关确定犯罪嫌疑人的过程和方法、抓获犯罪嫌疑人的过程和方法等内容，重点在于了解怎样发现和掌握被告人的情况。实践中，要介绍和汇报破案的过程和方法是否正常，侦查机关将被告人列为犯罪嫌疑人的依据是否合理、充分，掌握被告人犯罪线索的证据来源是否合法等。一旦存在疑点，必须与侦查人员进行核实，作必要的核查，对侦查人员作出的解释或说明一并汇报。

五是汇报案情事实及认定依据。这是汇报的核心内容，重点阐明犯罪事实的时间、地点、经过、后果、赃款赃物去向、被告人案发后有无退赃退赔、有无自首和立功表现等内容。上述事实的认定依据有哪些，这些证据要根据人的认知规律进行排列组合，并就每一份证据、每一组证据所证明的内容以及相互印证情况进行归纳、说明。

六是汇报控辩（检辩）双方的主要意见及分析。如果是一审案件，则要重点汇报控辩双方的主要观点、争议的焦点及分析处理意见；如果是二审案件，则要重点汇报上诉、辩护的主要理由以及分析处理意见。通过该部分汇报，使得审委会委员对控辩双方的主要观点以及承办人、合议庭的分析意见有较为全面的把握。

七是汇报各方的处理意见和理由。这个部分主要汇报承办人、合议庭成员、专业法官会议以及社会各界对案件的处理意见、建议，重点汇报合议庭的多数意见和少数意见，围绕犯罪事实、证据、定罪量刑和适用法律等方面产生争议的主要问题以及分析处理理由等。

（三）讨论
——处理意见的审议与辩论

所谓讨论，是指审委会委员对案件的事实、证据、定罪量刑、适用法律以及争议焦点、拟处意见等进行审议、辩论的过程。其间，承办人、合议庭法官针对委员的询问进行回答、解释和说明，委员与委员之间就案件事实、证据的判断以及定罪量刑、争议焦点和处理方案进行交换意见、相互探讨和辩论、逐步达成共识。审委会讨论可参考以下几条原则：

一是遵循动议中心原则。动议中心原则对于完善审判委员会运行机制尤其是落实"一案一议"原则具有重要的参考、借鉴意义。动议中心原则意味着任何事务都必须以"动议"的形式提交给会议，之后会议才可考虑。该特点给审判委员会会议运行机制带来的最大启示是，凡是提交审委会讨论的案件，独任庭、合议庭成员必须对案件的处理拿出明确的意见，不得模棱两可。所谓处理意见，不仅包含定罪量刑等事关裁判结论的意见作出，而且还应包括独任庭、合议庭成员本身对案件犯罪事实的认定、证据的审查分析、法律适用等方面也要形成自己的判断意见。所谓"一案一议"原则，是指同一时间只能处理一个案件议题；一旦将一个"案件"动议提交给了会议，就必须处理完这个"案件"提议，然后才能引入下一项事务。"一次一个议题""一案一议"原则对于审委会集中精力讨论一个案件、防止"跑题"或多案合并讨论具有重要参考意义。

二是遵循"主持最后发言"原则。主持人要主持好一场会议，很重要的一条就是要贯彻主持中立原则。所谓主持中立原则，是指会议"主持人"的基本职责是遵照规则来裁判并执行程序，尽可能不发表自己的意见，也不能对别人的发言表示倾向，必须保持中立和公正。审委会的主持人本身是组织的成员，他本人也享有同样的辩论权。但是，主持人的中立性要求他在承担主持人工作期间不能行使辩论权。在审委会会议讨论中，主持人作为会议成员，可以参加案件的讨论并发表自己的处理意见，但为了确保"主持中立"原则的贯彻，避免主持人先发言、表态对其他会议成员产生不当影响力，有关审判委员会的议事规则都明确"主持人最后发言"是有道理的。

三是遵循机会均等原则。所谓机会均等原则，是指在会议进行过程中，会议成员取得发言的机会均等。在审委会讨论过程中，各位委员的发言机会应当均等，会议成员发言的有序进行，实际上意味着按既定规则讨论，蕴含主持人事先"默认""准许"的基本程序。同时，审委会讨论中,还可通过"轮流发言"机制分配发言权,使审判资源在会议成员之间合理地调度、科学分配,彰显程序公正的价值。

四是遵循立场明确原则。所谓立场明确原则,是指发言人应首先表明对当前待决动议的立场是赞成还是反对,然后说明理由。在审委会讨论中,与会人员对独任庭、合议庭法官或承办法官提出有关案件事实认定、证据审查分析判断、定罪量刑、法律适用等方面的处理意见,是反对还是赞成,必须有明确的态度,究竟支持谁的意见,支持什么意见,反对什么意见,必须清晰明白,便于讨论的深入。同时,与会人员要敢于坚持自己的意见、独立发表自己的意见,绝不能当墙头草。当然,随着多轮程序的展开,先前发表的意见已被证实错误时,作为法官也应当坚持实事求是原则,敢于修正自己的错误观点。

五是遵循发言完整原则。所谓发言完整原则,是指在协商会议进行过程中不得打断别人的正当发言。发言完整原则主要的功能和意义在于防止"打断",确保发言人能够完整、连续地发言。实践中,让与会人员完整发言,不仅体现了对发言人的尊重,具有礼节意义,而且有利于规范发言的秩序,使发言在正常的规则之下能够持续进行,使讨论走向深入。在审委会讨论过程中,轻易打断别人说话,显然是一种不礼貌的行为。"不打断"他人正当发言,不仅具有礼节意义,更重要的是对于维护会议秩序,提高会议效率,保证会议的客观、公正等均具有重要意义。不过,在会议进行过程中,如果某个委员的发言时间过长,出现严重超时等情况,那么主持人也可视情打断其发言。在审委会讨论过程中,与会成员要善于控制自己的发言时间,强化时间观念。把发言时间控制在"合理"范围之内。

六是遵循"面对主持"原则。所谓"面对主持"原则，是指发言要面对主持人，参会者之间不得直接辩论。在审委会讨论中，与会成员在讨论中面对主持人进行发言，有利于体现对主持人的尊重，彰显主持人的权威性。同时，在审委会的组织、讨论过程中，贯彻"面对主持"原则，严禁成员之间脱离主持人的掌控，擅自相互之间展开辩论，也是有必要的。

七是遵循限时限次原则。所谓限时限次原则，是指同一问题，每人只能发言 n 次，每次 m 分钟。在审委会讨论中，与会成员都必须参与发言、辩论，既要防止"一言不发"，又要防止"一言堂"。从实践情况来看，无论是限时原则，还是限次原则，其目的都在于防止"一言堂"，使讨论更加全面、深入。事实上，只有各位委员都能够得到充分、平等、客观的表达，会议讨论的质量和效率才有保障。

八是遵循一时一件原则。所谓一时一件原则，是指与会成员的发言不得偏离当前待决的问题。在审委会讨论中，与会成员秉持一时一件原则，对于充分讨论、审议案件，防止"跑题"现象的出现，形成客观公正的裁判意见，提高审判效率，意义重大。

九是遵循裁判原则。所谓遵循裁判原则，是指主持人应制止违反议事规则的行为，这类行为者应立即接受主持人的裁判，服从并执行主持人的裁判结果。在审委会讨论中，按议事规则遵守"主持人的裁判"，对于维护审判委员会运行规则的严肃性和权威性、提高议事质效，意义重大。大量的实践经验告诉我们，在审委会的主持过程中，主持人的机智老练与明智判断是规则无法取代的，主持人的知识经验和阅历等因素对于会议的秩序、效率、质量等会产生重大影响。

十是遵循文明表达原则。所谓文明表达原则，是指与会成员在发言时不得进行人身攻击，不得质疑他人动机、习惯或偏好，辩论应就事论事，以当前待决问题为限。在审委会讨论中，与会成员应当遵守基本的文明礼仪，规范自己的言行，以礼相待，决不可进行人身攻击、恶语相加，也不可质疑他人发言的动机、偏好或习惯。比如，在案件讨论过程中，与会成员站在不同的角度，对案件事实认定、定罪量刑、法律适用、上诉理由能否成立等方面可能出现分歧、产生不同的法律判断，与会成员不得"先入为主"，质疑某某持某种观点或处理意见背后有人情案、关系案等不良动机，如这样怀疑自己的同事，则有可能会冤枉他人、影响团结，也不符合司法的规律以及审委会鼓励"畅所欲言"运行机制的健康有序发展。

十一是遵循充分辩论原则。所谓充分辩论原则，是指表决须在讨论充分展开之后方可进行。会议实质上就是"辩论"的过程，充分的辩论对于提升会议的质量和效率具有十分重大的意义。"充分辩论""集体决策"等制度为司法者的认知偏差提供校正机制，有利于司法决策更全面、可靠，更贴近事实真相、符合公正要求。"充分辩论"原则的首要功能就在于使"真理越辩越明"，这对于司法领域的审委会等运行具有十分重大的参考和指导价值。同时，与会成员的充分讨论、质辩，模拟各种场景进行"论证"，实际上可以为案件"恰当裁判"提供"基准"，并强化参与者对冲突解决过程的控制感，彰显了程序公正的独立价值。

十二是遵循多数裁决原则。所谓多数裁决原则，是指在简单多数通过的情况下，动议的通过要求"赞成方"的票数严格多于"反对方"

的票数，平局即没通过。协商会议形成一项决定所需要满足的最基本的要求就是"过半数表决"，据此，审委会的"过半数"表决规则值得专题探究。

（四）表决：审委会的表决规则
——民主集中制在审委会讨论的运用

《最高人民法院关于健全完善人民法院审判委员会工作机制的意见》第二条明确指出："实行民主集中制。坚持充分发扬民主和正确实行集中有机结合，健全完善审判委员会议事程序和议事规则，确保审判委员会委员客观、公正、独立、平等发表意见，防止和克服议而不决、决而不行，切实发挥民主集中制优势。"第二十条规定："审判委员会讨论决定案件和事项，一般按照以下程序进行：（1）合议庭、承办人汇报；（2）委员就有关问题进行询问；（3）委员按照法官等级和资历由低到高顺序发表意见，主持人最后发表意见；（4）主持人作会议总结，会议作出决议。"第二十一条规定："审判委员会全体会议和专业委员会会议讨论案件或者事项，一般按照各自全体组成人员过半数的多数意见作出决定，少数委员的意见应当记录在卷。经专业委员会会议讨论的案件或者事项，无法形成决议或者院长认为有必要的，可以提交全体会议讨论决定。经审判委员会全体会议和专业委员会会议讨论的案件或者事项，院长认为有必要的，可以提请复议。"上述规定对审委会表决规则和民主集中制的适用作了明确。在理解和把握审委会表决规则时，应当注意把握以下几点：

1. 一般情况下遵循"多数裁决"原则：过半数表决

协商会议形成一项决定所需满足的最基本的要求就是"过半数表

决"。这个术语的定义是"超过半数",以过半数为"表决额度"。所谓"表决额度",是指"决定表决结果的底线",也就是说,至少要达到什么样的票数才能通过,否则就是否决。通常的比例是"过半数",达到"三分之二",等等。根据《最高人民法院关于健全完善人民法院审判委员会工作机制的意见》第二十一条规定,"审判委员会全体会议和专业委员会会议讨论案件或者事项,一般按照各自全体组成人员过半数的多数意见作出决定,少数委员的意见应当记录在卷。"也就是说,一般情况下,审委会遵循"多数裁决"的基本要求,体现"少数服从多数"原则,"一般按照审判委员会和专业委员会全体组成人员过半数的多数意见"作出决定,少数委员的意见记录在案。之所以说"一般情况"下,是因为我国审委会同时"实行民主集中制",在特别情况下,审委会也可能以少数委员的意见为基础进行"集中",最终形成决议。这与罗伯特议事规则有本质的区别。因此,这里绝不能简单地照搬罗伯特议事程序和规则。

2. 实行民主集中制:充分发扬民主和正确实行集中有机结合

民主集中制是普遍适用于党和国家政治生活的重要原则和工作方法。宪法规定所有国家机构实行民主集中制原则,法院组织法则明确"审判委员会实行民主集中制"。实践中,有人认为,审判权力运行有其特殊性,更注重法官个体裁量权,民主集中制原则仅在审判委员会实行,而非对人民法院一体适用。也有人认为,即使在审判委员会内部,也仅在讨论重大事项时实行民主集中制,讨论决定案件时应实行少数服从多数。上述观点的片面之处,在于错误理解民主集中制的含义,将全面落实司法责任制与严格执行民主集中制对立起来、割裂看待。

首先,"民主集中制"由法院整体行使审判权的本质特征所决定。按照宪法和法院组织法,作为国家审判机关整体行使审判权的主体是人民法院,而非"法官个体"。根据"整体本位"的本质特征,审判权的行使有必要适用民主集中制,既可防止个人专断、架空集体,又避免议而不决、效率低下。正确理解和把握全面落实司法责任制与严格执行民主集中制的关系,有利于在更高层次上实现审判权力与责任的平衡、放权与监督的结合、公正与效率的统一。

其次,"民主集中制"彰显了审判权力运行机制的新特点。全面落实司法责任制之后,审判权力运行机制的新特点,在于民主化决策、组织化行权、平台式监督、全流程留痕。案件的所有决策过程,都是特定审判组织履行审判职权的过程。审判监督管理者只能依职权启动专业咨询或讨论决定机制,依托专业法官会议或审判委员会等制度平台发表意见,但不能代替审判组织作出裁判。院庭长只是"集中"的节点,而非决策的终点。

最后,"民主集中制"符合审委会决策的科学原理。案件提交审判委员会全体会议讨论决定前,可能经过合议庭评议、专业法官会议讨论、合议庭复议、专业委员会会议讨论等多个环节,经过了充分酝酿研讨,承载了各方意见。审判委员会讨论案件或者事项,一般按照各自全体组成人员过半数的多数意见作出决定,少数委员的意见应当记录在卷。如果无法形成过半数的多数意见,主持人可以引导大家聚焦重点、求同存异,但不能强制要求部分委员改变意见。院长在整个审判委员会运行机制中,并非最终决策者,而是承担会议发起人、会议

第四讲
审委会讨论案件的原理与规则——基于群体决策理论的检视

主持人、启动复议人、督促落实人、文书签发人等多重职能,确保审判委员会制度的权威性、严肃性和集中性。民主集中制在表决阶段的体现,包括集体讨论、权利平等、充分表态和少数服从多数。如果审判委员会讨论案件违反民主集中制原则,导致审判委员会决定错误的,主持人应当承担主要责任。综上,从决策流程上看,案件提交审判委员会讨论决定就是一个从民主到集中的过程;从决议机制上看,审判委员会决议机制充分体现了集中指导下的民主;从院长职能上看,人民法院院长在审判委员会运行机制中的角色符合民主集中制的要求。①

3. 复杂案件"多数裁决"的特殊要求有待完善：三分之二表决

实践中,为了在个人权利与会议整体的权利之间找到平衡与妥协,确立了"三分之二"表决规则。比如,在以下几种情形中就可能要求"三分之二"表决：一是暂缓或修改现行的议事规则;二是阻止动议的引入;三是调整辩论限制或者要求结束辩论;四是结束提名或结束投票,以及对提名或投票加以限制;五是剥夺会员的资格;等等。其中,所谓暂缓规则,是指有时会议为了达到某种目的或者解决某种冲突,需要暂时将一些规则或者规定放在一边,或者说要在一定的条件下暂不遵循这些规则,那么就可以动议"暂缓规则"。这种动议要求比较高的表决额度。② 此外,在上述两种表决额度之外加上一些限制条件,还可以衍生出若干其他的表决额度。有时用"特别议事规则"来规定这

---

① 参见何帆：《深刻把握全面落实司法责任制和严格执行民主集中制的关系》,载《人民法院报》2020年9月11日。
② [美]亨利·罗伯特：《罗伯特议事规则(第11版)》,袁天鹏、孙涤译,格致出版社、上海人民出版社2015年版,第52页。

些表决额度，演变的过程无非是调整比例和总票数两个数字。比例可以是"过半数""三分之二""四分之三"，等等。现行审委会议事规则没有明确复杂多数规则的适用情形。依笔者浅见，在司法领域，对一些重大、疑难、复杂刑事案件，在审委会讨论表决中引入复杂多数规则还是非常有必要的。比如，对被告人是否适用死刑，就可以考虑运用复杂多数规则。

4. 复杂案件"多数裁决"的前提条件：弃者不计入有效票

默认条件下，如果没有加上其他一些限制条件，在计算总票数的时候，只计算那些有表决权且实际参与表决的成员的票数，不考虑空白票或弃权的成员。因此，上述表决额度"过半数"实际上指"投票者的过半数"或"在场且投票者的过半数"。"三分之二"表决的统计也一样，只计算那些有表决权且实际参与表决的成员的票数，不考虑空白票或弃权的成员。在审委会讨论中，不允许弃权情况的出现。审委会会议主持人可以根据议题性质和实际需要，邀请同级检察院检察长或本院法官助理、综合业务部门工作人员等其他人员列席会议并参与讨论，但这些人员的发言不计入票数。值得指出的是，虽然审委会成员不得弃权，但借鉴前述"暂缓规则"，可以考虑在审委会表决中引入"暂缓票"。所谓暂缓票，就是经过讨论，审委会委员认为根据现有的事实证据尚难以作出裁决、提出暂缓作出决议的意见。审委会遇到重大疑难程序问题需要向上级法院请示时，经出席会议的多数委员投票表决（每位委员可限投一次暂缓票），可以对案件作出暂缓表决一次。

5. 审委会表决可考虑采用记名投票

投票表决的最大优势是同时表态，避免由于不同成员先后表态带来的相互干扰和影响。随着社会民主化进程的不断发展，投票表决在会议中的应用越来越多，且传统的投票表决方式已不能满足现代会议快节奏、高效率、自动化的要求，投票表决系统的应用越来越广泛。审委会讨论虽然实行民主集中制，意味着不是简单的票决制和少数服从多数，但一般情况下，还是要遵循少数服从多数原则。事实上，大部分案件讨论过程中，主持人也都会倾向于运用少数服从多数规则形成决议。因此，审委会表决环节还是可以考虑采用记名投票的形式进行，尤其是对一些重大刑事案件的讨论，记名投票的方式具有重要作用。有学者研究指出，目前，审委会讨论案件的一般模式是：先由案件承办人汇报基本案情，再由委员们就案件事实和法律适用提出疑问，进行讨论，最后发表意见决定结果，审委会表决采用一个接一个（one by one）表决模式。审委会不看卷、不听审的"审判"方式最大的弊端是先发表的委员意见对后发表的委员意见容易造成先入为主的影响，不利于形成科学表决。而创设记名投票表决制，有利于从程序上保证审委会表决的透明性和科学性。[①]

（五）固化：审判委员会会议纪要、笔录的制作
　　　　——会议成果的固定与转化

审判委员会纪要和会议笔录都属于对会议成果的固化形式。但是，会议纪要与会议笔录（记录）不同，会议记录只是一种客观的纪实材

---

① 李冰：《审委会表决宜采用记名投票制》，载《人民法院报》2014年9月19日。

料，记录每个人的发言，而会议纪要则集中、综合地反映会议的主要议定事项，起具体指导和规范的作用。审委会会议记录主要记录对个案的讨论过程和处理意见。而审委会会议纪要往往侧重于从个案讨论中提炼出一般的法律适用规则，或者就某项审判工作进行经验总结和提炼，是记载和传达会议情况和议定事项时使用的一种法定公文，具有以下几个特点：

一是内容的纪实性。会议纪要是在会议记录基础上经过加工、整理出来的一种记叙性和介绍性的文件。包括会议的基本情况、主要精神及中心内容，便于向上级汇报或向有关人员传达及分发。整理加工时或按会议程序记叙，或按会议内容概括出来的几个问题逐一叙述。审委会的会议纪要如实地反映会议所讨论的审判经验、法律适用解释和裁判规则等内容，它不能离开会议实际稿再创作，否则，就会失去其内容的客观真实性。

二是表达的提要性。会议纪要是根据会议情况综合而成的，因此，撰写会议纪要时应围绕会议主旨及主要成果来整理、提炼和概括，重点应放在介绍会议成果上，而不是叙述会议的过程。纪要要求会议程序清楚，目的明确，中心突出，概括准确，层次分明，语言简练。

三是称谓的特殊性。会议纪要一般采用第三人称写法。由于会议纪要反映的是与会人员的集体意志和意向，常以"会议"作为表述主体，使用"会议认为""会议指出""会议决定""会议要求""会议号召"等惯用语。

实践中，要注意审委会讨论成果的转化和推广运用。对此，《最高人民法院关于健全完善人民法院审判委员会工作机制的意见》第二十三条明确指出，审判委员会会议纪要或者决定由院长审定后，发送审判委员会委员、相关审判庭或者部门。同级人民检察院检察长或者副检察长列席审判委员会的，会议纪要或者决定抄送同级人民检察院检察委员会办事机构。该意见第二十六条规定，各级人民法院应当建立审判委员会会议全程录音录像制度，按照保密要求进行管理。审判委员会议题的提交、审核、讨论、决定等纳入审判流程管理系统，实行全程留痕。第二十七条明确指出："各级人民法院审判委员会工作部门负责处理审判委员会日常事务性工作，根据审判委员会授权，督促检查审判委员会决定执行情况，落实审判委员会交办的其他事项。"这些要求对审委会决议的贯彻执行、成果的转化和运用等提供了有力保障和操作依据。

专题三 审委会与专业法官会议的异同和衔接

审判委员会是人民法院的最高审判组织，而专业法官会议是人民法院统一法律适用、强化审判监督管理、促进法官业务交流的内部工作机制。取消院庭长对案件裁判文书审批制度之后，专业法官会议与审委会之间的关系日益密切。在不断深化司法体制综合配套改革的过程中，要充分发挥专业法官会议、审判委员会作用，除了理顺二者关系之外，还应强调配套措施保障，注意专业法官会议与审判委员会之间的衔接。本专题拟对审委会与专业法官会议的异同作些比较，并对二者之间的衔接机制作些探究。

一、审委会与专业法官会议之异

（一）历史渊源不同

专业法官会议起源于2000年部分法院尝试实行的"法官会议"，后来发展成"审判长联席会议"，再到2017年最高人民法院以文件形式明确"专业法官会议"。2018年11月28日，最高人民法院印发了《关于健全完善人民法院主审法官会议工作机制的指导意见（试行）》（2021年已失效），在名称上称为"主审法官会议"，并就健全完善人民法院主审法官会议工作机制提出意见，并明确"主审法官会议工作机制可以在民事、刑事、行政、国家赔偿、执行等审判业务部门内部建立,也可以跨审判业务部门、审判团队建立""主审法官会议由本院员额法官组成。参加会议的法官地位、权责平等。根据会议讨论议题,可以邀请专家学者、人大代表、政协委员等其他相关专业人员参加会议并发表意见"。2021年1月6日,最高人民法院印发了《关于完善人民法院专业法官会议工作机制的指导意见》,使用了"专业法官会议"的称谓。而审判委员会作为法院的一种重要组织形式,最早起源于新民主主义时期。1932年中共苏维埃共和国中央执行委员会颁布的《裁判部暂行组织及裁判条例》中规定,县以上裁判部组织裁判委员会。该裁判委员会即是审判委员会的雏形。1950年第一届全国司法会议中,司法主管机关初步提出了法院组织草案,其中提到了建立审判委员会。1951年中央政府通过了《法院暂行条例》,该条例第十五条规定,省、县两级法院设立审判委员会,由院长、副院长、审判庭庭长及审判员组成。1954年《人民法院组织法》正式颁布,规定在我国各级法院内部设立审判委员会,作为对审判工作的集体领导形式。1955年3月,最高人民法院审判委员会第一次会议召开,宣布最高人民法院审判委员会成立,并形成了审判委员会的一些工作制度。随后,全国各级法院相继组建了审判委员会。审判委员会作为一项法定制度开始运行。从上述历史沿革来看,审判委员会的历史比专业法官会议要悠久得多,且在选择与建构时受到中国传统文化、强调集体领导的司法传统、苏联司法制度等多种因素影响。

(二)制度定位不同

审委会制度作为最高审判组织而存在,是我国司法制度特有的决策机制和工作模式,是中国特色社会主义司法制度的重要组成部分。

针对《最高人民法院关于健全完善人民法院主审法官会议工作机制的指导意见（试行）》（以下简称《意见》）中所称的"主审法官会议"同各地法院实行的专业法官会议、法官联席会议、审判长联席会议等会议形式有何异同问题，最高人民法院起草者介绍，多年以来，最高人民法院各审判业务部门、各巡回法庭和地方各级人民法院根据改革要求和自身特点，探索建立了不同形式的用于讨论案件法律适用或者裁量标准问题的会议咨询机制，为合议庭或者独任法官裁决案件提供咨询、参考、指导意见。虽然名称各异，有的叫"主审法官会议"，有的叫"专业法官会议""法官联席会议"，还有的叫"审判长联席会议"，等等，但实质是类似的会议工作机制。当初一些法院同志在讨论《意见》稿时认为，会议名称只是一个形式，目前还在试运行之中，没必要强求绝对统一。这项制度的基本定位，就是由本院员额法官组成，为法官办案提供咨询参考意见，服务于审判监督管理。因此，《意见》采用"主审法官会议"这一称谓，与各地试点运行的"专业法官会议""法官联席会议"并行不悖，作为"试行"的指导性意见，将在今后的工作中不断完善，更好地发挥其服务办案的制度功能。

（三）职能范围不同

根据最高人民法院有关意见规定，审委会的主要职能是：（1）总结审判工作经验；（2）讨论决定重大、疑难、复杂案件的法律适用；（3）讨论决定本院已经发生法律效力的判决、裁定、调解书是否应当再审；（4）讨论决定其他有关审判工作的重大问题。最高人民法院审判委员会通过制定司法解释、规范性文件及发布指导性案例等方式，统一法律适用。同时明确了应当、可以提交审判委员会讨论的案件范围。新形势下，审委会的首要任务应该是从宏观上总结审判经验，研究审判工作中的重大问题，切实发挥审判决策、审判指导、审判管理和审判监督的功能作用。各级法院要建立审委会议题的把关机制，明确议题范围，大幅度压缩讨论案件比例，使审委会真正能够聚焦审判执行工作中的重大问题，聚焦重大疑难复杂案件的法律适用问题，充分发挥审委会作为最高审判组织的指导作用。

而最高人民法院于 2021 年 1 月印发的《关于完善人民法院专业法官会议工作机制的指导意见》（以下简称《指导意见》）第四条规定，专业法官会议讨论案件的法律适用问题或者与事实认定高度关联的证据规则适用问题，必要时也可以讨论其他事项。独任庭、合议庭办理案件时，存在下列情形之一的，应当建议院庭长提交专业法官会议讨论：（1）独任庭认为需要提交讨论的；（2）合议庭内部无法形成多数意见，或者持少数意见的法官认为需要提交讨论的；（3）有必要在审判团队、审判庭、审判专业领域之间或者辖区法院内统一法律适用的；（4）属于《最高人民法院关于完善人民法院司法责任制的若干意见》第 24 条规定的"四类案件"范围的；（5）其他需要提交专业法官会议讨论的。同时，明确"院庭长履行审判监督管理职责时，发现案件存在前款情形之一的，可以提交专业法官会议讨论；综合业务部门认为存在前款第（3）（4）项情形的，应当建议院庭长提交专业法官会议讨论""各级人民法院应当结合审级职能定位、受理案件规模、内部职责分工、法官队伍状况等，进一步细化专业法官会议讨论范围"。据《指导意见》起草者介绍，《指导意见》第四条第一款列举了五类应当提交专业法官会议讨论的情形。征求意见过程中，部分地方法院建议进一步细化讨论范围，逐项列举"改判""发回""再审""抗诉"或"拟判处死刑或无罪""新类型""拟确立新的裁判标准"等具体情形。经研究，"四类案件"已足以涵盖各类需要提交会议讨论的情形，仅从程序角度逐项列举，恐加重部分法院的会议负担，也不符合专业法官会议机制设立初衷。值得注意的是，2015年印发的《最高人民法院关于完善人民法院司法责任制的若干意见》第八条曾规定，合议庭认为所审理的案件因重大、疑难、复杂而存在法律适用标准不统一的，可以将法律适用问题提交专业法官会议讨论。当时的主要考虑是，对于独任庭审理的案件，发现存在重大、疑难、复杂法律适用问题的，应优先将独任制转为合议制，充分发挥合议制作用，不宜直接提交专业法官会议讨论。随着司法责任制深入推进，一些案件尽管不符合"独转合"条件，但为确保不同独任庭、审判团队之间的法律统一适用，并为独任庭形成内心确信提供参考，有必要赋予独任庭将案件提交专业法官会议的权利。尤其是民事诉讼程序繁简分流改革试点推开后，一审民事普通程序案件、部分二审民事案件均可以适用独任制，上述需求在试点法院更为迫切。因此，《指导意见》明确，独任庭认为需要提交讨论的，应当建议院庭长提交专业法官会议讨论。[①]

（四）意见形成规则不同

根据《指导意见》明确规定的专业法官会议运行规则，主持人召开会议时，应当严格执行讨论规则，客观、全面、准确归纳总结会议讨论形成的意见。也就是说，专业法官会议由主持人总结归纳讨论情

---

① 参见刘峥、何帆、马骁：《〈关于完善人民法院专业法官会议工作机制的指导意见〉的理解与适用》，载《人民法院报》2021年1月14日。

况，形成讨论意见。所谓总结归纳，就是把一定阶段内的有关情况进行归纳、分析研究，作出有指导性的经验方法以及结论。从全国各地出台的地方性司法文件以及以往的司法实践情况来看，专业法官会议存在类似"表决"的过程。2021年《指导意见》没有提及专业法官会议的表决，仅规定主持人总结归纳讨论情况，形成讨论意见，之所以淡化专业法官会议的"表决"色彩，原因与该《指导意见》以及司法责任制改革中对专业法官会议"咨询参考"机构的制度定位有关。但从该《指导意见》的相关表述来看，专业法官会议成员发表意见之后，需要进行"票数"统计，区分多数意见和少数意见。专业法官会议实际上存在类"表决"的过程。

审判委员会与专业法官会议在意见形成过程中最大的区别是民主集中制的适用。《最高人民法院关于健全完善人民法院审判委员会工作机制的意见》第二条明确指出，审判委员会"实行民主集中制。坚持充分发扬民主和正确实行集中有机结合，健全完善审判委员会议事程序和议事规则，确保审判委员会委员客观、公正、独立、平等发表意见，防止和克服议而不决、决而不行，切实发挥民主集中制优势"。民主集中制的适用彰显了我国审判委员会制度的本质特征和审判权力运行的新特点。从决策流程上看，案件提交审判委员会讨论决定就是一个从民主到集中的过程；从决议机制上看，审判委员会决议机制充分体现了集中指导下的民主；从院长职能上看，人民法院院长在审判委员会运行机制中的角色符合民主集中制的要求。①当然，审委会讨论实

---

① 参见何帆：《深刻把握全面落实司法责任制和严格执行民主集中制的关系》，载《人民法院报》2020年9月11日。

行民主集中制,意味着不是简单的票决制和少数服从多数,但一般情况下,还是要遵循少数服从多数原则。事实上,大部分案件讨论过程中,主持人也都会倾向运用少数服从多数规则进行"表决"形成决议。因此,一般情况下,审委会的表决环节还是实际存在的。

（五）意见效力不同

审判委员会是人民法院审判组织,审委会决议具有强制性的法律效力,合议庭应当予以执行。而专业法官会议基于其"咨询参考平台"的制度定位,形成的意见不具有强制效力,原则上仅供合议庭、独任庭参考。但是,应当注意的是《指导意见》第十一条对专业法官会议讨论意见的效力还作了适度区分：经专业法官会议讨论的"四类案件",独任庭、合议庭应当及时复议；专业法官会议没有形成多数意见,独任庭、合议庭复议后的意见与专业法官会议多数意见不一致,或者独任庭、合议庭对法律适用问题难以作出决定的,应当层报院长提请审判委员会讨论决定。对于"四类案件"以外的其他案件,专业法官会议没有形成多数意见,或者独任庭、合议庭复议后的意见仍然与专业法官会议多数意见不一致的,可以层报院长提请审判委员会讨论决定。这么规定的主要考虑是：对于"四类案件",如果专业法官会议经讨论没有形成多数意见,说明案件本身的疑难性、复杂性已达到应当提请审判委员会讨论决定的程度；如果独任庭、合议庭复议意见与专业法官会议多数意见仍不一致,说明分歧较大、难以调和,由审判委员会讨论决定为宜；如果独任庭、合议庭经复议后对法律适用问题仍难以作出决定,也适合提请审判委员会讨论决定。至于"四类案件"之外的案件,院庭长可以综合考虑案件复杂程度、监督管理需要,决定是否将案件提请审判委员会讨论决定。①

二、审委会与专业法官会议之同

（一）具有会议属性

根据前述分析，无论赋予专业法官会议和审委会什么样的功能定位，但都难改其会议属性。所谓会议属性，是指有组织、有领导、有目的的议事活动，它是在限定的时间和地点，按照一定的程序进行的行动。研究专业法官会议、审判委员会的会议属性，并借鉴国际通行的"会议"议事规则，对于提高专业法官会议、审判委员会会议的质量和效率具有重要参考意义。而对专业法官会议、审判委员会的会议属性则可以从议题的提交、会议的召开、会议的主持等三方面加以具体阐释。

一是议题的提交程序，彰显了会议的"动议"属性。实践中，为了提高会议的质量和效率，凡是会议对需要提请会议讨论的事项都有一定要求，必须履行议题的提交程序，包括议题的准备、材料起草、填表送审、审核把关等内容。《最高人民法院关于完善人民法院专业法官会议工作机制的指导意见》和《最高人民法院关于健全完善人民法院审判委员会工作机制的意见》分别对拟提交专业法官会议、审委会讨论的案件或议题设置了较为严格的提交程序，这些有关议题的设置、提交、审批等程序规则彰显了专业法官会议和审判委员会的一般会议

---

① 参见刘峥、何帆、马骁：《〈关于完善人民法院专业法官会议工作机制的指导意见〉的理解与适用》，载《人民法院报》2021年1月14日。

"动议"属性。

二是会议的召开程序,彰显了会议的"组织"属性。协商会议的议事规则是一套复杂的规则体系,其中的概念和规定相互交错、互相联系。其基本的规则和程序包括符合协商会议的最小构成,必须达到法定人数,且它的法定人数一般为"全体成员的过半数",无论是主持人还是每一位与会成员,都必须遵守议事规则所建立的"礼节规范",一次议事过程主要步骤除了动议、附议,还包括陈述议题、辩论、提请表决、宣布表决结果等过程。而专业法官会议、审委会的召开、会议推进等都必须符合上述程序规则。从专业法官会议、审委会的召集、议题介绍和案情汇报、询问、讨论到最终归纳讨论情况、形成讨论意见或决议,呈现出比较完整的会议"组织"属性。

三是会议的主持程序,彰显了会议的"主持"属性。根据最高人民法院相关规定,专业法官会议和审委会均设主持人,并分别强调指出,"主持人召开会议时,应当严格执行讨论规则,客观、全面、准确归纳总结会议讨论形成的意见"等内容,彰显了会议的"主持"属性。

(二)具有"集体协商"的决策机制

以集体协商为特征的群体决策是审委会讨论制和专业法官会议制度的核心和灵魂。所谓群体决策,即与个人相对的决策,由决策群体进行集体协商,共同作出决策的过程。① 与个体决策相比,群体决策的主要优势表现在占有更完全的信息和知识,能够增强观点的多样性和决策的正确性,提高决策的可接受性、增强结论的合法性等方面。我

---

① 参见刘兴波:《群体决策分析》,载《党政论坛》2006年第2期。

国法律设置合议制、审委会讨论制的初衷就在于通过群体决策这一形式充分发扬司法民主、集思广益、形成监督,增强裁判结论的正确性、合法性和可接受性,保证案件得以公平、公正地解决。① 专业法官会议虽然不是法定的审判组织,但就支撑其运行的决策机制来说,亦具有群体决策的特点和形式。因此,无论是审判委员会讨论还是专业法官会议讨论,均具有发扬司法民主、集思广益等优势特点。

(三)具有司法决策的专业性

法律问题是一种专业问题。无论是专业法官会议还是审判委员会讨论的内容往往都是案件的裁判处理问题以及相关法律适用疑难问题,司法决策的专业性是显而易见的。根据有关规定,提请专业法官会议或审判委员会讨论决定的案件或问题,大致可分为以下几类:一是新类型、疑难、复杂、社会影响重大的案件。二是裁判规则、尺度有待统一或者在法律适用方面具有普遍指导意义的案件。三是拟作出的裁判结果与本院或者上级人民法院同类生效案件裁判规则、尺度不一致的案件。四是合议庭成员意见分歧较大的案件。五是持少数意见的承办法官认为需要提请讨论的案件。六是拟改判、发回重审或者提审、指令再审的案件。七是其他需要提交讨论的案件。这些重大复杂疑难问题的讨论更具专业性。

---

① 参见胡常龙、吴卫军:《走向理性化的合议庭制度——合议庭制度改革之思考》,载尹忠显主编:《合议制问题研究》,法律出版社2002年版,第30页。

三、专业法官会议与审委会的衔接

理顺合议庭、专业法官会议与审委会讨论的工作机制,实现合议庭评议、专业法官会议与审委会的有效衔接,是深化司法体制综合配套改革、全面落实司法责任制的题中应有之义。实践中,理解与把握专业法官会议与审委会的衔接工作时,应当注意以下几点:

一是注意把握专业法官会议的"前置过滤"功能。2018年10月10日,最高人民法院召开全国法院审判执行工作会议,会议指出:"各级法院要细化审委会讨论案件范围,明确将专业法官会议作为提交审委会讨论案件的前置过滤机制,切实发挥审委会对重大敏感和疑难复杂案件的把关作用。"在随后出台的《关于健全完善人民法院审判委员会工作机制的意见》第十一条又明确规定了法官专业委员会和审委会之间的关系,进一步固化了前置过滤机制这一概念。据此,配合审判委员会制度改革,确保司法责任制落实到位,是专业法官会议设立的重要考量因素,在合议庭与审委会这两个法定的审判组织之间,专业法官会议"承上启下",通过专业法官会议发挥前序"过滤"功能,从而限缩提交审委会讨论的范围以及提高审委会议事的效率和质量。

二是注意把握专业法官会议的"咨询服务"功能。专业法官会议具有为独任法官、合议庭正确理解和适用法律提供"咨询服务"的功能,作为提供咨询意见的重要平台,对于审判委员会讨论也具有重要参考作用。实践中,强化专业法官会议对重大复杂疑难案件和新类型案件的讨论,有利于促进法律适用和裁判标准的统一,提高审委会决策的正确性和精准度。即使有的案件专业法官会议无法形成一致意见,讨论情况和可选择的裁判方案亦可为后续的审委会讨论和决策打开裁判思路，开阔决策视野，为案件的更好处理提供重要参考。

三是注意把握专业法官会议和审委会之间的"内部监督制约"功能。司法责任制改革之后，院庭长不再审核签发未直接参加审理案件的裁判文书，也不得以口头指示、旁听合议、文书送阅、判前审核等方式变相审批案件。按照新型审判权力运行机制要求，院庭长必须依托专业法官会议、审判委员会等平台发表、提出自己的处理意见，监督管理活动全程留痕、有据可查。司法实践中，专业法官会议和审判委员会虽然不是专门的审判管理和审判监督的主体，但都较好地体现了法院内部对法官裁判和院庭长正确行使审判监督管理权限的监督制约，使院庭长的审判监督管理权行使更加制度化、规范化，避免"一言堂"或对他人案件"一锤定音"。同时，提请审判委员会讨论决定的案件，先由专业法官会议进行审查把关，应当有专业法官会议研究讨论的意见，既提升了向审判委员会汇报案件的质量，又将法律适用议题摆在了台面，防止法官个人擅断，也减弱了外部干预对裁判的影响。

四是注意把握专业法官会议和审委会讨论的"有序"衔接。专业法官会议与审委会承担不同的制度功能，但又有着紧密的联系，前后关联、有序承接，因此相互在案件讨论的范围、法律意见决议的记录表达、讨论规则、结果的运用等方面的有序衔接，就显得非常重要。实践中，应当全面注重健全专业法官会议与合议庭评议、审判委员会讨论的工作衔接机制。比如，就案件讨论范围，应当明确，"判决可能形成新的裁判标准或者改变上级人民法院、本院同类生效案件裁判标准的，应当提交专业法官会议或者审判委员会讨论""合议庭不采纳专业法官会议一致意见或者多数意见的，应当在办案系统中标注并说明理由，并提请庭长、院长予以监督。庭长、院长认为有必要提交审判委员会讨论的，应当按程序将案件提交审判委员会讨论""对重大复杂疑难案件提交审委会讨论之前先提交专业法官会议研究"等。这些规则本身也都是"衔接"的体现。当然，除了规则上的"衔接"，还包括工作层面的"衔接"。

第四讲
审委会讨论案件的原理与规则——基于群体决策理论的检视

●专题四 审委会运行中可能存在的问题与改革方向

审委会制度自建立以来，一直在不断的改革和完善之中。一段时间以来，审委会的"存"与"废"成了理论研讨的热点。当前，审委会改革中的"废止"主张已经被否定，有关审委会的基本改革方向已经取得共识。但是，具体到实践中，有关改革的细节内容还有待进一步强化系统集成、改革的实效成效还有待进一步提升。对此，时任最高人民法院院长周强曾强调指出，对审委会制度改革既不能脱离司法实践盲目推进，也不能形改实不改，使改革流于形式；既要鼓励大胆探索，又要使审委会制度改革依法有序向前推进。根据新的形势，审委会的首要任务应该是从宏观上总结审判经验，研究审判工作中的重大问题，切实发挥审判决策、审判指导、审判管理和审判监督的功能作用。据此，本专题拟对现行审委会运行中可能存在的问题以及下一步改革方向作出探讨。

一、审委会"宏观指导"的职能定位有待进一步强化

审委会的职能范围问题一直是理论和实践关注的重难点问题。根据《最高人民法院关于健全完善人民法院审判委员会工作机制的意见》规定，审判委员会的主要职能是：（1）总结审判工作经验；（2）讨论决定重大、疑难、复杂案件的法律适用；（3）讨论决定本院已经发生

法律效力的判决、裁定、调解书是否应当再审;(4)讨论决定其他有关审判工作的重大问题。最高人民法院审判委员会通过制定司法解释、规范性文件及发布指导性案例等方式,统一法律适用。从该文件来看,最高人民法院在改革的顶层设计中把"总结审判经验"作为审委会的首要任务,无疑强化了审委会的"宏观指导"职能。尤其是对最高人民法院自身的审委会,进一步明确其"统一法律适用"的职能及其方式,即"通过制定司法解释、规范性文件及发布指导性案例等方式,统一法律适用"。

《最高人民法院关于健全完善人民法院审判委员会工作机制的意见》对各级法院讨论案件的范围从"应当提交"和"可以提交"两方面也作了明确、限缩。其中,明确各级人民法院审理的下列案件,"应当"提交审判委员会讨论决定:(1)涉及国家安全、外交、社会稳定等敏感案件和重大、疑难、复杂案件;(2)本院已经发生法律效力的判决、裁定、调解书等确有错误需要再审的案件;(3)同级人民检察院依照审判监督程序提出抗诉的刑事案件;(4)法律适用规则不明的新类型案件;(5)拟宣告被告人无罪的案件;(6)拟在法定刑以下判处刑罚或者免予刑事处罚的案件。高级人民法院、中级人民法院拟判处死刑的案件,应当提交本院审判委员会讨论决定。明确各级人民法院审理的下列案件,"可以"提交审判委员会讨论决定:(1)合议庭对法律适用问题意见分歧较大,经专业(主审)法官会议讨论难以作出决定的案件;(2)拟作出的裁判与本院或者上级法院的类案裁判可能发生冲突的案件;(3)同级人民检察院依照审判监督程序提出抗诉的重大、疑难、复杂民事案件及行政案件;(4)指令再审或者发回重审的案件；（5）其他需要提交审判委员会讨论决定的案件。

从上述规定来看，近年来的审委会改革主要强化了审委会的宏观指导职能、大幅限缩了审委会讨论案件的范围、完善了审委会议题的把关机制，更加明确了审委会的议题范围。这些改革方向无疑是正确的。

下一步，审委会的改革还应当在抓落实上下功夫，进一步减少审委会讨论案件的数量，强化审判委员会的"宏观指导"职能，完善审委会的功能设置，均衡审委会的职能分布，提升其在宏观问题上的决策能力，加强对审判执行运行态势的研判分析、建立健全典型案例和精品案例的评选机制、加强审判工作经验的总结和运用，使审委会能够真正聚焦审判执行工作中的重大问题，聚焦重大疑难复杂案件的法律适用问题，充分发挥审委会作为最高审判组织的指导作用，实现法律指引功能。

二、审委会"议事规则"有待进一步健全完善

与前述专业法官会议存在的问题类似，以往审委会运行程序可能存在的行政化、议事决策规则的简单化等问题亦一直为专家学者所讨论。审委会运行，议事程序的行政化、简单化主要表现在以下几方面：

一是组成运行"行政化"。最高人民法院最新出台的《关于健全完善人民法院审判委员会工作机制的意见》明确规定："审判委员会由院长、副院长和若干资深法官组成"，"审判委员会会议分为全体会议和专业委员会会议。专业委员会会议是审判委员会的一种会议形式和

工作方式。中级以上人民法院根据审判工作需要，可以召开刑事审判、民事行政审判等专业委员会会议"，"专业委员会会议组成人员应当根据审判委员会委员的专业和工作分工确定。审判委员会委员可以参加不同的专业委员会会议。专业委员会会议全体组成人员应当超过审判委员会全体委员的二分之一"，"审判委员会可以设专职委员。"但从实际情况来看，目前审委会的委员组成上由院长、副院长、庭长等组成，没有担任领导职务的资深法官占比还比较少。此外，从审委会的启动来看。实践中，是否召开审委会除了独任庭、合议庭提请之外，院庭长对是否启动会议程序进行研究，依然起决定作用，具有一定的行政化色彩。

二是议事程序"简单化"。全国各级法院对审委会议事规则都有不少规定和探索，包括会议的召集和主持、发言顺序、意见的形成等。由于没有详细、规范、有效的议事规则，但是，如果对会议的召集、发言、讨论、表决等进行规制，那就无法有效地把大家的意愿形成统一的行动，无法保障会议的质量和效率。要解决审委会讨论存在的议事简单化等问题，最根本的途径还是必须依靠健全审委会议事规则、细化建立有效的"审委会"会议规则来解决。

三是讨论"不充分"。根据前述分析，讨论是指审委会委员对案件的事实、证据、定罪量刑、适用法律以及争议焦点、拟处意见等进行审议、辩论的过程。其间，承办人、合议庭法官针对委员的询问进行回答、解释和说明，委员与委员之间就案件事实、证据的判断以及定罪量刑、争议焦点和处理方案进行交换意见、相互探讨和辩比、逐步达成共识。一段时间以来，审委会审议案件可能存在的问题就是缺乏充分的讨论。因此，《最高人民法院关于健全完善人民法院审判委员会工作机制的意见》增加、强化审委会的讨论环节，进一步完善了审委会的讨论决定程序。下一步，要加大理论研究的工作力度，进一步健全机制、细化讨论规则，全面规范审委会的讨论决定程序。

三、审委会"直接审案"有待进一步探索强化

司法的亲历性，是指司法人员应当亲身经历案件审理的全过程，直接接触和审查各种证据，特别是直接听取诉讼双方的主张、理由、依据和质辩，直接听取其他诉讼参与人的言词陈述，并对案件作出裁判。司法亲历性除了"亲身经历、亲力亲为"的意思外，还有其特定的内涵，如有的学者概括为"司法亲历是司法人员身到与心到的统一、司法人员亲历与人证亲自到庭的统一、亲历过程与亲历结果的统一、亲历实体与亲历程序的统一"，司法的亲历性直接决定并催生一系列基本要求和诉讼制度，包括直接言词审理、以庭审为中心、集中审理、裁判者不更换、裁判出自法庭、审理者裁判、裁判者负责等。[①] 改革完善审委会讨论决定案件的制度等改革措施本身都是根据司法的亲历性原理提出来的。根据诉讼程序的一般法理，诉讼程序自然是"按照公正而有效地对具体纠纷进行事后的和个别的处理这一轴心而布置的"，具有规范性、对话性、程序结果的确定性等特征。法官作为纠纷解决者，不仅要公平、耐心地关注双方当事人，而且要进一步耐心倾

[①] 参见朱孝清：《司法的亲历性》，载《中外法学》2015年第4期；朱孝清：《与司法亲历性有关的两个问题》，载《人民检察》2015年第19期。

听双方的辩论和证据。现阶段，审委会运行中可能存在的一个比较突出的问题就是亲历性不足，裁判决策所依赖的信息大多数来源于承办人、合议庭的汇报。为贯彻审判的亲历性、强化当事人参与度，理论和实践提出了以下几种解决方案：

一是倡导审委会"直接审案"。倡导者认为，审委会直接审案具有重大的程序法价值，审委会直接审理案件应成为今后审判工作中的常态与亮点。①

二是倡导审委会"听取控辩意见"。众多研究表明，发言权是影响程序公正判断最重要的因素，有发言权的程序更容易被人们认为是公正的，这被称为"发言权效应"，也叫"过程控制效应"。相关研究表明，发言权在决策过程的早期提供比在晚期提供，更能提高满意度和公正感。当人们所预期的发言权大于实际的发言权时，发言权效应便会失效。实践中，当事人参与原则是发挥"发言权"这一效应的基本要求。在审委会不能直接审案的情况下，让检察机关、当事人的辩护律师有机会到审委会阐明观点和理由，审委会当面听取控辩双方的陈述意见，也不失为一种体现"程序公正"的有效做法。

近年来，最高人民法院以及福建等地法院都曾尝试邀请律师列席审委会。据报道，2019年12月30日下午，最高人民法院召开最高人民法院审判委员会会议，讨论最高人民检察院提出抗诉的两起案件。时任最高人民检察院检察长、首席大检察官张军和副检察长张雪樵列席会议并发表意见。会议首次邀请案件代理律师分阶段参加，陈述意

---

① 参见吴仕春：《审委会直接审案的程序法价值》，载《人民法院报》2015年11月7日。

见并接受审判委员会委员询问。在会议过程中，最高人民法院指出，最高人民法院审判委员会是在党组领导下的法定审判组织。党的十八届三中全会作出"改革审判委员会制度"的重大部署，十三届全国人大常委会第六次会议修订通过人民法院组织法，对审判委员会制度进行重大改革。最高人民法院党组坚决落实党中央决策部署，专门研究落实人民法院组织法，大力推进审判委员会制度改革，发布《关于健全完善人民法院审判委员会工作机制的意见》，进一步全面落实司法责任制，促进审判委员会更好发挥职能作用。最高人民法院指出，本次会议落实人民检察院检察长列席审委会的规定，并首次邀请案件当事人代理律师到会陈述意见、接受询问，是发扬中国特色社会主义司法制度优越性，贯彻民主集中制，进一步改革完善审判委员会制度机制的重要举措。近年来，各地法院积极探索审判委员会制度和机制改革，创新工作举措，回应社会关切，着力提高审判委员会议事质量和效果。检察长列席审委会，是检察机关依法履行法律监督职责的重要方式，同时，最高人民法院认真总结试点经验，在讨论抗诉案件时邀请案件代理律师分阶段参会，有利于审委会委员全面了解案情，增强审委会运行机制的透明度，提升裁判公信力，确保公正司法。

三是倡导审委会"集体听案"。审委会"集体听案"主要指审委会委员旁听案件庭审制度。近年来，不少高、中基层法院大胆探索审判委员会委员研究讨论案件的运行机制，有效推行审判委员会委员旁听案件庭审制度，改变了过去合议庭"审者不判""判者不审"的弊端。从实践情况看，审委会委员旁听庭审的案件主要适用于那些疑难、复杂、法律适用争议大的或其他具有参考意义的案件。案件庭审前，主审人要向审判委员会提交案情、开庭日期和合议庭组成等相关情况，开庭时，审判委员会委员准时到庭旁听，做好听审记录。庭审结束后，审委会委员还应认真研讨庭审情况，并就案件的处理发表意见。实践证明，通过旁听庭审，院长、各位委员更能直观了解庭审查明的事实，耐心听取公诉机关和辩护人就犯罪行为性质认定、量刑建议等方面的意见，尤其是能充分注意到各被告人最后陈述时真诚认罪悔罪的态度，便于各委员在讨论案件时充分发表处理意见，有利于审判委员会委员研究讨论"把脉"案情，准确适用法律，增强判案的透明度和合理性，进一步提升审判委员会讨论案件质效。

四、"审理者裁判，裁判者负责"的实践内涵有待进一步厘清

"让人民群众在每一个司法案件中都感受到公平正义"，是新一轮司法体制改革的最终目标，而实现这一目标的重要途径无疑是回归"让审理者裁判，由裁判者负责"的基本司法规律。"让审理者裁判"，其重大意义就在于打破过去司法权力运行的"行政化""层级化"状况，改变"审者不判、判者不审""审与判分离"问题，实现"审与判相统一、相一致"，裁判者必须是审理者，必须要有"亲历性"。同时"让审理者裁判"，也明确无误地要求还权给"审理者"，要让"审理者"而非任何其他人作出裁判，也就是要求审理者必须有权进行裁判，审理者必须要有独立地位、独立人格和充分的裁判权。

需要说明的是，"审理者裁判，裁判者负责"的实践内涵也有待进一步厘清。尤其是在审委会制度探究和讨论中，既要体现司法改革

的精神与成果，让审判者判案，判案者承担责任，又要体现人民法院作为集体依法独立行使审判权的主体而不是法官个人，强化审判委员会的内部监督责任，从制度、机制上明确"审理者""审判组织"的职责、职权，排除审理者之外的非审判组织对裁判权的干扰和影响，完善庭长、院长、审委会与主审法官、合议庭等审判组织的关系，明晰权责，理顺审判权、裁决权与审判监督权、管理权的关系，将审判管理权、监督权"装进制度的笼子"，使其规范运行，并能形成完备的留痕机制、追责机制。

●专题五 审委会秘书的角色定位与职业规范

审委会的讨论原理与规则之中，还有一项内容也值得研究，那就是审委会秘书问题。本专题试图对审委会秘书的角色定位与职业规范略加探究，以期进一步丰富和完善审委会讨论原理与规则的研究内容。

一、审委会秘书与审委会办公室的制度由来

从掌握的资料来看，审委会秘书或办公室的设置可以追溯到1993年9月11日最高人民法院公布的《最高人民法院审判委员会工作规则》，而且审委会秘书的提法比审委会办公室还要早。《最高人民法院审判委员会工作规则》第十二条规定："审判委员会设秘书，负责会前准备、会议记录、草拟会议纪要及其他有关事项。"第七条规定："审判委员会讨论的议题，有关单位应当提供文件资料，并由审判委员会秘书在开会一日前发送各委员和列席人员。"第十三条规定："审判委员会委员、列席人员、秘书和书记员，应当遵守保密规定，不得泄露审判委员会讨论、决定的事项。审判委员会会议纪要，属机密文件，未经批准，任何人不得外传。"

2010年1月11日，《最高人民法院关于改革和完善人民法院审判委员会制度的实施意见》（法发〔2010〕3号）第十七条规定，"审判委员会以会议决议的方式履行对审判工作的监督、管理、指导职

责。"第十八条规定："中级以上人民法院可以设立审判委员会日常办事机构，基层人民法院可以设立审判委员会专职工作人员。审判委员会日常办事机构负责处理审判委员会的日常事务，负责督促、检查和落实审判委员会的决定，承担审判委员会交办的其他事项。"从该文件来看，主要强调了中级以上人民法院可以设立审委会日常办事机构，即通常所谓的"审委会办公室"，基层人民法院可以设立审委会专职工作人员，没有使用"秘书"的称谓。从实践情况来看，不少法院设立审委会办公室，但该审委会办公室是否有独立编制、机构规格等各不相同。

2019年8月2日，最高人民法院发布《最高人民法院关于健全完善人民法院审判委员会工作机制的意见》。该文件第二十七条规定："各级人民法院审判委员会工作部门负责处理审判委员会日常事务性工作，根据审委会授权，督促检查审判委员会决定执行情况，落实审判委员会交办的其他事项。"从文件的表述来看，使用了"审判委员会工作部门"的提法，涵盖审判管理办公室、审委会办公室、研究室、办公室等内设部门，有利于适应机构改革后的实际状况。该文件没有提及"审委会秘书"这一角色。

二、审委会办公室的主要职责与审委会秘书的角色定位

审委会办公室作为负责审委会日常事务的工作机构而存在。实践中，有的法院设有专门的审委会办公室，审委会办公室设主任一名，秘书一名或若干名。审判委员会秘书根据审委会办公室的安排，负责案件的登记备案、转送分发材料、通知和记录审委会会议以及其他涉

及审委会会务的工作。有的法院未设立专门的审委会办公室，审委会日常事务工作由审判管理办公室负责，审委会秘书直接根据审判管理办公室的安排从事相关工作。总的来说，审委会秘书的主要职责是由审委会办公室的职责所决定的。而审委会秘书的角色定位则取决于其职责。无论是审委会办公室还是其他部门或业务性质的办公室，归根到底是办公室，必须立足办公室的一般职能定位，才能做好工作。作为综合协调办事机构，办公室具有四大职能：一是发挥参谋助手作用；二是综合协调；三是督办督查；四是服务保障。就审委会办公室工作而言，这"四大职能"是审委会办公室工作的核心定位，也是衡量一个审委会办公室工作成绩的主要标志。根据前述规定可见，审委会办公室的职责主要有：

（一）负责处理审判委员会的日常事务：充分发挥"综合协调"职能

审委会办公室处在沟通上下、联系各方的枢纽位置，肩负着保证审委会正常运转、保持上下左右联系畅通的重任。因此，审委会办公室一个很重要的职能就是沟通联系主持人，协调审委会委员、业务庭室和合议庭、承办人，确保工作平稳有序，形成工作合力。其中，很重要的一条就是要做好审委会日常事务工作，如案件的登记备案、材料的初步审查、转送分发材料、通知和审委会会务的组织等日常工作。

作为办公室，不但要协调好各项日常工作，对一些大事和难度较大的审委会工作也要敢于协调、善于协调，不让正在处理的事项在这里积压，不让各种差错在这里发生。需要指出的是，审委会办公室还应当注重强化各项工作的计划和统筹安排，通过制度建设来加强协调，要牵头研究制定《审委会工作细则》等各项工作制度，落实审委会委员、合议庭、承办法官等各类主体的工作职责，强化工作责任，通过建立一套科学规范的审委会运行工作制度机制和工作规则，使每项工作都有章可循，促进工作效率的不断提高。

（二）督促、检查和落实审判委员会的决议：充分发挥"督查督办"职能

抓落实，是审委会办公室的主要职责。只有狠抓审委会决议的落实，审委会办公室才算做到尽职尽责。实践中，审委会决议的督促、检查和落实主要体现在以下几个方面：

一是案件裁判结论执行的监督、检查。案件的审理经过合议庭评议、专业法官会议讨论，可能存在多种处理意见，到了审判委员会之后，经审委会讨论，案件的裁判处理有了结论性的意见，合议庭、承办法官应当忠实执行审委会的决定，按审委会讨论形成的定罪量刑等处理意见作出裁判。实践中，审委会办公室要对承办法官裁判形成有效的跟踪督办是比较困难的，但是可以通过审判管理办公室组织司法质量监督大检查、案件评查等途径予以监督、检查，一经发现，应当予以监督、落实，或交由案件评查、督察部门处置。

二是案件处理所涉特定事项的跟踪、督办。实践中，有的案件裁判结论已经确定，但根据审委会的决议，合议庭、承办法官还需要做一些工作。比如，刑事案件中，审委会指示合议庭就附带民事赔偿再做一些调解工作，或指示合议庭对被害人亲属实施一定的司法救助。根据审委会的决定，审委会办公室应当做好类似这些决议的跟踪、督办。

三是案件讨论所涉法律问题或工作机制完善的跟踪、督办。实践中，审委会讨论个案过程中容易发现案件审理中所遇到的普遍性、倾向性法律适用问题，或审判工作制度机制上存在漏洞，因此，审委会就有可能指示某一业务庭牵头制定法律适用指引或建立健全审判工作机制，加强质量监管之类。审委会办公室应当就此类决议进行跟踪、督办。

实践中，审委会办公室需要不断提高督办督查工作的实效性，确保审委会决议落得快、落得准、落得实。

（三）落实审判委员会交办的其他事项：发挥"服务保障"职能

落实审判委员会交办的其他事项是审委会办公室职责的题中应有之义。所谓其他事项，既包括案件讨论所涉的法律调研等事务，也包括其他的服务保障任务。法律调研业务，包括对审委会运行机制、改革内容等进行调研，提出意见对策，也包括根据审委会的指示对审判执行运行态势、审判经验等进行宏观的经验总结和对下指导，提出评估分析报告。其他服务保障事项，包括保障审委会正常运行的后勤保障、请假等。审委会办公室服务保障工作质量的高低直接关系到审委会能否正常高效运转。因此，审委会办公室尤其是秘书不但要当好"参谋助手"，同时也要当好"服务员、后勤兵"。除了要为委员决策服务之外，还要为委员的日常工作服务。比如，委员参加会议活动的时间、地点，所需的文件、材料等都要及时提醒，切实做到大事不误，小事不漏。后勤保障，如及时检查办公电脑、软件系统等办公设备。

根据前述，审委会办公室的职责定位，审委会秘书具体负责会前准备、会议记录、草拟会议纪要以及负责其他事项，审委会秘书的角色定位也就不难理解。概括起来，主要有以下几种角色：一是当好"参谋助手"；二是当好"书记员"；三是当好"联络员"；四是当好"调研员"；五是当好"服务员""后勤兵"。

三、审委会秘书的职业规范

审委会秘书是一个法院内非常重要的法律职业角色，对于审委会的正常运行以及司法公正的有效实现具有重要作用。审委会秘书的法律定位和职责决定着他需要承担相应的角色担当，符合特定的角色期待和职业规范。概括起来，审委会秘书的职业规范主要有以下几条：

（一）要依法办事

审委会办公室同志尤其是秘书首先必须学法、懂法、守法，严格按照法律法规来开展工作，在执行职务过程中坚决抵制和纠正违法现象，确保所督办督查的工作在法律法规规定的范围内进行。审委会秘书通知、协调都必须在法律规定的范围内进行，也意味着在与审委会委员联系、打交道过程中，必须摆正自己的位置，依法处置各类审委会事务，不越权、不越位，非法干预审委会依法独立发表裁判意见，包括在审委会讨论之前，不得以个人观点直接或间接私下对委员产生不当影响，切实维护司法公正性。审委会秘书在记录会议内容、整理审委会纪要等工作中，更要忠实于审委会讨论的客观过程，坚持实事求是、依法记录和处置。

（二）要按政策办事

严守按政策办事原则，也是审委会办公室成员尤其是审委会秘书应当做到的职业规范。这也就是意味着,审委会秘书等工作人员作为"督办员"要把党和国家的路线、方针、政策作为"审委会决议"督办督查的生命线,决不允许在政策问题上讲人情,"走后门、打折扣",把督办督查作为"联络感情"的手段。作为审委会主持人和委员的"参谋助手""研究员",要加强司法政策理论研究,不断提高辅助决策的层次和高度。审委会秘书只有在认真学习、领会、掌握党和国家一系列方针、政策以及前沿法律理论知识的基础上,切实把握经济社会发展和司法公正的新要求新期待,进一步加强对人民法院服务推进事业改革与发展以及在经济社会全面协调发展中的先导性和基础性作用等方面工作的研究,才能为领导决策提供更多具有前瞻性、创造性的合理化建议和意见。

（三）要按组织纪律办事

严守按组织纪律办事原则,是审委会秘书的一个重要要求。在综合协调、联络、会务安排、会议记录和审委会决议的督办督查工作中,审委会秘书必须坚持廉洁自律的底线,遵守保密工作原则,尊重督查督办对象,不能以权谋私,更不能打着领导的旗号,干违背组织纪律的事。其中,有两条对于审委会秘书工作来说,显得特别重要：一是务必遵守廉洁规定。审委会秘书掌握大量的案件讨论信息,如果自身政治素质不高、三观不正,就容易产生腐败现象。因此,选任审委会秘书时,一定要注意把好廉洁审查关。二是务必遵守保密规定。审委会讨论的案件信息一旦泄露出去,会产生严重的后果。因此,无论是最高人民法院出台的审委会工作规则,还是各级法院自身出台的工作细则无不对审委会秘书的保密要求作了严格的规定。

第五讲
案件汇报
——合议庭审委会讨论案件的必备环节

案件汇报是合议庭、审委会讨论案件的必备环节。但法学理论界对承办人如何提高案件汇报的质量和效率等问题却缺乏全面、系统、深入的研究。实践中，主要依靠承办人自行摸索，或者以师徒式的"口口相传"等方式相互学习、提高。本讲试图从案件汇报的心理机制入手，对案件汇报的基础原理、基本要求、技巧和方法等问题加以探究，以期对实践有所裨益。

案件汇报与讨论过程作为"双向沟通"过程,其最大优势是沟通信息准确性较高,有利于公正裁判的形成。

用最简单的语言把案情说清楚,这是汇报的最高境界。实践中,承办人向合议庭、审委会汇报案情的时候,应力求简单、明了、突出重点、直截了当。

第五讲
案件汇报——合议庭审委会讨论案件的必备环节

• 专题一　汇报的原理

所谓汇报，是指向上级机关报告工作、反映情况、提出意见或者建议，答复上级机关的询问时使用的公文或工作程序。根据词典的解释，大致包括以下三种情形：一是汇集材料向上级或群众报告。例如，《清会典事例·户部·关税》："及一年期满，汇报税银赢亏数目。"二是指汇集材料，向领导或群众所作的口头或书面陈述。例如，通常的表述有："同志们，根据大家的汇报，县委认为中心问题是……问题。"三是综合材料向上级或向群众报告。例如，"思想汇报""立刻汇报上级党委"。在司法领域，案件汇报是指承办人在通过阅卷、提讯、开庭等工作查明案件的有关情况，全面了解事实证据、定罪量刑等问题，形成处理意见的情况下，以口头或者书面形式向合议庭成员、审委会委员说明案件情况、提出对案件的处理意见，为合议庭、审委会决策提供参考依据的办案活动。实践中，这种汇报活动通常以书面与口头汇报相结合的形式，在"讨论"中进行。从心理学角度考察，这种汇报活动本质上是案件承办人与合议庭成员、审委会委员之间的"信息发出"与"信息接收"过程，在"信息沟通"中达成共识、形成裁判意见，是信息从发送者传递到接受者的过程和行为。本专题拟以法律心理学为视角，对汇报的一般机制和基础原理加以探讨。

一、"汇报"作为完整的双向"信息沟通"过程
——如何用最少的时间说最有效的话

信息沟通是指可解释的信息由发送人传递到接收人的过程。它是人与人之间思想、感情、观念、态度的交流过程，是情报相互交换的过程。从心理学角度来看，案件汇报作为完整的双向沟通形式而存在，是信息从发送者传递到接受者的过程和行为。所谓双向沟通，与单向沟通相对，指信息的发送者和接收者的位置不断变换，信息可以在发送者和接收者之间互相传播的沟通类型。案件"讨论"实践中，沟通的重要性不言而喻，然而正是这种大家都知道的事情，却又常常被人们所忽视。事实上，合议庭成员、审委会委员没有良好的"沟通"，难以形成客观的事实认知，共同作出公正的裁判。合议庭、审委会作为审判组织内部良好的沟通文化可以使合议庭成员、审委会委员真实地感受到"沟通"的高效和合作的愉快。加强审判组织内部的"沟通"研究和管理，既可以使管理层工作更加轻松，也可以使承办法官大幅度提高案件审理工作绩效，同时还可以增强审判组织的凝聚力和核心战斗力。

信息的传递往往是单向的，但遇到问题时的"双向沟通"才会有效。案件汇报与讨论过程作为"双向沟通"过程，其最大优势是沟通信息准确性较高，有利于公正裁判的形成。管理心理学上，有一句至理名言，即"面对面的沟通是最好的沟通方式"。在合议庭、审委会汇报和讨论过程中，承办人与合议庭成员、审委会委员在信息交互中不断互换角色，信息的"接受者"有反馈意见的机会，信息的"发出者"

与"接受者"之间产生平等感和参与感,增强自信心和责任心,有助于建立双方的感情,促进双方聚焦审判组织的工作目标,作出公正裁判。需要说明的是,案件汇报和讨论作为一个完整的双向沟通过程而存在,但是承办人与合议庭成员、审委会委员之间的角色配比是不一致的,承办人作为案情信息的集中掌握者和汇报人,更多的是充当信息"发出者"的角色,而合议庭成员、审委会委员则更多的是充当信息"接受者"的角色。随着"讨论"的展开,合议庭成员和审委会委员会针对案情疑问或需要获取的信息不断向承办人提问,承办人针对问题回答,一问一答,你来我往,双方在问答互动中使"信息的发送者和接收者的位置"不断变换,使案情信息在发送者和接收者之间互相传播,达到沟通的目的。其中,承办法官如何用"最少的时间说最有效的话",就显得非常重要。

有关研究表明,由于与问题无关的信息较容易进入沟通过程,双向沟通的噪音有时比单向沟通要大得多。双向沟通中的噪音是由于参与人数众多、沟通双方不能掌握沟通技巧所带来的与解决问题不相关的话语过多。对于有经验的沟通者,要善于在沟通的过程中掌握问题的关键,应用聆听、区分、提问、回应等方法进行话题讨论的把控而最终达成双向沟通的简洁、有效。有关案件汇报的技巧与方法将在后述专题中予以专门研究。

二、汇报的主体和客体

根据管理心理学研究成果,信息沟通的主体是人,是人与人之间信息的传递。在司法审判领域，案件信息沟通中的主体是法官，包括承办法官、合议庭成员和审判委员会委员。就案件汇报而言，突出强调了承办法官"信息的发送者"的角色，合议庭成员和审委会委员作为"信息的接受者"而存在。事实上，在"双向信息沟通"过程中，随着"讨论"的深入，"信息的发送者"与"信息的接受者"是相对的，随时可能相互切换。也就是说，主体与对象是可以切换的。在此，本专题侧重于探讨承办法官"信息的发送者"的角色，而将合议庭成员和审委会委员主要作为"信息的接受者"。

（一）承办法官：信息的发送者

在心理学研究中，信息发送者又被称为信息源或信息传播者，主要指拥有信息并试图进行传播的人。审判实践中，案件的承办法官是合议庭、审委会讨论程序的主要汇报人，也就是案件"信息的发送者"。信息发送者作为沟通过程的发起方和主动方对能否实现有效沟通起着至关重要的作用，事关审判组织工作目标和司法公正的有效实现。作为承办法官，要想做好案件汇报，前提是要进行认真阅卷、提讯、开庭审理等大量的审理工作，通过大量的审理工作全面掌握案情，并就案件事实证据的认定、拟处的定罪量刑等形成自己的处理意见。作为信息的发送者，承办法官要注意从以下三个方面着力提升自己的信息沟通能力：

1. 事先有充分"准备"

在案件提交合议庭、审委会讨论之前的汇报"准备阶段"，承办法官要善于从以下几方面提升自己的能力水平，并加以合理把握。

一要善于把握"汇报"目的。承办法官作为信息发送者的沟通目的一定要明确。一般来说，承办法官汇报的目的是说服合议庭、审委会接受自己的裁判意见，但实践中，绝不能"为说服而说服"，尤其是随着讨论的深入展开，承办法官应当尊重客观事实、维护法律真谛，服从于"公正"裁判的需要，随时修正自己错误的观点。

二要充分了解信息"接受者"。"知己知彼，百战不殆。"信息沟通者在正式沟通之前，要充分了解信息接受者的个人风格、沟通习惯和为人处世方式。合议庭、审委会讨论案件，各个成员均为同事，一般来说，大家也都相互熟悉，且从司法公正、独立办案的角度来说，应当倡导法官独立发表自己的意见，不许"投人所好"。但是，案件讨论作为信息沟通过程而存在，承办法官通过事先了解对方的个性特征，以对方能够理解和接受的方式进行充分讨论和有效沟通，对于维护理性裁判、提高司法的公正性还是非常必要的。

三要理清汇报的思路和语言。有效、成功的信息沟通，不仅需要信息被传递，还要被理解。案件承办人在正式汇报之前要撰写书面的审查报告，同时也要组织好口头的汇报语言，特别是开场白，要能够言简意赅、提纲挈领地汇报本案的事实证据概况、争议的焦点、需要合议庭审委会审议的重点，确保主题清晰、思路清楚、语言严谨规范、法言法语。

2. 事中善于把握汇报重点

在案件汇报、讨论中的"沟通进行"阶段，承办法官要善于从以下几方面加以把握：

一要注意把握汇报的原则。案件汇报，不同于一般的信息沟通，应当遵循客观公正、全面准确、繁简得当、效率经济等原则。其中，贯彻客观公正原则，关键在于站在客观中立的立场上，不带个人情绪地对案件事实进行描述，并提出相应的处理意见，不仅列出对自己观点有利的证据或支持自己观点的理论，不擅自隐匿不同观点。贯彻全面准确原则，关键在于对案件的关键及核心内容必须做到全面、准确的解释，不遗漏、不断章取义。贯彻繁简得当原则，关键在于抓住案件的核心问题，不面面俱到，不偏离主题。贯彻效率经济原则，关键在于上会必要原则，做到高效及时，不能动辄将不影响案件最终处理的普通分歧或细枝末节问题提交合议庭、审委会讨论，造成司法资源的浪费。[①]

二要注意学会"倾听"。倾听是一个视觉和听觉并用的过程，也是一种获取合议庭成员、审委会委员发出的"案件处理信息"的过程。在案件讨论过程中，信息沟通是双向的，倾听不只是信息接受者应当注意的事情，也是信息发送者应当学会的一种沟通艺术。倾听，不仅体现了对参与各方尤其是信息发出方的尊重，而且可以更加准确地了解对方发出的信息，或接收对方的反馈，在互动中澄清不明之处，凝聚更多的共识。倾听不仅包括对对方语言的听取，而是包含着整个察言观色的内容，通过"倾听"对信息发送者或接受者的语言、语调以及表情、目光、身体姿势等非语言信号进行观察，判断对方是否已经准确理解自己想要表达的意思。

三要注意汇报的"言行举止"。在汇报、讨论等沟通过程中，信息发送者不能仅注意自己的沟通语言，还要注意自己的语气语调、表

[①] 参见李斌、庞静、田申：《案件汇报方法与技巧》，中国检察出版社2014年版，第8~9页。

情动作和身体姿势等非语言信息。这些细微的信息决定着信息接受者对信息发送者的总体评价和对汇报内容的取信程度。因此，在合议庭、审委会讨论过程中，承办法官汇报时应当特别注意自己的言行举止，注意汇报时的语气语调、表情动作和身体姿势等非语言信息，避免给合议庭成员、审委会委员造成不必要的误导。

3. 事后要善于跟踪反馈

案件承办法官在合议庭、审委会进行案情汇报之后，要做好后续信息反馈的跟踪和总结工作。一次案情汇报并不等于"沟通"的结束，而要根据合议庭成员、审委会委员的反馈与提问，进行"二次沟通"，使汇报更加深入、具体，直到双方在案件事实认定、证据采信、定罪量刑、法律适用等方面凝聚起更多的共识。案件汇报人作为"信息发送者"要注意观察对方对自己发送信息的理解和表达，要善于根据对方的疑问有针对性地进行释疑答惑，澄清认识误区，全面、准确地反映案情信息，维护司法的客观性和公正性。

（二）合议庭成员和审委会委员：信息的接收者

信息沟通是信息从发送者传递到接收者的过程和行为。一般情况下，在合议庭、审委会讨论过程中，案件承办人作为汇报人是"信息的发送者"，而合议庭成员、审委会委员则作为"信息的接收者"而存在。实践中，合议庭成员、审委会委员作为信息接收者，具有以下几个特点：

一是信源的一致性。在合议庭、审委会讨论案件过程中，合议庭成员、审委会委员通过听取案件承办人的汇报了解案情。由于案件事实证据信息载体的客观性、唯一性和汇报人的特定性，决定着合议庭、审委会委员信息的一致性。在讨论过程中，合议庭成员、审委会委员的发言有时也起到"信源"的作用，比如围绕法律适用的发言提供的法条理解和阐释信息，对事实证据的相互启发等，都会对其他合议庭成员、审委会委员产生影响，这些"信息"对其他合议庭成员、审委会委员来说，仍然具有一致性的特点。

二是信息接收的针对性。根据心理学研究，在信息沟通过程中，信源随时随地向外界发出信息，但信息接受者却是有针对性地接受与之相关的由信源发出的信息。据此，在合议庭、审委会讨论过程中，承办人围绕案件事实证据的审查与认定、案发经过、定罪量刑、上诉辩护理由及分析处理意见等进行全面汇报，但合议庭成员、审委会委员接受的信息具有"选择性"的特点，往往有针对性地接受其认为与定罪量刑、法律适用、事实认定等联系密切的事实证据信息和法律裁量信息，而非全盘接收。这种"选择性"特点不仅与合议庭成员、审委会委员已有的认知结构、动机情绪、目的任务等因素密切相关，而且与合议庭成员、审委会委员的职业经历、办案经验等有关。

三是加工和存贮信息能力的个体差异性。根据心理学研究成果，主体对接收来的信息，要经过整理、加工才能使用或将不能立即使用的信息存贮起来，由于主体的个体因素差异性，合议庭成员、审委会委员对案件事实证据、法律适用等信息的认知加工和存贮能力是完全不一致的。

四是"信息接收者"角色的相对性。在很多场合，信息接收者同时也是传播者，不是单纯地接收信息。在信息传递过程中，发出信息的一方，称发信息者，接收信息的一方称信息接收者，这种角色定位是相对的。具体到案件讨论过程中，合议庭成员、审委会委员相互启发、设问讨论与回答，信息的"发送"与"接受"之间往往处于互动变化之中，并非一成不变。只不过，由于案件承办人进行了阅卷、开庭审理，掌握了大量的案件信息，往往处于绝对优势地位，成为信息的主要发送者。

三、汇报的质效提升及其影响因素
——影响"信息沟通"的六个基本要素

成功的信息沟通，不仅需要信息被传递，还要被理解。由于管理过程中各种信息沟通相互关联、交错，所以组织把各种信息沟通过程看成一个整体，即管理信息系统。根据心理学研究，影响"信息沟通"的六个基本要素为情境、信息发送者、信息接受者、信息本身、途径和反馈等。其中，信息发出者和信息接受者为"人的因素"，而信息本身可视为"物的因素"。探究这六大要素对信息沟通的影响规律，无疑有助于全面提升案件汇报的质效。

（一）情境

一种刺激所产生的作用在很大程度上取决于其所处的情境。也就是说，决策者并不是孤立地去感知和记忆某个事件，而是根据他们过去的经验和事件发生时的情境去理解和解释新信息。在不同情况下，同一人对同一刺激的认知可能完全不同。这就是认知的情境依赖性。[1]

---

[1] ［美］斯科特·普劳斯：《决策与判断》，施俊琦、王星译，人民邮电出版社 2004 年版，第 35 页。

下面，主要论述空间距离、背景参考对认知的影响。

1. 空间距离

空间距离显示交往双方的接近程度。在认知活动中，它构成一种情境因素。个人空间一词最早由心理学家凯特兹于1937年在《Animal and Men》一书中提出。个人空间是指围绕在我们周围的，不见边界的、不容他人侵犯，随我们移动而移动，并依据情境扩大和缩小的领域。心理学家霍尔得出人在社会交往中有四种距离：亲密距离、个人距离、社交距离和公众距离。这些距离是人们在无意中确定的，却能影响认知判断。在合议庭、审委会讨论过程中，汇报者与合议庭成员、审委会委员之间的个人空间可以传达和调整人际交往中的相互沟通，较近的距离既会增强积极的反应，也会增加消极的反应。在讨论期间，他人传递给人体的感觉信息，如彼此之间的眼神接触和言语信息，都有可能对一方的认知判断产生影响，实践中，要想提升汇报的质效，则必须关注改进空间距离因素对沟通的积极影响，注意克服其消极影响因素。

2. 背景参考

根据社会心理学研究，在社会认知中，个体对认知情境的理解也会转移到认知对象上，从而影响个体的认知结果。其中，对象所处的场合背景常常成为判断的参考系统。巴克指出，对象周围的"环境"常常会引起我们对其一定行为的联想，从而影响我们的认知。人们往往以为，出现于特定环境背景下的人必然是从事某种行为的，他的个性特征也可以通过环境加以认定。在合议庭、审委会讨论案件过程中，知道"背景"对认知起重要作用，一方面可以帮助合议庭成员、审委会委员警惕那些可能影响自身认知准确性的因素；另一方面，还可以让我们警惕那些可能影响汇报者陈述准确性以及相关言词证据陈述准确性的因素。例如，行凶者恐吓不幸的被害人，这种恐吓可能被感知为极端的威胁并且行凶者的形象被记忆为比实际的高大。事情的关联关系帮助我们超越外部刺激本身包含的信息而去感知。需要指出的是，背景也容易使法官的认知扭曲并导致错误理解信息。例如，银行抢劫者逃跑的车可能被人们觉得开得很快，比实际上要快。因为人们通常想象抢劫者希望尽快逃离现场，所以车会开得很快。①

（二）人的因素：信息发送者与信息接受者

信息沟通的主体是人，是人与人之间信息的传递。在司法案件讨论过程中，信息沟通的主体是承办法官、合议庭成员和审判委员会委员。承办法官主要作为"信息的发送者"而存在，合议庭成员和审委会委员则作为"信息的接受者"而存在。当然，随着"讨论"的深入，"信息的发送者"与"信息的接受者"随时可能相互切换。无论是哪种模式，信息发送者与信息接收者自身的"人的因素"对于案件汇报和讨论的质效影响巨大。

1.认知者因素：作为主体的"信息发送者"和"信息接收者"因素

根据心理学研究，认识者自身的因素主要有以下几个方面：

一是法官已有的图式。当代认知心理学认为，对客体和事件的认知不是外界刺激的简单复制品，其中有些因素被注意到，有些因素被

---

① 参见［英］Peter B.Ainsworth：《警察工作中的心理学》，安福元、庄东哲译，中国轻工业出版社2007年版，第69页。

忽略。对客体和事件的记忆也不是原始知觉的简单复制品,而是原始知觉的简化的、有组织的重建。这种记忆结构称为图式。① 在记忆中搜索与输入感觉信息最符合的图式的过程称为图式加工。图式和图式加工使人可以更有效地组织和处理大量信息。人们不必感知和记住每一新客体和新事件的全部细节,只需编码和记住其突出特点,查明它像先前记忆中的哪一个图式。人们在日常生活中形成许多有关人和事件的图式。当有人告诉你将会见一个外倾型人时,你马上就会提取一个外倾型的图式,预期将见到一个什么样的人。外倾型人的图式是由一组有内在联系的属性构成的,如好交际、热情、易冲动、说话声音大等。这种关于人的图式称作原型。除了原型外,我们通常把用来描述物的图式叫"框架"。把用来描述事件的图式叫"剧本"。图式、框架和剧本可以提醒法官去了解那些更重要的信息,为案件事实信息提供一个认知框架,使法官能够更好地组织案件信息,加工案件信息,并且把这些信息更好地记忆起来,帮助法官对不完整的案件信息作出推测。② 实践中,图式加工可以加速认知过程,但同时也易于造成歪曲和偏向。已有研究指出,职业经历与教育情况对某种固定图式的形成具有重要影响。不同的人由于已有图式的不同,从外界知觉到的信息也

---

① 图式的提法最早见于哲学家康德的著作,现代心理学家的研究中则是 Bartlett 最早明确使用这一概念。参见刘志雅主编:《思维心理学》,暨南大学出版社 2005 年版,第 16 页。

② 参见[美] S.E.Taylor L.A.Peplau D.O.Sears:《社会心理学》,谢晓非等译,北京大学出版社 2004 年版,第 41 页;刘志雅主编:《思维心理学》,暨南大学出版社 2005 年版,第 16~20 页;李安、房绪兴:《侦查心理学——侦查心理的理论与实践》,中国法制出版社 2005 年版,第 111 页。

第五讲
案件汇报——合议庭审委会讨论案件的必备环节

就有差异。

二是法官知识和经验。图式的形成主要由知识和经验所决定。合议庭成员、审委会委员等法官的知识面、法律知识的掌握程度,以及办案经验等都会对其图式形成产生影响。例如,关于合同诈骗行为人主观目的的外化行为表现的总结,就是一种知识。对于一个经常审理诈骗案件的有审判经验的刑事法官而言,其对采用虚构事实、隐瞒真相的手段取得他人财物的行为是否构成诈骗犯罪中的行为表现,就会比较容易引起注意,作出准确的判定,而业务知识掌握相对较差的一般法官则会存在困难。除法律专业知识外,非专业知识也是法官知识结构中的重要因素,并在很大程度上影响着法官的审判活动。"传统法官的知识主要是关于日常生活的知识,它需要对事态人心有着深刻的体察",而"现代法律有一个逐渐向生活化方向发展的趋势,在这一过程中,法官要正确地适用法律,就必须具备生活知识,如法官必须熟悉他生活地区的民族习惯等"[①]。美国学者哈利·琼斯(Harryjones)认为,尽管"主持青少年法庭、家庭关系和其他专门法庭工作的法官不必是个'通才',因为他所处理的案件较少涉及其他领域的实体法,而且正式的审判在其工作中处于次要的地位,但是,它应像专家一样具有相当的知识水平,充分掌握不断变化的医学和行为科学知识"[②]。法官审理事实所必需的知识至少包括关于法律的知识、关于物质世界

[①] 左卫民:《在权利话语与权力技术之间》,载《中国司法的新思考》,法律出版社2002年版,第152页、第154页。

[②] 参见宋冰编:《读本:美国与德国的司法制度及司法程序》,中国政法大学出版社1998年版,第440页。

的知识、关于词语的知识以及关于人类行为的知识等四个方面。威廉姆·忒茵（William Twining）把影响事实认知的背景信息称之为"知识库"①。法官审理案件应当具有或构建相应的"知识库"。而经验，是对日常知识的积累。日常生活经验在事实认定中的作用，其实就是"经验法则"。法官的知识经验不但影响法官对事实的认知，而且影响法官对法律的认知。人们逐步意识到，法律与其他社会科学和自然科学不同，它与人类社会生活有着千丝万缕的联系，没有社会生活经验的法官，难以进行各种法律纠纷公正、理性的判决。正因为如此，美国联邦最高法院霍姆斯大法官在《普通法》开篇就说："法律的生命不在于逻辑，而在于经验。"②韦伯也指出："普通法从个别案件中抽象出规则然后运用到各案中的模式，要求富有实务经验的人来操作。"③

三是前见、审判预断和司法价值观念。前见，有的称为偏见、前理解、前结构、先见。心理学有关偏见的研究与解释学提出的"一切理解都受制于前结构"，"理论先于观察"不谋而合，所以，伽达默尔的"偏见是理解的前见"似乎定下了人类的宿命。法官的"前理解"就是法官在讨论案件事实、理解和发现法条时的全部前提条件，包括经验的、思想的、心理的、思维的等因素，可以说，合议庭、审委会

---

① 参见[加]玛里琳·T.迈克瑞蒙（Marilyn T.MacCrimmon）：《事实认定：常识、司法任职与社会科学证据》，徐卉译，载王敏远编：《公法》（第四卷），法律出版社2003年版，第276~277页。

② O·W.霍姆斯：《普通法》，麦克米伦等公司1882年版，第1页。转引自[澳]维拉曼特：《法律导引》，张智仁等译，上海人民出版社2003年版，第109页。

③ Maxweber, Wirtschaftund Gesellschaft, 14thed, 1956.P457.

法官的"前理解"和审判预断影响了其对事实、法条和社会的理解，最终影响到法律判断。在接受信息时，法官对汇报材料进行整理、加工和制作，容易受到自身的思想传统、习惯、价值观念、受教育程度等方面的影响。

四是法官的动机和情绪（情感状态）。法官的动机往往由法官的职业特质和职责使命所决定。法官在尊重法律，探求法律事实的同时，还要不断"追问"各类社会诉争，进行价值定位。而情绪是人对客观事物是否满足自身物质和精神上的需要而产生的主观体验的心理活动。动机与情绪作为法官的意向性心理活动，决定着法官认知的方向，使得法官的认知可能出现偏向性甚或沿着错误的方向进行。当法官带着不良的情绪研究案情、提取法条时，就会影响讨论的质量或效率。

因为世界是多元的，所以每个人的成长背景、性格、人生经验、教育程度、文化水平、价值观念往往是不同的，就导致对同一信息的阅读有不同的理解。这样的情况下，求同存异是最好的做法了，其中在司法实践中很重要的一条就是弘扬社会主义核心价值观。党的十八大明确提出"富强、民主、文明、和谐、自由、平等、公正、法治、爱国、敬业、诚信、友善"的24字社会主义核心价值观，高度概括了国家的价值目标、社会价值取向和公民的价值准则。党的十九大报告将"坚持社会主义核心价值体系"确定为新时代坚持和发展中国特色社会主义的十四条基本方略之一。作为一国国民、全社会的价值共识和最大公约数，新时代社会主义核心价值观与法治中国建设犹如全面依法治国实践的"车之两轮"和"鸟之两翼"，相互反哺、共同形塑。在刑事审判中，"我们经常看到，有许多案件仅依法律条文的字句进行逻辑推论是无法解决的""它要求，法官在具体的案件中，必须依据各种事实关系与条文规定的内容进行对照，自己去价值判断"。有的刑事案件之所以引发社会广泛关注，其实质原因在于司法裁判与社会主流价值观存在冲突。近年来，全国各级法院认真贯彻习近平总书记关于培育和践行社会主义核心价值观工作的一系列重要指示精神和党中央关于进一步把社会主义核心价值观融入法治建设的决策部署，按照最高人民法院部署要求，坚持将司法为民、公正司法与大力弘扬社会主义核心价值观有机结合，采取一系列重大举措，在人民法院工作中全面贯彻社会主义核心价值观，尤其是积极探索运用核心价值观释法说理，公正审理一系列社会广泛关注的刑事、民事案件，弘扬真善美、鞭笞假丑恶，得到社会各界的普遍赞誉和广泛认同。

2.认知对象因素：作为对象的"信息发送者"和"信息接收者"因素

心理学研究表明，作为认知对象的"人的因素"，主要包括：

一是个体魅力。构成个体魅力的因素既有外表特征和行为方式方面，又有内在的性格特点方面。司法实践中，当事人的容貌美、有能力、聪明、友好等通常被法官认知，影响法官对他的评价。其中，美貌通常最快被人认知，且直接形成个人魅力，且导致光环作用。因此，国外学者研究指出，被告人的外表和他在受审期间的活动，以及有关他在社会的名声的信息，从前的犯罪记录，对案件的审理结果都将发生影响。[①] 此外，当事人、被告人对案件的态度，也能够影响法官的判

[①] 参见［美］M.J.萨克斯、R.黑斯蒂：《法庭社会心理学》，军事科学出版社1989年版，第143页。

第五讲
案件汇报——合议庭审委会讨论案件的必备环节

断。除了当事人因素对法官有影响,法官之间的影响也不容忽视。实践中,案件承办人的个人魅力因素对合议庭成员、审委会委员的影响,以及合议庭成员、审委会委员的个人魅力因素对承办法官的影响都是客观存在的。比如,承办人的一贯表现、业务能力、是否业务权威等因素对合议庭成员的影响是显而易见的。

二是个体知名度。一个人知名度的大小也影响着别人对他的认知。在一个人有一定知名度的情况下,人们通过某种社会传播媒介或周围其他人传递的有关他的信息,实际上已经开始了对个人的认知,形成了一定的判断。司法实践中,知名度高、社会评价积极的人如重要官员、社会名人犯罪,对法官的心理无疑具有特殊的影响力。法官面对名人犯罪、名人官司,也容易犯先入为主的毛病,把这些人看成有吸引力的人,影响客观判断。正因为如此,在审理此类案件中,对法官的中立性要求更高。除此之外,法官个体的知名度对合议庭成员、审委会委员的认知影响也同样显而易见。比如,承办法官是否为全国审判业务专家,对合议庭成员的判断就容易产生一定的影响。

三是自我表现。司法实践中,当事人或被告人、律师作为认知对象,并不是认知活动中完全被动的一方,而是积极"让"法官认知、引起法官注意的一方,每个人都希望通过"表演"尤其是法庭之上的表现,让法官相信自己,作出有利于自己的法律判断。因此,认知对象的主观意图、自我表现对法官的影响不可低估。据此,实践中,是否存在案件汇报人类似"自我表现"的因素影响合议庭、审委会决策的呢?一般来说,由于法官的高素质,那种有违法官职业道德基本准则的"自我表演"是不会发生的,但是那种无意之下的"夸大其词""过于自信"甚至"自以为是"的现象也并非绝对没有,这就意味着法官必须时刻保持谦卑、开放、公允的心态,努力将自身的个性因素对司法的影响降至最低程度。

(三)物的因素:信息本身

知觉是人脑对直接作用于感觉器官的外部客观事物的整体属性的反映。正常的知觉依赖于正常功能的感觉器官和神经系统;依赖于合适的刺激强度和性质。法官在审理活动中,作为刺激的案件事实及法律信息的强度必须是适宜的,才能引起法官的感觉。在合议庭、审委会讨论案件过程中,承办法官汇报的案件事实证据等信息本身的强度和性质对于"沟通"的质效具有重要影响。以视知觉为例,当人一睁开眼睛,外界各种景象立即充满视野,但人人都有这样的体验,即自己对进入视野的许多东西是"视而不见"的。这就意味着,人虽然能够感觉到大量的外部信号,却只能对其中一部分产生知觉,或者说只能对其中一部分信号的意义作出解释。这就是知觉的选择性,这种选择性特点一方面对人们了解客观世界是有益的,它使人能够把有限的心理资源集中到当下需要处理的事物上;另一方面,由于我们不可能了解到外部世界信号的各个方面,所以使得我们对于世界的认识总是根据对不完整的信息作出解释而得到的。当某处发生一起故意杀人案时,有一个人恰巧在场,于是他成了目击证人,从常理来说,因为他在场,所以他应该是能够准确地观察到现场发生的情况的。不过,根据知觉选择性的特征,则也要对此提出怀疑。证人也许知觉到了被害人的性别、脸孔特点,而没有知觉到被害人穿什么鞋,留什么发型。在听取案件汇报过程中,合议庭成员、审委会委员对案件信息的认知

第五讲
案件汇报——合议庭审委会讨论案件的必备环节

具有选择性的特点。这种知觉选择性产生影响的因素来自客观与主观两方面。其中,客观因素属于认知对象自身的因素,即"信息本身"因素。主要包括以下几个方面:

一是作为对象的"信息"与背景的差异关系。"信息"本身与背景的差别越大,作为对象的"信息"就越容易从背景中突出出来成为知觉的对象。例如,绿色军装在草地中容易被发现。具体到合议庭、审委会讨论过程中,前述提及的"情境""背景参考""外部干扰"等因素都可能成为"噪音",影响合议庭成员、审委会委员顺利接收案件承办人发送的"事实信息"。

二是作为对象的"信息"与背景的相对活动关系。在不动的背景上活动着的事物,容易成为知觉的对象。例如,夜空中的流星。在活动背景中不动的事物也容易成为知觉的对象。例如,集体广播体操中站立不动的人。同时活动着的对象中,速度明显快或慢的事物,容易成为知觉的对象。例如,百米赛跑中的最快者与最慢者。具体到合议庭、审委会讨论过程中,前述提及的"情境""背景参考""外部干扰"等因素作为"噪音"与"主题"的相对活动关系,可能影响合议庭成员、审委会委员顺利接收案件承办人发送的"事实信息"。

三是作为对象的"信息"与背景的组合关系。以视觉为例,我们倾向于把空间上接近、形态相同或相似、具有闭合性以及能够构成完好图形的刺激因素作为知觉的对象。[1] 具体到合议庭、审委会讨论过程中,前述提及的"情境""背景参考""外部干扰"等背景因素作为

---

[1] 参见人民教育出版社师范教材中心组编:《心理学》,人民教育出版社1999年版,第74页。

"噪音"与"主题"的组合关系，势必影响合议庭成员、审委会委员顺利接收案件承办人发送的"事实信息"。

（四）途径

所谓汇报的途径，也可称之为汇报方式，主要有口头汇报与书面汇报两种工作途径。口头汇报指面对面的交流，承办人以口头叙述的方式向合议庭成员、审委会委员直接阐述案件的事实证据、定罪量刑、法律适用等方面的处理意见，便于合议庭成员、审委会委员当面提出问题、作决策。而书面汇报指以呈报案件审批表、阅卷笔录、案件审查报告、法律文书等文书的方式向合议庭、审委会汇报案件的相关情况。口头汇报与书面汇报是信息沟通的两种不同形式，对汇报的质效有着重要影响。这两种不同的途径和方式，各有利弊，主要表现在以下几个方面：

一是信息传递的准确性不同。书面汇报、沟通的优点在于清晰、准确，针对复杂问题可以层层深入，信息传递的准确性较高。而口头汇报、沟通的缺点在于，针对复杂的问题比较难以一次性说清楚，信息传递的准确性不够高。实践中，在口头沟通过程中，信息从发送者一个个接力式地传递，存在着较大的失真的可能性。因为每个人都以自己的偏好增减信息，以自己的方式诠释信息，这样，当信息经过多个环节到达终点时，其内容往往与最初的含义存在重大偏差。如果组织中的重要决策通过口头方式，沿着权力等级链上下传递，则信息失真的概率相当大，可能会给组织带来各种难以预料的负面影响。审判实践中，案件承办人向合议庭、审委会汇报一般都要求提交书面的报告，同时结合口头汇报，这是由司法工作的严肃性和重要性所决定的。

司法审判尤其是刑事审判涉及人的财产、自由甚至生命，人命关天，必须慎之又慎。同时，司法案件涉及事实证据的审查认定、定罪量刑的抽丝剥茧、法律适用问题的条分缕析，对诸如此类的复杂性问题尤其需要通过书面审查报告层层深入，难以用"口头叙述"一次说清楚。

二是沟通方式的灵活性不同。口头汇报、沟通是所有沟通形式中最直接的方式，其最大的优势和特点就是方式的灵活多样，它既可以是两人之间的交谈，也可以是群体中的讨论或辩论；它既可以是正式的磋商，也可以是非正式的聊天。实际工作中，绝大部分信息是通过口头传递的，具有信息传递速度快、及时反馈等特点，能够使下属即时感到被尊重、受重视，从而激发下属工作的积极性和主动性。相对而言，书面汇报、沟通则方式固定、呆板，信息传递的效率相对较低，也不能即时观察信息接受者的反应。因此，在合议庭评议和审委会讨论中，除了承办人提交书面的审查报告之外，又以会议形式，当面听取案件承办人或合议庭成员的汇报，并展开评议、讨论，形成双向的信息沟通，既有书面汇报的基础，又能获得口头汇报、沟通的灵活性效果。

三是信息反馈的及时性不同。正如前面所述，口头汇报、沟通可以获得及时的反馈，具有沟通成本低、方便快捷、能够从对方沟通中迅速得到答案、直观了解沟通效果等特点，一旦发现对方对沟通内容产生认知偏差可以即时指出并设法消除。而书面汇报、沟通对信息的反馈具有滞后性，完成双向的信息沟通耗时长、成本高，相对不容易了解到对方接受到信息的直观感受，一旦对方在沟通中出现认知偏差，难以即时发现并予以消除，容易误事。合议庭、审委会讨论的"书面汇报"+"口头汇报"的方式，能够把两者的优势全面发挥出来，有利于实现司法公平正义。

（五）反馈

反馈一词，是控制论的基本概念。所谓反馈，指将系统的输出返回到输入端并以某种方式改变输入，它们之间存在因果关系的回路，进而影响系统功能的过程。在这种情况下，我们可以说系统"反馈到它自身"。相关理论研究显示，在讨论反馈系统时，因果关系的概念应当特别仔细对待。对于反馈系统，很难作简单的推理归因，因为当系统 A 影响到系统 B，系统 B 又影响到系统 A，形成了循环。这使得基于因果关系的分析特别艰难，需要将系统作为一个整体来看待。

理论研究中，反馈可分为负反馈和正反馈。前者使输出起到与输入相反的作用，使系统输出与系统目标的误差减小，系统趋于稳定；后者使输出起到与输入相似的作用，使系统偏差不断增大，使系统振荡，可以放大控制作用。对负反馈的研究是控制论的核心问题。

反馈是系统内部的信息流动，是系统中各要素之间的相互联系，对于系统的运作至关重要。从某种程度上来说，正是由于反馈的存在，系统才能表现为一个有效运作的整体。约翰·斯特曼教授甚至指出，系统最复杂的行为通常产生于各组成部分之间的相互作用（反馈），而非源于各组成部分自身的复杂性。司法讨论中，法官不停地接收和处理"信息流"，正是这种对大量动态信息的持续处理，结合自身实际，形成裁判决策。反馈的作用不仅仅是用来进行控制、限制或者约束，有时反馈也起到扩大或增强的效果。① 沟通作为一个双向互动的过程，无论是信息发出者和接受者的主观原因，或是外在的客观因素，如果"反馈"环节出了问题，都会导致沟通的失败，双方无法就某一信息共享或达成一致的认识。实践中，要想提高汇报、沟通的质效，必须注重提高"反馈"的质效，畅通健全反馈机制。

---

① 参见邱昭良：《如何系统思考》，机械工业出版社2020年版，第37页。

● 专题二　案件汇报的基本要求

案件汇报是司法实践中审理案件的基本活动。根据不同的分类标准，案件汇报可以进行不同的分类。比如，按汇报案件的程序、阶段不同，案件汇报可以分为一审案件汇报、二审案件汇报等；按听取汇报主体不同，可分为向合议庭汇报和向审委会汇报等；按汇报方式案件汇报可分为书面汇报与口头汇报两种基本形式。不同形式的汇报有着不同的要求。本专题重点对书面汇报与口头汇报这两种基本形式进行探讨，并以此为切入点，对司法实践中审理（审查报告）的制作以及口头汇报的技巧和方法等作些研究，从中提炼汇报的基本要求。

一、书面汇报
——如何制作审理报告

审理报告，或称审查报告，二者的细微区别在于，审理报告一般指案件经过合议庭开庭审理之后，以合议庭名义制作的汇报材料，而审查报告一般指承办人在对案件进行审查之后以个人名义制作的案件汇报材料。换言之，案件审理报告，是承办人向合议庭、审委会汇报，或者独任审判员或者合议庭在评议案件之后，报送上级审核案件或者提请审判委员会讨论决定案件的综合性书面材料，是在案件审理完毕之后，对前一段诉讼活动、审理过程、案情全貌作出的全面总结，并对案件的事实认定、定性处理提出意见。它既是案件在判处以前报送上级审核、提请审判委员会讨论决定案件和制作裁判文书的基础，也是日后检查案件质量，总结审判工作经验教训的重要根据。实践中，鉴于审理报告、审查报告的重要性，如何把审理报告（审查报告）制作好，对于法官来说极为重要。在此，谈三点体会：

（一）让阅卷笔录成为审查报告的草稿

阅卷过程就是审查过程，阅卷笔录自然就应成为审查报告的草稿和底稿，承办法官在阅卷审查过程中，必须将案件事实证据审查中发现的重要信息和疑点予以及时摘录，目的就在于在审查报告中能够予以反映。针对案卷特别多的重大复杂疑难案件，制作阅卷笔录的过程，实际上就是把案卷变薄的过程，同时也是审查报告初步形成的过程。因此，了解审查报告的制作样式和要求，对于阅卷笔录的制作和阅卷过程的开展亦具有十分重要的指导意义。

（二）事实证据的排列要符合主体的认知规律

案件审理报告写得是否符合要求，不仅影响着合议庭的评议、上级的审核和审判委员会的审议，而且直接影响据以制作的裁判文书的质量。因此，要求审判人员制作审理报告时，要参阅样式规定的项目和内容要素，如实地反映审理阶段的诉讼活动、审理过程和案情全貌，并对事实的认定和定性处理认真提出意见。叙述事实要实事求是，不夸大，不缩小，能认定的事实才予以认定；不能认定的和存在的问题要作分析说明。所提定性处理的意见，要严格依法办事。援引的法条要准确、完整、具体。其中，事实证据的排列组合是审理报告制作的主体部分。事实证据排列组合如何，直接关系到审理报告的制作质量高低。对此,作者的最大体会是,事实证据的排列一定要符合人的认知规律。以故意杀人案件为例,事实证据的排列顺序,大致应该按以下几点把握:

首先,案发证据作为第一组证据。一般来说,命案的案发往往是由于群众报案,应该将当地村民发现被害人尸体、群众报警的言词证据作为第一组证据。在第一组证据中,如果有目击证人,则应该将目击证人证言列为第一组证据,因为目击证人直接目击犯罪经过,对案发经过最为了解、直接,传递的信息也最直接,同样,如果本案除了死亡的被害人,还有受伤的被害人,则相关的被害人陈述也应当作为第一组证据。

其次,现场勘查记录等现场证据作为第二组证据。对命案来说,公安机关接到群众报案后往往第一时间赶赴现场进行勘查,提取现场指纹、血迹等物证。现场勘查记录反映现场地理方位、周围环境、尸体所在位置、血迹分布状况、现场有无遗留作案凶器尖刀等情况。在该组证据中,如果公安机关从现场或现场遗留的尖刀上提取到了指纹、血迹等痕迹证据,那么应该进一步把指纹鉴定意见、DNA鉴定意见等证据紧跟现场勘查记录等证据。如果现场提取到尖刀等物证,尖刀上所沾血迹经DNA鉴定系被告人所留,往往能够直接锁定被告人行凶作案。把这些证明力较强的相关客观性证据有机地组合在一起且排列在前,在汇报过程中提前汇报,有利于合议庭成员、审委会委员很快接收案件事实证据的关键信息,使案件汇报的质量和效率明显提升。

再次,法医学尸体检验意见等证据作为第三组证据。法医学尸体检验意见一般列在现场勘查记录等证据之后,现场尸体经过法医进一步解剖形成的鉴定意见，对死亡原因、创口特征、数量、被害人的身份等作进一步证实，使合议庭成员、审委会委员对案情的把握层层递进、由表及里、层层深入。在该组证据中，通常还有被害人亲属的DNA鉴定以及被告人受伤情况等鉴定意见，一并组合在一起。

从次，相关证人证言等证据作为第四组证据。包括证明被告人案发前后活动情况的邻居、房东、同事、亲友证言，买赃人或出售作案凶器的超市老板证言等。这一组证据相较前面的客观性证据，证明力有所递减，但相关言词证据对于搞清案情细节、完整建构案情具有重要作用。因此，这一环节的汇报也是非常重要的。

最后，被告人或同案犯的供述作为第五组证据。这一组证据是被告人的供述和辩解，包括同案被告人、已判刑同案犯的供述。重点汇报被告人交代的行凶经过、凶器特征、去向、捅刺部位、次数、力度等细节、情节与现场勘查记录、法医学尸体检验意见、相关证人证言等证据反映的情况是否相符，能否相印证，形成一个完整的证据锁链。

上述事实证据的排列主要遵循了时间顺序和逻辑顺序，因而符合人的认知规律，按符合主体认知规律的顺序进行证据组合和汇报，显然有利于合议庭成员、审委会委员在短时间内迅速掌握案情的关键节点，形成客观准确的法律判断。

（三）要站在"听众"的立场撰写报告

一般来说，审理报告的内容要兼收并蓄，它比同一审级程序的裁判文书的内容应更加全面、系统、丰富、具体，案件的来龙去脉、过程、情节和问题都应当交代得更为清楚明白。包括对合议庭少数人的不同意见，也应当一并写明。实践中，"写"与"说"往往是不一样的。有的法官会说，但不一定会写，容易重复，内容叙述缺乏条理，逻辑混乱，繁简处理不当等。写不好的一个重要原因就是没有站在听众、读者的立场撰写审理报告。主要表现在以下几个方面：

一是内容重复，影响"读者"体验。在合议庭、审委会汇报中，承办人的口头汇报一般不太会出现重复的情况，但在书面审理报告中，有的则容易重复，拖沓冗长，影响读者的"阅读体验"。比如，事实证据信息的重复，证人证言证明的内容重复，缺乏概括归纳，等等，影响"读者"或"听众"的体验。

二是重点不突出，"繁简"处理不当。实践中，审查报告中需汇报的内容较多，涉及被告人的基本情况、案发经过、事实证据、上诉辩护理由及分析、需要说明的问题、处理意见等方面，事实证据中既涉及大量的客观性证据，又涉及众多的主观性证据。对上述内容的汇报，需要站在"听众"的立场突出重点，详略得当，使"听众"能够在较短的时间内迅速把握案件的重点、难点和分歧点，提高审理工作质量和效率。现实中，不少法官在审理报告制作过程中重点不突出、繁简处理不当，胡子眉毛一把抓，需要引起注意。

三是思路不清晰，逻辑混乱。根据词典解释，思路清晰是由思路、清晰两个词语组成的短语，思路的意思是：思考的线索。清晰的意思是：清楚。合起来的意思是：思考的线索清楚。所谓思路不清晰，是指有的在审理报告制作过程中，对案件事实证据的认定、定罪量刑的分析处理意见主基调、基本线索不清晰，前后矛盾，逻辑混乱，导向不清楚，使合议庭成员、审委会委员作为"听众"听后不知所云或难以形成决断。

四是自己清楚，以为"听众"也清楚。实践中，承办人办理一个刑事案件往往需要几个星期甚至几个月的时间进行阅卷，通过详细阅卷审查、逐笔核实、逐份证据分析，对案情有了全面、完整的了解，自己已经搞得很清楚了。但容易犯的常见错误是，自己清楚，以为"听众"也清楚。要知道，现实汇报过程中，无论是口头还是书面汇报，要想把自己几个月的阅卷信息浓缩成一份书面汇报材料，在十几分钟内把它汇报清楚，对承办人来说，这是极大的挑战。案件承办人务必站在"听众"的立场，以符合人的认知规律为原则，尽量换位思考，把证据事实汇报准确，把问题描述清楚，把意见建议分析到位。

二、口头汇报
——如何用最简单的语言把案情说清楚

用最简单的语言把案情说清楚，这是汇报的最高境界。实践中，承办人向合议庭、审委会汇报案情的时候，应力求简单、明了、突出重点、直截了当。如何用最简单的语言把案情说清楚，需要在实践中反复训练。下面，就案情汇报七个环节中的汇报要领略加探讨。

（一）开场白的设定

承办人在向合议庭、审委会汇报案件的主要内容之前，要注意设定适当内容的开场白，包括汇报案由，一审判决情况，汇报的目的，需要合议庭、审委会重点讨论和解决的问题。比如说，本案一审以抢劫罪判处被告人无期徒刑，事实清楚，被告人上诉及其辩护人主要对量刑提出异议，要求从轻改判，法律适用争议的焦点是被告人犯罪行为是否属于入户抢劫、认定为情节严重等。通过这样的介绍，合议庭成员、审委会委员对案件的事实证据有大致的把握，对需要重点审议的问题心中有数，讨论的效率就会提高很多。在开场白中，通常也会简要介绍一下案件的由来及审理经过，包括收案、一审刑期、承办人、上诉案件移送以及二审审理经过等情况。承办人意见与一审判决或检察机关指控意见不一致的，也应当在开场白环节作一些提示，让合议庭成员、审委会对各方分歧意见有个数，以便在后续讨论中有针对性地提问与讨论。

（二）汇报被告人的基本情况

开场白之后，承办人要开始重点汇报案件被告人、诉讼参与人的基本情况。包括上诉人（原审）被告人的基本情况、前科情况、刑满释放日期、因本案被刑事拘留和逮捕的日期、羁押场所、有无辩护人、辩护人的身份、被害人的身份等基本情况。由于有书面报告，在口头报告中不一定都要照本宣科，而是要适当归纳，拣选重点信息、项目进行汇报。尤其是，被告人的身份是否清楚，作案时是否成年，是否构成累犯，家庭成员有无特殊情况，与被害人、同案被告人系何种关系，辩护人是委托还是援助律师等。如果是多被告人案件，则要逐一汇报，当然，在汇报特定被告人时，也要注意详略得当、突出重点，对常规性的信息就不一定一一宣读，以提高汇报效率。同时，也要重点汇报一下被害人的身份、死亡时间、生前住址、被害人亲属的反应等。

（三）汇报案件的侦破及抓获经过情况

案件的侦破及抓获经过情况，包括群众报案，公安机关掌握、抓获犯罪嫌疑人的过程和方法是否正常，侦破是否自然，如何抓获犯罪嫌疑人，有无自首立功情节，抓获犯罪嫌疑人后第一次审查时有无交代犯罪事实，有无刑讯逼供的可能等基本情况。在向合议庭、审委会口头汇报过程中，承办人要重点汇报公安机关将被告人确定为犯罪嫌疑人的过程和方法，通过这部分的汇报让合议庭成员、审委会了解案件的侦破是否正常、定案能否放心、是否存在刑讯逼供、指供诱供、先入为主等可能性，能否排除合理怀疑、增强定案的信心和决心，主要起这方面的作用。如果被告人有投案自首情节，则要突出这一情节，那案件的讨论和处理就会变得简单许多。

（四）汇报案件的事实及证据问题

此部分是案件汇报的重点和难点。一般来说，案件事实及证据情况，主要包括每笔犯罪事实以及相应的认定依据，犯罪事实的综合证据以及证据证明的主要内容以及证据分析意见等情况。具体而言，主要汇报以下几个方面：

一是汇报案件事实的认定情况。案件事实包括被告人案发前从事的职业、作案的经过、案发后的活动情况，可分为定罪事实和量刑事实两方面。其中，定罪事实中的作案经过，包括犯罪工具的准备情况、踩点、作案的时间、地点、经过、后果等方面，应当叙述清楚，条理清晰，符合人的认知规律，前后能够连贯、融洽，既符合客观事实，又符合生活常识、合情合理。量刑事实方面，重点汇报量刑情节，包括：被告人在共同犯罪中的地位和作用，是否区分主从犯；是否存在自首、坦白、立功等从轻情节，相关证据是否确实、充分；被害人是否有过错、案件是否由于婚恋或家庭矛盾激化引发、是否属于民间纠纷激化引发案件、是否属于激情杀人等情节，等等。

二是汇报案件的证据情况。以林某某抢劫致人死亡的二审刑事案件为例，就"犯罪事实及认定依据"需要汇报的证据情况包括以下几个方面：（1）被害人亲属的陈述或证言。（2）公安机关现场勘查笔录及相关物证鉴定意见。包括：公安机关勘验检查笔录，证实：现场位于某县某某乡某某村一小店，北侧紧靠林氏祠堂。小店西北墙角有一单扇内开木门，呈虚掩状，门锁和门框上没有发现破坏痕迹。小店内有一立式衣柜，衣柜内抽屉均呈拉开状态，物品呈翻动状态。地面上躺着一具女性尸体，衣着完整，头部及颈部发现有损伤，衣服上有血迹，上衣和裤子口袋均被翻出。尸体下及附近有血迹、血泊，血泊中发现有一把菜刀。现场提取指纹4枚，菜刀一把，围巾一条，尸体指甲内容物2份，尸体心脏心血一份，现场各处血迹均予以提取。手印鉴定意见，证实：案发现场提取的四个手印系被告人林某某所留。扣押物品清单、照片，证实：公安机关案发后扣押了林某某作案时所穿的牛仔裤与外衣，并予以拍照固定。（3）法医学尸体检验意见及有关DNA鉴定意见。包括：法医学尸体检验意见，记载：被害人李陈某尸体右顶头皮见不规则形挫裂创，裂创周围可触及头皮下血肿，眼睑、鼻背、口唇、下颌颏部、右耳廓皮肤均有条片状瘀血，左面部皮肤表皮剥脱，颈前部见横行裂创，系遭他人锐器割颈致颈部动静脉断裂出血，失血性休克死亡。检验时提取心血、双手十指指甲内可疑残留物。法庭科学DNA鉴定意见，记载：所送检的刀柄上提取血迹、现场地面提取血迹、被告人林某某外衣右领口内侧血迹及衣襟内侧血迹均由被害人李陈某所留的可能性是为其他无关个体所留可能性

的 1.55×10^{17} 倍。所送检的围巾脱落细胞由林某某父亲所留的可能性为其他无关个体所留可能性的 2.12×10^{18} 倍。所送检的被害人李陈某左手指甲附着物为多人混合斑迹，可以由李陈某与林某某混合形成。检查笔录，证实：公安人员对被告人林某某进行了人身检查，发现其右手背桡侧，右手腕背侧各有一处创疤，右手掌指关节有二处创疤，左手背桡侧有一处创疤，右手掌指关节有二处创疤。（4）相关物证及辨认笔录。包括：物证菜刀、围巾，经被告人林某某当庭辨认，确系其作案时使用的凶器及遗留在现场的围巾。辨认现场笔录，证实：被告人林某某经辨认确定某县某某乡某某村林氏宗祠右侧的房子是其实施抢劫杀人的地点，某某路191~193号是其丢弃作案时所穿戴的帽子和拖鞋的地点，某某路265号是其销售抢劫所得香烟的地点，某某路100~106号是其购买药物治疗作案时受伤手背的地点。（5）有关证人证言。（6）赃物估价鉴定等证据。（7）被告人的供述和辩解。包括被告人林某某在侦查、起诉阶段的历次供述以及在原审法院的当庭供述。

三是汇报事实证据的综合认定与分析意见。重点汇报综观全案的事实证据进行分析评判，形成基本结论：案件的犯罪事实是否清楚，相关证据是否确实、充分。相关的事实、证据要素可能涉及：（1）犯罪起因是否清楚，被害人有无过错；（2）犯罪主观故意的具体内容如何，本案是有预谋的故意杀人犯罪还是无预谋的临时起意作案；（3）是否存在犯罪预备，涉及工具、时间、地点、人员的预谋或准备情况；（4）作案时间是否清楚，案发时犯罪时间是否明确，犯罪嫌疑人有无作案时间，犯罪嫌疑人有关无作案时间的辩解能否成立，被害人是否在认定的犯罪时间被杀害，法医学尸体检验意见记载的被害人死亡时间与在案证据反映的情况是否相符等；（5）作案地点是否明确、清楚，包括认定杀人现场、藏尸现场、分尸现场、毁尸现场、抛尸现场应具备的证据是否确实、充分；（6）犯罪手段是否清楚，犯罪嫌疑人对作案手段有无供述，所供内容与在案法医学尸体检验意见等客观性证据反映的情况是否相符。针对命案等重大刑事案件，还要汇报被告人归案后从侦查阶段到法院开庭各个阶段的历次口供情况，显示口供是否稳定不变，如有变化，每次供述内容细节的不同之处等。

（五）汇报检辩双方的争议情况及分析意见

这部分主要汇报检辩双方的主要观点，重点凸显案件的争议情况，归纳出案件的争议焦点，就争议焦点展开分析，提出处理意见。具体可能涉及公诉机关指控的主要内容、原判要点、被告人的申辩、上诉理由和辩护要点，检辩双方针对案件事实和法律适用问题的主要意见等内容。一般来说，书面审查报告会针对检辩双方的主要观点，结合在案证据情况，逐一进行较为详细的回应、分析，并逐一驳斥或采纳，提出处理意见。由于书面报告分析较为全面、详细、深入，有根有据。因此，承办人在向合议庭、审委会作口头汇报的过程中，可以就争议的焦点，以及主要分析处理意见，进行归纳，作概括性的汇报，以节约汇报时间，提高汇报效率。当合议庭成员、审委会委员存在疑问，就某一点进行发问时，再作详细的阐述和汇报。

（六）汇报案件存在的问题及所做的工作

这一环节主要汇报、反映案件需要说明的情况。从实践情况来看，主要涉及以下几方面的问题：

一是案件的证据缺陷和不足。一般来说，案件事实证据情况在前述口头汇报中都已涉及，但是，有时候，本案存在的一些证据缺陷和不足，不便在前述事实、证据部分汇报的，可以在此处予以说明。尤其是事实证据虽然存在一定的缺陷，但整体上看，不足以影响定案的，可以通过说明消除合议庭成员、审委会委员的合理怀疑。

二是赃款赃物和凶器的去向。抢劫、盗窃等侵财犯罪中的赃款赃物、凶杀刑事案件中的作案凶器尖刀等工具，是非常重要的物证，赃款赃物问题还涉及被害人财产利益的保护。因此，赃款赃物和作案凶器的去向问题，是办理刑事案件必须搞清楚的重要问题。有的案件，被告人作案后将凶器丢弃，有的丢弃在垃圾桶，有的丢弃在河中，事后经过寻找、打捞，没有找到，这些问题及所做工作都需要作出汇报、说明。对于赃款赃物的去向问题，同样如此。

三是案发后各方的反应情况。比如，故意杀人等刑事案件案发后，被害人亲属的情绪反应是否激烈，被告人家属和被害人方家属是否发生冲突、有无积极赔偿，当地党委政府、基层组织和人民群众对本案的反应等情况，均需要进行汇报、说明，供合议庭成员、审委会委员讨论案件时参考。

四是同案犯的处理等情况。有的案件，由于作案人员众多，分批抓获归案，有的已经判决服刑，有的在逃，有的正在审理中。在审理本案过程中，承办人应当就同案犯的处理情况以及在逃情况等予以一定的说明。

（七）汇报承办人及合议庭、专业法官会议的定性、处理意见

这是口头汇报的最后环节，承办人应当向合议庭成员、审委会汇

报自己就整个案件的定性量刑、是否驳回上诉维持原判等提出处理意见。同时，就合议庭成员是否一致同意承办人处理已经进行汇报。合议庭意见存在分歧，应当归纳多数意见、少数意见，并对合议庭的分歧点进行简要汇报，提请审委会重点审议。实践中，有的案件经过专业法官会议讨论，这时承办人在向合议庭汇报意见的同时，还应当一并汇报专业法官会议的讨论情况以及处理意见。专业法官会议存在分歧的，要进一步说明专业法官会议的多数意见、少数意见以及哪种意见同意承办人、合议庭意见。

三、汇报的基本要求

通过前述书面报告、口头汇报的分析研究，我们对案件汇报的基本要求和注意事项有了大致的把握，归纳起来主要有这么几点，显得特别重要：一是简明扼要；二是客观全面；三是分析深入；四是观点明确；五是突出重点。下面，逐一加以具体阐述。

（一）简明扼要

所谓简明扼要，是指说话、写文章简单明了，能抓住要点。毛泽东同志在《党委会的工作方法》中提出，"讲话、演说、写文章和写决议案，都应当简明扼要。"与简明扼要意思相近的近义词有删繁就简、要言不烦、短小精悍、言简意赅等，反义词有冗词赘句、拖泥带水、不知所云、连篇累牍、不厌其详、长篇大论、洋洋洒洒，等等。在合议庭、审委会汇报中，很重要的一条就是要简明扼要，只有汇报时简单明了、抓住要点，才能让合议庭成员、审委会委员有效快速捕捉案件要点，接收到要点信息。从前述分析来看，简明扼要对于案件汇报来说，是基本要求之一，也是考验承办法官司法能力的一种基本功。比如，在开场白的设定中，承办人能否用三言两语，把案件事实证据的概况、争议的焦点一下子点出来，使合议庭、审委会对案情证据有概括性的基本认知，对需要重点讨论的焦点问题形成概念，心中有数，就显得非常重要。实践证明，简明扼要地阐述某一问题比那种长篇累牍、拖泥带水的汇报效果要好得多。

（二）客观全面

所谓客观全面，是指承办人在案件汇报工作中坚持以事实为依据、以法律为准绳，从实际出发，实事求是，按照事物的本来面目去反映事物，既不夸大，也不缩小，更不歪曲和捏造。客观全面原则，意味着法官必须从案件的实际情况出发，用客观全面的态度，以发展变化的观点来汇报案件的情况，以查证属实的证据作为定案根据，不偏不倚。在向合议庭、审委会"汇报"过程中，具体应当注意把握以下几点：

一是把握好"客观性"。所谓客观，就是要实事求是、坚持原则，按照事实的本来面目去汇报。实践中，要做到客观汇报、反映案情，必须注意以案情事实为依据，根据在案客观证据反映案情，不主观臆断，防止先入为主。汇报时，应当站在客观中立的立场，不带任何个人情绪地对案件事实进行描述，并提出相应的处理意见。

二是把握好"全面性"。所谓全面，是指承办人要从不同角度去审查、了解、反映和汇报案件的真实情况，防止仅凭部分材料或某个情节对案件轻易下结论的片面做法。在向合议庭、审委会汇报案件过程中，既要汇报有利于被告人的事实证据，又要汇报不利于被告人的事实证据；既要汇报有罪的证据，又要汇报证明无罪、最轻的证据，不能仅列出对自己观点有利的证据。当各方对案件处理存在分歧意见时，全面汇报各方意见，不隐匿任何一方的意见。

三是把握好"中立性"。中立性是指法官在刑事审判中相对于控诉一方或辩护一方的活动没有明显的倾向性，在汇报案件过程中不带任何个人偏向，不夹带个人情绪。《刑事诉讼法》为确立法官的中立性，强调法官在开庭前只对案件进行程序性审查、把控诉职责设置在公诉机关、控辩双方诉讼地位平等。在案件汇报过程中，法官的中立性主要体现在"兼听则明"，全面汇报，同时听取控、辩双方的证据意见和辩论观点，全面准确地汇报证据、反映案情，不先入为主。

（三）分析深入

所谓分析深入，是指承办人对事实证据的认定、定罪量刑的裁判理由、法律适用分歧意见及其解决方案等进行深刻剖析，并加以阐明。实践中，承办人向合议庭、审委会汇报案件时，需要深入分析的内容大致表现在以下几个方面：

一是深入分析案件事实证据的认定意见。在审查报告或口头汇报中应当对案件事实及其认定依据进行较为全面、深入的分析，尤其是对存疑的事实、证据能否认定应当进行较为深入的论证与分析，阐明认定或不认定的依据和理由，就全案事实证据能否形成完整的证据锁链形成较为完整的法律判断。针对被告人供述不稳定的案件，要进一步区分由不供认到供认、时供时翻、始终不供认等情形加以审查分析。

二是深入分析定罪量刑的裁判理由。在案件汇报过程中，承办人应当向合议庭成员、审委会委员深入阐述案件的定性、量刑意见，并围绕犯罪构成要求对定罪理由和量刑意见展开详细论证，对检察机关的指控罪名、量刑建议、一审判决、检辩双方是否存在分歧等展开分析，表明承办人的处理意见和理由。

三是深入分析法律适用分歧意见及其解决方案。案件办理过程中，法律适用分歧现象较为容易出现。这种分歧既可能表现为控辩双方之间的意见不同，也可能表现为承办人与控方或辩方其中一方意见不同。承办人应当在向合议庭、审委会汇报过程中，就案件法律适用存在的分歧意见及其解决方案进行深入分析，归纳争议焦点，提出解决方案及理由。

（四）观点明确

所谓观点明确，意思是思路明确、意见明确，清晰、明确地表达要做哪种、支持哪一种意见。司法实践中，除了少数程序性问题，大多数实体性问题都可能产生分歧意见。案件承办人向合议庭、审委会汇报过程中，要明确地表达和汇报观点，不含糊其词。具体来说，要做到"观点明确"，必须注意把握以下几个方面：

一是明确汇报"自己的观点"。刑事案件审理过程中，承办人本人针对案件事实证据的审查认定、定罪量刑、控辩双方争议焦点及其分析处理、法律适用等问题要有自己明确的处理意见，并在向合议庭、审委会汇报过程中，清楚地表达自己的观点、意见和态度，绝不模棱两可、含糊其词。实践中，经常会遇到有些问题承办人感到难以把握。这个时候，承办人如实地向合议庭、审委会汇报自己对某一问题没有把握，提请合议庭和审委会重点讨论、审议，这本身也是实事求是、观点明确的体现。需要注意的是，一般情况下，针对上述难以把握、一时难以决断的情况，承办人一般也应当在表达难以把握的前提下，提出自己的倾向性意见，供合议庭、审委会讨论。

二是明确汇报案件是否存在分歧意见。承办人在向合议庭、审委会汇报案件过程中，应当明确地表达各方对事实证据的认定、定罪量刑的裁判理由和处理意见、法律适用、审判程序等方面是否存在不同的意见。尤其是向审委会汇报过程中，必须明确汇报合议庭、专业法官会议对案件的裁判处理是否存在争议和分歧，绝不能含糊其词、隐藏漏报案件的分歧情况。实践中，有的承办人比较注重汇报自己对案件事实证据、法律适用、定罪量刑的处理意见，对被告人及其辩护人、检察机关、一审法院合议庭、审委会内部的分歧意见不作汇报或汇报不充分、不明确，导致合议庭、审委会在讨论、分析案情时难以作出客观、全面、准确、公正的裁判。

三是明确汇报不同意见的观点。承办人在向合议庭、审委会汇报各方对案件事实证据、定罪量刑、法律适用等方面存在分歧意见的基础上，还要进一步明确汇报各方主体对案件的不同处理方案及相关理由，并对各种不同意见和观点所依据的事实证据、法律条文、法理依据等问题作进一步说明。在汇报不同意见和观点时，承办人还应当汇报各种不同意见的合理之处和不合理之处，相关意见能否成立、是否足以采信或采纳，阐明自己对相关意见的处理态度，在审查报告、口头汇报中对相关观点予以明确的回应。

（五）突出重点

所谓突出重点，就是要突出主题，抓住重点、难点、争点进行汇

第五讲
案件汇报——合议庭审委会讨论案件的必备环节

报，抓住要害。在刑事案件汇报中，承办法官既要有全貌意识，进行全面汇报，使案件全部事实信息均能进入合议庭、审委会的视线范围，又要突出重点，善于把握关键，提高汇报质量和效率。毕竟司法资源有限，执法办案不能"眉毛胡子一把抓"。实践中，承办人向合议庭、审委会汇报中，要重点把握以下几点：

1. 围绕犯罪构成要件把握汇报重点

犯罪构成要件是刑法规定的对行为的社会危害性及其程度具有决定意义、为行为成立犯罪所必需的诸事实特征。事实是否符合规范所要求的构成要件，这是一个判断过程。司法裁判实践中，以判断者认为事实与规范已经达成最佳匹配状态为止。在匹配的过程中，需要对事实与规范进行对应、归入。正如法国学者所说："三段论的大前提和小前提往往不表现为既定的因素，而是需要人们去认真探索、发现的。在探索的过程中，法学家们从事实出发来寻找恰当的规则，然后又回到案件的具体情况中来检验是否一致。在这有时费时颇久的往返运动中，法学家逐步深化着对大前提和小前提的分析，但不能迷失他最终应证明的一致性。"现实中，大多数案件的定性之争，既涉及法律问题，又涉及事实问题，甚至有时事实问题和法律问题相互交织。在向合议庭、审委会汇报过程中，承办法官应当重点围绕犯罪的构成要件展开审查分析，并明确地表达自己的观点。

2. 围绕案件的争议焦点把握汇报重点

控辩双方围绕事实证据的审查认定、定罪量刑、法律适用等内容往往都会有个争议焦点，也是案件处理的关键点。承办人向合议庭、审委会汇报过程中，应当着重围绕争议焦点展开分析，进行汇报、说明。例如，实践中，有些盗窃行为和诈骗行为相互交织的案件，盗窃与诈骗不存在牵连，二者的根本区别在于，要看财产所有人或持有人是否有处分财产的意思和行为人非法占有他人财物的关键手段。易言之，盗窃罪与诈骗罪在主观上都以非法占有他人财物为目的，但在非法占有他人财物的手段和方法上有所不同，盗窃罪的关键手段是"秘密窃取"，而诈骗罪则为"骗取"，在一些诈骗和窃取行为相互交织的案件中，则看非法占有他人财物的关键手段究竟是"秘密窃取"还是"骗取"。这不仅在普通诈骗案件中如此，而且在含有诈骗性质的侵占、贪污类案件中也适用该原理。这里不妨举一个案例加以说明。被告人李某、张某案发前均系 A 市公交总公司的无人售票公交车驾驶员，因经济拮据而共谋窃取票款。2002 年 8 月 12 日，李某在公司里按事先分工，趁保管票箱钥匙的杨某将衣服挂在办公室内而暂时外出之机，偷配了由张某负责驾驶的 19 路公交车投币箱钥匙。2002 年 8 月至 2003 年 6 月间，两被告人在张某驾车营运过程中，多次采用偷配的钥匙开箱，占有箱内票款共计人民币 2 万余元，赃款平分，遂引发诉讼。案件审理过程中，各方对本案应如何定性分歧较大，主要有三种意见：第一种意见认为，两被告人非法占有的财物系公交车投币箱内的、尚未进入收箱工作程序的票款，应视为处于当班司机即被告人张某的实际占有之下的财物，张某有保管该财物的职责，其内外勾结，利用职务之便将财物占为己有的行为应构成职务侵占罪；第二种意见认为，投币箱内的票款，由公交公司设专人掌握钥匙保管，应视为处于公司或其保管钥匙人员的实际占有控制之下的财物，两被告人利用工作之便，偷配钥匙，窃取他人占有之下的财物，其行为应构成盗窃罪；第三种意见认为，公交公司是国有公司，两被告人利用职务之便非法占有国有财产，应定贪污罪。法院最终认定两被告人的行为构成盗窃罪。作者认为，法院认定两被告人的行为构成盗窃罪是正确的。引发本案定性争议的主要原因在于对票款占有的归属、被告人是利用职务之便还是利用工作之便，以及"偷配钥匙"这一主要作案手段有不同的判断或把握，相关问题则是争议的焦点。在案件汇报过程中，应当围绕争议焦点，具体把握被告人张某和李某事先是不是票款的占有主体、两被告人作案系"利用工作之便"还是"利用职务之便"、两被告人作案的主要手段"偷配钥匙"是否符合盗窃罪的本质特征等方面进行重点汇报。事实上，无论从占有的归属、有无利用职务之便还是从盗窃罪的本质特征角度看，法院认定两被告人构成盗窃罪都是正确的。

3.围绕案件的裁判思路把握汇报重点

一个案件之所以要进行汇报、讨论，目的在于通过集体决策形成裁判处理意见。因此，承办人向合议庭、审委会汇报过程中，最终要落脚到案件的裁判处理上，围绕案件的裁判处理把握汇报的重点。其中，比较重要的一条就是要围绕案件的裁判思路把握汇报重点。具体案件裁判思路，各不相同。但是，从法律方法论的角度看，并非没有规律可循。根据以往的办案经验，至少有以下几条值得引起重视：

一是围绕"主干行为决定定性"的思路把握汇报重点。任何一个犯罪行为，实质上都是一个复杂的犯罪行为体系，有主干行为，也有细枝末节。根据刑法原理，犯罪行为，作为罪体构成要素的行为，是指行为主体基于其意志自由而实施的具有法益侵害性的身体举止，实质上指的是主干行为，并非细枝末节，相关的事实要素就成了汇报讨论和审查的重点。

二是围绕"目的行为决定定性"的思路把握汇报重点。这种情况主要发生在牵连犯之中。一般认为，所谓牵连犯，是指行为人出于一个犯罪目的，实施数个犯罪行为，数个行为之间存在手段与目的或者原因与结果的牵连关系，分别触犯数个罪名的犯罪状态。牵连犯在我国刑法条文中虽然没有明文规定，但司法实践中却经常涉及。对于牵连犯问题，在刑法理论界存在较多争议。传统刑法理论认为牵连犯是实质的数罪，处断的一罪；新刑法的规定对牵连犯既有适用从一重处断，又有适用数罪并罚。实践中，对于目的行为要作重点汇报、讨论。

三是围绕"关键手段决定定性"的思路把握汇报重点。例如，前述的盗窃行为和诈骗行为相互交织的案件，盗窃与诈骗不存在牵连，二者的根本区别在于，要看财产所有人或持有人是否有处分财产的意思和行为人非法占有他人财物的关键手段。此类案件中，盗窃罪与诈骗罪在主观上都以非法占有他人财物为目的，但在非法占有他人财物的手段和方法上有所不同，盗窃罪的关键手段是"秘密窃取"，而诈骗罪则为"骗取"，在一些诈骗和窃取行为相互交织的案件中，则看非法占有他人财物的关键手段究竟是"秘密窃取"还是"骗取"。这里影响裁判处理的关键手段应当进行重点汇报和讨论。

四是围绕"重行为决定定性"的思路把握汇报重点。实践中，会经常遇到一个犯罪行为被另外一个犯罪行为所吸收，而失去独立存在的意义，仅以吸收的那个行为来定性，对被吸收的行为不再予以定性的情况，这种被称为吸收犯。吸收犯中，两种行为之间所以具有吸收关系，是因为它们通常属于实施某种犯罪的同一过程，彼此之间存在密切的联系，前行为可能是后行为发展的必经阶段，后行为可能是前行为发展的自然结果。实践中，一般按重行为吸收轻行为、主行为吸收从行为、实行行为吸收非实行行为等原则处置，选择较重的形态量刑。非法集资是非法吸收公众存款罪和集资诈骗罪共有的基础行为，非法吸收公众存款罪是集资诈骗罪的基础罪名，而集资诈骗罪则是非法吸收公众存款罪的加重罪名。实践中，根据重行为吸收轻行为原则，对构成集资诈骗罪的行为人往往按集资诈骗罪一罪处理，但并没有否定其非法集资这一基础行为的存在。但是，对于这种吸收处理的内容要作重点阐述和汇报，便于合议庭、审委会把握全案的裁判处理。

●专题三 案件汇报的基本方法

案件汇报本质上是发送信息、接收信息的双向沟通过程。实践中，案件承办人如何选择有效的信息发送方式，提高信息发送的质量和效率，从而有效地向合议庭、审委会传递信息，无疑值得研究。显然，这种有效发送信息的技巧和方法，就是案件汇报的技巧和方法问题。本专题拟对案件汇报的基本方法作一些梳理和探究，以资理论和实践。

一、顺叙汇报法

所谓顺叙汇报法，是指按时间的先后顺序和案件发生发展的实际过程来叙述、汇报案情。在刑事案件汇报过程中，就是按照犯罪嫌疑人、被告人从准备工具、制造条件进行犯罪预备到着手实施犯罪，到实施具体的犯罪行为，再到造成的犯罪结果，最后被抓获这一系列行为的时间发展顺序脉络进行汇报。[①] 顺叙汇报法作为一种最为常见的案件汇报方法，主要适用于人物关系简单、案情发展主线明确、时间先后衔接流畅的刑事案件，其最大的优势在于叙事自然，符合各方主体的认知规律和思维习惯，便于合议庭成员、审委会委员在较短时间内迅速熟悉案情、把握案件的关键点，提高合议庭、审委会的议事效率。

---

① 参见李斌、庞静、田申：《案件汇报的方法与技巧》，中国检察出版社2014年版，第37页。

第五讲
案件汇报——合议庭审委会讨论案件的必备环节

例：2008年6月，被告人李××伙同陈×（已判）密谋利用可遥控的赌具赌博骗钱，并商定八二分成。随后，由陈×购得遥控器、线路板及2个可控骰子，并将线路板安装在温州市鹿城区×××大酒店935房间的麻将桌背面。同年6月15日深夜，李××召集被害人胡××及林××等人与陈×在装有线路板的麻将桌上采用掷5个骰子比大小的形式进行赌博。期间，李××暗示陈×用遥控器操控骰子的点数以控制赌局。至次日凌晨，李××、陈×共赢取胡××人民币630万元，经协商后将赌债减为450万元。事后，胡××先后多次通过银行卡转账的方式共付给李××、陈×450万元，李××分得赃款360万元。

上述诈骗案的汇报方式就是典型的顺叙汇报法，基本上按照案情的发生、发展脉络进行叙事，从预谋、准备工具，到现场实施、作弊、犯罪后果，再到赃款瓜分，依次交代来龙去脉，表达准确，条理清楚，脉络分明，结构完整，既符合事件发生、发展的时间顺序，也符合人的认识规律。

需要说明的是，在顺叙汇报法的运用尤其是证据的表述中要注意掌握一些叙述的常识和注意事项，合理地运用顺叙手法。具体来说，应当注意把握以下几点：

一是注意"详略叙事法"的合理运用。实践中，运用顺叙汇报法汇报案情，在组织材料、把握线索、叙述案情时要注意剪裁得当，重点突出，该详细的详细，该简略的简略。否则，容易出现简单罗列现象，犯平铺直叙的毛病，变成一本"流水账"。

二是注意"第一人称叙事法"的合理运用。在证人证言的叙述中，有的使用"第一人称",有的使用"第三人称""其"。当使用"第一人称"时,证人证言的内容通过"我"传达给"听众",表示证人证言证明的内容都是证人亲眼所见,亲耳所闻,或者就是证人的亲身经历,使"读者"得到一种亲切真实的感觉。采用第一人称叙述时,叙述的人与事,只能是作为"我"的证人活动范围内的人物和事件,活动范围以外的人物和事情就不能写进去。为了避免与案件承办人的混淆,在证人证言证据名称之后往往用冒号处理。例如,证人张三的证言证实:"'我'当时看到……"

三是注意"第三人称叙事法"的合理运用。在审理报告或口头报告中用第三人称叙事,承办人既不受空间、时间的限制,也不受生理、心理的限制,可以直接把报告中的人和事展现在"读者"或"听众"面前,自由灵活地反映案情事实。证人证言等言词类证据中,叙事人也可用第三人称叙事,证明犯罪事实。但也应当承认的是,第三人称叙事往往不如第一人称叙事那么真切自然,究竟用何种人称进行叙事可根据案情而定。

二、倒叙汇报法

倒叙汇报法是相对于上述顺叙汇报法而言的。不过,所谓倒叙汇报法,并不是把整个事件都倒过来叙述,而是除了把某个部分提前外,其他仍是顺叙的方法。在承办人向合议庭、审委会汇报过程中,采用倒叙的情况一般有三种:

一是从被告人查获时的现场情形开始汇报。实践中,有些案件被

第五讲
案件汇报——合议庭审委会讨论案件的必备环节

告人在作案后被当场查获,被抓获时从其身上或暂住处查获了毒品、假币、赃款、作案凶器等客观性物证,对于锁定被告人贩毒、运输假币、行凶抢劫作案或故意杀人等犯罪事实具有重要作用,此时可以将被告人查获时的现场情形提前汇报,交代起点,形成悬念,然后再汇报作案预谋、准备、实施等案发经过,形成倒叙汇报的表现效果。

二是从案件犯罪结果开始汇报。针对案发结果比较清晰、特定的案件,承办人可从犯罪结果开始汇报,提前介绍案发结果的相关情况,然后加以展开。此种汇报方式可以使汇报结构富于变化,避免平铺直叙,让合议庭成员、审委会委员对本案的犯罪结果如造成的伤亡后果、犯罪金额、经济损失等有概括性的了解和大致把握,便于下一步深入研究和讨论更为详细的案情。

三是从一审裁判结果及检辩双方的争议焦点开始汇报。实践中,为了表现文章的中心思想、聚焦汇报的主题,把最能表现中心思想的部分提到前面,加以突出。案件承办人向合议庭、审委会汇报过程中,可以将一审判决情况、判后被告人是否上诉、检辩争议的焦点等核心内容提前到汇报最前面,甚至在开场白部分就运用简单的语言把问题汇报清楚,使合议庭成员、审委会委员对讨论的主要内容和需要解决的核心问题"提前"心中有数,使汇报曲折有致,造成悬念,引人入胜。

需要言明的是,倒叙与顺叙有时是相对而言的。一般情况下,倒叙与顺叙的转换处,除了要有明显的界限,还要有必要的文字过渡,做到自然衔接。但是,也需要注意,在汇报过程中,切忌无目的地颠来倒去,造成汇报内容反反复复,使汇报的眉目不清,含糊其辞。例如：

原判认定，被告人葛××、张××夫妇案发前在浙江省永嘉县开办温州市申诚机电设备有限公司、温州市顺泰机电设备有限公司，2001年开始亏损，至2008年已欠下巨额债务，靠高息借款维持运转。2010年1月至2011年7月间，葛××、张××在严重负债、明知自己缺乏偿还能力的情况下，以经营机电设备、投资房地产、购买别墅等为名，以高额利息为诱饵，拆东墙补西墙，骗取他人提供款项，先后向蔡××、柳××、褚××、林×、葛××、吕××、冯×、王××、徐××、郭××、蒋××、陈××、朱××、周××、夏××、胡××、叶××等社会公众非法集资共计5100余万元人民币，用于归还债务、支付高息等，致使本金共计2370余万元人民币至今无法归还。原判还认定，2008年4月30日，被告人葛××向中国农业银行永嘉支行办理贷记卡，后多次消费、取现，未能足额偿还，至2012年8月23日共恶意透支44311.61元人民币，利息1293.81元，期间经银行两次催讨后超过3个月仍未归还本息。

葛××上诉提出，其主观上没有非法占有他人集资款的目的，客观上没有实施诈骗犯罪行为，其行为不构成集资诈骗罪，原判定性有误，本案应以非法吸收公众存款罪定性处罚，并称被害人对集资款项的用途事先知情，系自愿提供借款；本案大部分集资款均用于投资经营和支付利息，没有进行个人挥霍；案发后出走是因为受到债权人逼债，怕影响人身安全而躲避，并非跑路；其没有恶意透支信用卡，亦无接到银行的催收通知，其曾打电话要求银行经办人帮忙归还信用卡欠款，该经办人已予以答应，其行为亦不构成信用卡诈骗罪，要求二

第五讲
案件汇报——合议庭审委会讨论案件的必备环节

审依法改判。张××在庭审中亦提出，本案应以非法吸收公众存款罪定性处罚，原判认定其行为构成集资诈骗罪定性有误，量刑过重，要求从轻处罚。

出庭的浙江省人民检察院检察员认为，原判认定的犯罪事实清楚，证据确实、充分；被告人葛××、张××在公司资产明显资不抵债、明知自身不具有偿还能力的情况下，采取欺骗手段，虚构投资回报等事实，以高息为诱饵，骗取社会公众提供集资借款，系拆东墙补西墙，最终造成他人经济损失数额特别巨大，其行为构成集资诈骗罪；葛××恶意透支信用卡，超过规定期限并经发卡银行催收后仍不归还，其行为还构成信用卡诈骗罪，原判定性准确，量刑适当，葛××上诉称本案应以非法吸收公众存款罪定性处罚等理由均不能成立，建议驳回葛××的上诉，维持原判。

二审期间，承办法官围绕犯罪构成要件和争议焦点展开了重点审查。经二审审理查明，原判认定被告人葛××、张××集资诈骗、信用卡诈骗的事实，有蔡××等十七名被害人及被害单位工作人员郑××的陈述，有关借款借条、抵押协议、银行转账明细，扣押的公司账本，公司工商登记资料，信用卡透支信函催收清单，户名为葛××的农业银行信用卡办卡信息和账户消费明细等大量书证，有关民事判决书、调解书，公司财务人员的证言，涉案人员陈××、徐××、余××、周××的供述等证据证实。葛××、张××亦均供述在案，所供能够相互印证，且与上列证据反映的情况相符。

关于上诉理由，经查：（1）在案的财务账册、大量借条等书证以及被告人供述等证据显示，被告人葛××、张××夫妇开办机电设备公司从 2001 年开始亏损，至 2008 年已欠下巨额债务，后因靠高息借款维持企业运转、投资不当等原因造成资金严重缺口。在卷的民事判决书等书证证实，葛××除本案作为犯罪事实加以认定的集资款项未归还外，还欠有关银行、个人等借款数千万元未能归还。葛××、张××在明知自己缺乏偿还能力、相关款项必然无法偿还的情况下，仍采取虚构事实、虚假承诺还款日期、隐瞒亏损真相等手段，以高额利息为诱饵，先后骗取蔡××等十余名社会不特定人员提供款项累计高达五千余万元人民币，用于归还前债、支付高息等，系拆东墙补西墙，最终造成集资款共计 2300 余万元人民币至今无法偿还，事后又存在"跑路"等逃匿行为，足以表明其主观上具有以非法占有为目的的诈骗犯罪故意，客观上实施了集资诈骗犯罪行为，符合刑法规定的集资诈骗罪构成特征，原判定性并无不当。故葛××上诉及张××在庭审中称原判定性有误、其主观上没有诈骗故意、客观上没有实施诈骗行为、本案应定性为非法吸收公众存款罪等理由与事实及法律不符，不予采信。（2）在卷的信用卡透支函催收清单、银行账户交易明细以及银行工作人员的证言等证据证实，被告人葛××从中国农业银行永嘉支行申请办理信用卡后，多次取现、消费，透支数额较大，超过规定期限并经发卡银行催收后仍不归还，符合刑法规定的恶意透支构成特征，其行为构成信用卡诈骗罪。故葛××上诉称原判该节定性有误的理由亦与事实及法律不符，不予采信。故原判认定的事实清楚，证据确实、充分。

上述集资诈骗、信用卡诈骗案的汇报既有倒叙的汇报方式，又有顺叙法的运用，通过两种方法的综合运用完整地反映了案情全貌。

第五讲
案件汇报——合议庭审委会讨论案件的必备环节

三、人物关系汇报法

所谓人物关系汇报法,是指以梳理案件相关人物之间的关系为基础,叙述案情事实的一种汇报方法。换言之,就是先交代清楚与案件事实有关的当事人之间的关系,然后按照他们之间的关系进行汇报。司法实践中,有的案件人物众多,且相互之间关系复杂。在这种情形下,如果直接运用顺叙汇报法,可能难以使听取汇报的合议庭成员、审委会委员对案件事实快速形成较为完整和清晰的认识。① 有的案件,一旦点明与案件事实相关当事人之间的关系尤其是被告人之间的关系,被告人的地位、作用等案情事实也就豁然开朗。例如,前述集资诈骗、信用卡诈骗案中,在汇报中讲明"被告人葛××、张××夫妇案发前在浙江省永嘉县开办温州市申诚机电设备有限公司、温州市顺泰机电设备有限公司,2001年开始亏损,至2008年已欠下巨额债务,靠高息借款维持运转"这一基础事实,尤其是向合议庭成员、审委会委员把被告人系夫妇关系汇报清楚的情况下,相关案情便更加清晰地呈现。

人物关系汇报法是一种较为常见的案件汇报方法,尤其在以下几种类型的案件汇报中具有重要的应用价值:

一是存在"加害与被害"关系的案件。例如,在故意杀人刑事案件中,把被告人与被害人之间的人物关系交代清楚,对于研究案件的起因、被害人是否存在过错、被告人事后有无认罪悔罪表现、有无积极赔偿获得被害人亲属谅解、能否获得被害人亲属谅解等事实具有重

---

① 参见李斌、庞静、田申:《案件汇报的方法与技巧》,中国检察出版社2014年版,第38页。

要参考价值。

二是人物众多的共同犯罪尤其是集团犯罪案件。共同犯罪分为一般共同犯罪和特殊共同犯罪即犯罪集团两种。根据《刑法》规定,一般共同犯罪是指二人以上共同故意犯罪,而三人以上为共同实施犯罪而组成的较为固定的犯罪组织,是犯罪集团。组织、领导犯罪集团进行犯罪活动的,或者在共同犯罪中起主要作用的,是主犯。对组织、领导犯罪集团的首要分子,按照集团所犯的全部罪行处罚。在此之外的主犯,应当按照其所参加的或者组织、指挥的全部犯罪处罚。共同犯罪人除主犯、从犯、胁从犯之外,还有教唆他人犯罪的教唆犯。人数众多的共同犯罪尤其是集团犯罪案件,理清参与人员之间的人物关系非常重要。比如,某电信诈骗犯罪案件,被告人人数多达二十余人,有的系男女朋友,有的系夫妻,有的系妻舅关系,有的系同乡,有的系邻居,有的系兄弟关系,因此,在汇报过程中,全面、准确地把握各被告人之间的人物关系,对于讲清案情具有十分重要的作用。

三是案情复杂的经济犯罪案件。经济犯罪,是指在社会经济的生产、交换、分配、消费领域,为谋取不法利益,违反国家经济、行政法规,直接危害国家的经济管理活动,依照我国刑法应受刑罚处罚的行为。经济犯罪是犯罪的一种,因而具有犯罪的一般属性,即社会危害性和刑事违法性。除此之外,经济犯罪还具有发生在经济领域、主观上为故意、直接危害国家的经济管理活动等特点。在案情较为复杂的经济犯罪案件中,涉案人员的人物关系往往错综复杂,有的系共同投资人、股东关系,有的系合作伙伴,有的系加害人与被害人关系,有的系共同犯罪行为实施者,这就需要从人物关系出发,理清案件发生、发展的来龙去脉。

四、逐罪汇报法

所谓逐罪汇报法，是指针对一人多次犯数罪等案件，按罪名逐罪汇报的一种案件汇报方法。在具体的汇报过程中，又需要采用归纳汇报法、重点汇报法等多种方法。所谓逐罪汇报，就是按罪名逐一汇报，一般是主罪名先汇报，其次次要罪名，围绕每个罪名，对相应的证据进行逐一汇报、说明。所谓归纳汇报法，就是在逐一审查证据的基础上，对所涉罪名的事实证据情况按一定的逻辑结构进行组合、归纳并形成汇报意见的一种方法。所谓重点汇报法，是指结合案件争议焦点，对审理中确定的事实证据、法律适用等重点材料予以重点介绍和汇报的方法。重点汇报法侧重"汇报重点材料，兼顾非重点材料，不汇报无用材料"。其中，重点材料是指与案件争议焦点有关的和对被告人定罪量刑有直接关系的证据材料，以及彼此之间存在矛盾的证据材料；非重点材料是指与被告人定罪量刑关系不大但也应当让合议庭、审委会相应了解的材料；无用材料是指与被告人定罪量刑无关的以及重复的证据材料。

逐罪汇报法的本质是分叙。分叙的作用是把头绪纷繁、错综复杂的事情，写得眉目清楚、有条不紊。分叙可以先叙一件，再叙另一件，也可以几件事情进行交叉叙述。采用分叙时要根据审查报告内容和表达中心思想的需要确立叙述的线索，还要交代清楚每一事件发生和发展的时间顺序。

五、逐次汇报法

所谓逐次汇报法，是指按顺序、逐次进行汇报的一种案件汇报方法。这种方法在盗窃犯罪，非法吸收公众存款、集资诈骗、走私普通货物等次数较多的经济犯罪案件审理中比较常见。针对多罪名、多次数的犯罪案件，在分罪名逐罪汇报的基础上，针对多人多次犯罪案件，也可以按顺序逐次审查、汇报。尤其在各被告人对其中某几次犯罪提出异议的情况下，逐次向合议庭成员、审委会委员汇报相关证据，审查分析该次的事实是否清楚，证据是否确实、充分，相关的上诉、辩护理由是否成立，意义重大。

逐次汇报法的本质也是分叙和详叙。其中，详叙一般用在对每件事发展变化过程的具体叙写。详叙时要抓住人物的特征或事情的细节进行详尽、细致的描叙。在撰写审查报告时，与案件的裁判处理等中心思想密切相关的部分，要详叙。与裁判处理关系不大，而又与案情存在一定关联也须交代的，则几笔带过，这样审查报告的中心才能突出。

六、表格式汇报法

所谓表格式汇报法，就是运用列表格等方法进行汇报的一种案件汇报方法。实践中，针对盗窃犯罪、非法吸收公众存款、集资诈骗、走私普通货物等次数较多的经济犯罪案件，在逐笔审查、汇报的基础上，采用列表格的方法将每笔犯罪事实及证据情况予以罗列，简明扼要地向合议庭成员、审委会委员予以汇报，往往会收到良好的效果。尤其是盗窃案件，往往次数比较多，但盗窃的时间、地点，作案手段，窃得财物的金额，参与作案的被告人，被告人在共同犯罪中的地位、作用，分得赃款赃物多少，有无退赃，有无自首、立功等法定从轻、减轻处罚情节等内容格式化、标准化的程度比较高，运用表格方式进行列表汇报，往往可以使合议庭成员、审委会委员一目了然，且便于对各个被告人的情况进行横向比较，形成客观、准确、合法、合理的裁判意见。

实践中，盗窃犯罪是一种常见、多发的传统犯罪类型，也是运用表格式汇报法较多的案件类型。在盗窃犯罪案件的列表汇报过程中，除了罗列作案时间、地点、参与人员、窃得财物等内容外，还应当注意立足盗窃犯罪的证据特性列明本次犯罪特点等内容。如现场提取的各种痕迹物证、证人证言、被害人陈述、鉴定意见等间接证据；提取的赃款赃物、作案工具和现场提取的各种痕迹、遗留物等各种物证；证明被盗财物的种类、特征、数量、用途等内容的失主报案陈述和收购赃物的买赃人等相关证人证言。

最后，需要说明的是，与表格式汇报法类似的方法还有图示法。实践中，在一些多被告人、涉及大量公司的错综复杂的经济犯罪案件中，为了更好地展示被告人之间的人物关系、涉案公司之间的关系等，需要采用画图的方式予以直观展示、解释。这种运用图表等进行汇报的方法，即为图示法。限于篇幅，在此不再赘述。

专题四 几种典型案件的汇报技巧与方法

不同类型案件的事实证据、定罪量刑、法律适用等具有不同的特点和规律，对承办人汇报的要求也有所不同。案件汇报本质上系发送信息、接收信息的双向沟通过程。实践中，针对不同类型的刑事案件，承办人应当选择符合该类犯罪案件特点和规律的信息发送方式，掌握相应的案件汇报技巧与方法，有效地向合议庭、审委会传递案件信息，才能确保合议庭、审委会能够形成高质量的讨论。本专题在前述专题对案件汇报的一般技巧和方法进行讨论的基础上，特选择几种典型案件的特殊汇报技巧与方法，以期全面深化对案件汇报技巧和方法的探究。

一、"命案"的汇报技巧与方法

所谓命案，泛指致人死亡的刑事案件，以故意杀人、抢劫致人死亡为典型代表。做好相关案件的汇报，关键在于把握命案的证据规格，汇报相关案件事实要素是否齐备、有关事实是否清楚、证据是否确实充分。实践中，应当注意把握以下几点：

一是注意把握案件线索来源。案件特别是命案等重大刑事案件的发案、立案、破案等侦破环节的线索来源是否清楚、正常，相关材料是否完备、是否为原始材料，与案件最终能否认定关系重大。实践中，凡是通过刑讯逼供等非法手段"侦破"的刑事冤错案件，往往在侦破环节就显得破案过程"不自然"，方法不太正常，相关材料不完备。因此，办理命案要尤其注意对案件的线索来源等问题作重点汇报，包括案件是否存在自首情节、是否存在检举揭发、是目击者报案还是当地群众发现被害人（尸体、尸骨）而报案等。

二是注意把握命案的证据规格。命案不同于一般刑事案件，在发案、投案自首、人员失踪、"破案"、死亡结果等方面均具有其特殊的证据规格。针对证据确实、充分的命案，承办人向合议庭、审委会汇报的主要目的就是要让合议庭成员、审委会委员依证据快速形成"内心确信"，放心定案，因此要重点汇报侦查机关直接锁定被告人作案所依据的客观性证据和线索，侦破案件的思路、方法、措施、经过和结果，抓获被告人的过程和方法，以及在侦查阶段有无根据被告人的供述或指认，发现尸体、提取隐蔽性物证等。一般而言，根据被告人供述提取到隐蔽性物证、起获尸体或者被告人带领指认现场的，证据的可信度就较高。在汇报案件中，一旦承办人抓住重点，把直接锁定被告人行凶作案的指纹、DNA 等痕迹物证汇报清楚了，让人感到定案比较放心，合议庭、审委会讨论效率就更高了。

三是注意把握被害人的身份状况及其 DNA 鉴定意见。被害人身份是命案审查的重中之重，意味着被告人究竟杀了谁。如果连被害人的身份都不清楚，那就会影响定案。对被害人身份的汇报要区分案发时被害人身份明确与案发时被害人身份不明确两种情形。对于案发时被害人身份明确的情形，要进一步汇报被害人身份应具备的证据，如有无与被害人亲属进行 DNA 鉴定，相关被害人亲属有无证言或辨认笔录在卷，等等。对于案发时被害人身份不明确的情形，要注意汇报目前被害人的状况。其中，DNA鉴定意见是审查确认被害人身份的重要证据。在汇报DNA鉴定意见等客观性证据时，要注意汇报相关检材的提取来源是否清楚，保存、流转是否正常等内容，有关证据是否确实、充分。

四是注意把握被告人的身份状况及其相关证据。针对案发时被告人身份明确的情形，关键在于把握认定被告人身份应具备的证据规格，对在案证据按相应规格和标准进行逐一审查，汇报被告人的身份是否清楚。针对案发时被告人身份不明确的情形，要搞清楚侦查机关最终有无查清被告人的身份、本案是否按自报身份处理等。

五是注意把握案件的整体犯罪事实。犯罪事实是整个命案案情事实的核心内容，相关案件整体事实是否清楚，证据是否确实、充分，务必重点汇报清楚。包括犯罪起因、犯罪故意内容、犯罪预备情况、被告人有无作案时间、作案地点是否明确、犯罪手段和经过是否清楚、被告人是否一直供认不讳等。对于死亡结果，要重点汇报证明被害人死亡的证据是否确实、充分，死亡原因是否清楚等。

六是注意把握案件的量刑情节。包括是否构成累犯，是否区分主从犯，是否存在自首、坦白、立功等从轻情节，被害人是否有过错，案件是否由于婚恋或家庭矛盾激化，民间纠纷引发案件等。

二、经济犯罪案件的汇报技巧与方法
——以诈骗罪和涉税犯罪为例

在刑法理论和司法实践中，经济犯罪的定义并不统一，有广义、狭义之分。从广义的角度来说，有的把一些财产型犯罪、职务犯罪等也都包括在内。一般来说，经济犯罪是指在社会经济的生产、交换、分配、消费领域，为谋取不法利益，违反国家经济、行政法规，直接危害国家的经济管理活动，依照我国《刑法》应受刑罚处罚的行为。本专题以诈骗犯罪、涉税犯罪案件为例，立足经济犯罪的证据特性对经济犯罪案件的汇报技巧与方法作些探讨。

一是既要重视书证，又不唯书证。经济犯罪案件往往以书证为主，但书证有时不一定真实可靠，既要重视书证，又不唯书证，这是经济犯罪案件的一大特点，在汇报、讨论过程中应当把握经济犯罪案件的规律和特点。以合同诈骗罪为例，相关财务账册、合同原件、工商登记材料等书证是非常重要的证据，尤其是财务账册等对于查明赃款的去向，认定被告人主观上是否具有非法占有他人财物的诈骗犯罪目的具有十分重要的作用。因为，不同的心理态度对合同标的物的处置也必然有所不同。如果根据财务账册等证据证实行为人将取得的财物不是按合同的约定进行处置，而是隐匿或任意处分，即用于偿还债务、个人挥霍等，或挪作他用，或用于犯罪活动、投机行业，或携款潜逃，拒不归还或无法归还，其非法占有的目的就非常明显。因此，相关的书证及其证明的内容就应当成为汇报的重点。当然，大量的案例显示，尽管书证非常重要，但在案的书证并非都是原始材料，很容易伪造，千万不可盲目采信，而需要深入地审查。

二是既要听其言，更要观其行。经济犯罪的行为人往往智商较高，反侦查、反审判的能力较强，能言善辩。在审查过程中，既要全面听取被告人的辩解和供述，又要注意审查其客观行为表现，坚持主客观相统一原则。比如，在审查、汇报合同诈骗犯罪案件中，不仅要汇报行为人是否承认自己主观上具有非法占有目的，更重要的是要审查、汇报其事前、事中、事后的一系列客观行为表现，包括合同主体资格是否真实、行为人有无履约能力、有无采取诈骗的行为手段、有无履行合同的实际行动、行为人没有履行合同的原因、行为人的履行态度是否积极、行为人对财物的主要处置形式、行为人的事后态度是否积极等外化行为要素。如果行为人因自己的行为导致合同没有履行之后，不是及时通知对方，积极采取补救措施，以减少对方的损失，而是无正当理由地表现出种种不愿承担责任的态度，拒不赔偿、返还对方财物，或找各种理由搪塞应付，东躲西藏，避而不见，甚至收受对方财物后逃匿，可认定其具有非法占有目的。相反，如果行为人事后能积极采取补救措施，用实际行动赔偿对方损失，就不能认定其具有非法占有目的。在涉税犯罪案件的汇报中也是如此，要注意审查涉税犯罪的客观行为表现，准确界定行为属性。

三要注意汇报单位犯罪与个人犯罪的审查情况。在经济犯罪案件中，要特别注意审查犯罪的主体身份，区分单位犯罪还是自然人犯罪。根据司法解释规定，自然人为进行违法犯罪活动而设立的公司、企业、事业单位实施犯罪的，或者公司、企业、事业单位设立后，以实施犯罪为主要活动的，不以单位犯罪论处；盗用单位名义实施犯罪，违法所得由实施犯罪的个人私分的，依照《刑法》有关自然人犯罪的规定定罪处罚。据此，在立法承认单位具有犯罪主体资格的前提下，为了阻止单位犯罪主体资格的滥用以及实现刑法正义，司法审判机关可视案情对某些虽具有单位的形式但实质上缺乏或丧失刑事责任能力的单位作为犯罪主体资格予以否认，直接追究单位背后自然人或其他单位刑事责任。在虚开增值税专用发票案件中，犯罪分子为掩盖其犯罪行为，千方百计以合法经营者的身份出现，智能化程度较高，手段比较隐蔽。有些皮包公司以虚开发票为生财之道，通过空头注册、虚假出资方式骗取一般纳税人资格领购发票，专做发票生意，大肆虚开增值税专用发票，实践中，务必注意从实质审查角度，汇报有关公司是否具有刑法意义上的单位犯罪主体资格。

四要注意汇报经济犯罪造成的损失情况。诈骗、涉税等经济犯罪的损失情况，是经济犯罪案件的审理重点。行为人是否给国家和人民造成重大经济损失，损失多少，以及事后有无积极采取措施弥补被害人的损失，这些都是经济犯罪案件审查的重点，也是影响被告人量刑的重要情节。承办人向合议庭、审委会汇报过程中，要注意提纲挈领地汇报案件的数额、损失、被告人非法所得以及退赃等简要情况，使合议庭、审委会对本案的量刑情节有个更为全面的了解和把握。

五要注意汇报案件存在的法律适用争点、难点及其分析处理意见。大部分经济犯罪案件，事实清楚，证据确实充分，关键在于对本案的事实证据怎么看、是否构成犯罪、是此罪还是彼罪的问题。在诈骗犯罪中，经常遇到被告人主观上是否非法占有他人财物的诈骗故意、是否构成诈骗犯罪、被告人的手段行为和目的行为是否存在交叉竞合关系、是普通诈骗还是特殊诈骗罪等法律适用的难点问题。涉税、走私等其他经济犯罪也通常在行为人的行为是否构成犯罪、是此罪还是彼罪等方面发生争议。需要强调的是，司法领域中，裁判意见的形成往往是裁判主体基于"裁判的可接受性"考量，在权衡案件处理的法律效果、社会效果、政治效果等基础上，进行综合分析考量的结果，同时也是对在案的事实证据进行综合分析评判的结果。尤其是像诈骗罪类的经济犯罪，被告人主观上是否具有非法占有目的，是基于行为人的主观心理状态与外化行为表现的常态化联系，通过"经验法则"综合分析评判的结果，因此，务必注意听取控辩各方的辩论意见，允许被告人对自己的行为性质进行反驳。承办人在向合议庭、审委会汇报过程中，务必要全面介绍控辩、一审合议庭和审委会等各方对案件定性量刑的分歧意见、争议焦点以及分析处理意见，为合议庭、审委会综合裁判提供基础。

三、毒品犯罪案件的汇报技巧与方法

在刑事诉讼中，命案、毒品犯罪和职务犯罪是各有特点、均比较特殊的犯罪类型，这三大类犯罪都有其自身特有的诉讼规律和证据审查要求，也有着不同的汇报技巧和方法。承办人在向合议庭、审委会汇报重大毒品犯罪案件过程中，要注意把握以下几点：

一是注意汇报被告人的前科、累犯等情况。毒品犯罪中，行为人是否具有犯罪前科、是否构成累犯、毒品再犯等情节尤为重要，在开场白的设定中，务必提前用三言两语"汇报"情况。

二是注意汇报被告人的主观内容状况。要注意审查、汇报被告人"贩卖目的",行为人是否"明知"其所贩卖、运输的物品系毒品。判定毒品犯罪主观故意的主要依据是被告人的供述与辩解、证人证言、书证、电子证据和其他有助于判断主观故意的证据。根据有关规定,具有伪报、藏匿、伪装、体内藏匿物品或采用高度隐蔽方法夹带毒品等一定基础事实,并且被告人不能作出合理解释的,可以认定其"明知"。如有证据表明被告人确属被蒙骗,或者被告人能够作出合理解释的,则不宜认定其"明知"。

三是注意汇报毒品犯罪的客观方面及其证据状况。毒品犯罪客观方面的主要证据包括毒品、毒品的半成品、制毒物品、毒资、盛装毒品的容器或包装物、电子称等贩毒工具等实物及其照片、证明毒资往来、涉毒人员行踪的书证、毒品、毒资、作案工具及其他涉案物品的扣押清单、毒品鉴定和检验报告、对现场的勘验及对人身、物品的检查等。承办人要注意审查、汇报在案毒品的真实性及其证据收集程序的合法性,重点汇报毒品照片是否附卷,照片中的毒品是否和被告人描述的毒品种类、形状、数量相同,防止与其他案件的毒品混杂。对于不是从被告人身上当场查获的毒品,应当结合其他证据如毒品包装上是否有被告人的指纹、生物检材等,以确定毒品的真实来源。同时,要重视书证在定罪体系中的证明作用,特别注重运用通信记录、银行交易记录、交通通行记录、交通卡口照片、住宿记录等书证证明犯罪。注意汇报提取毒品的主体是否适格,是否有合适的见证人,提取毒品的程序是否规范,是否有犯罪嫌疑人(被告人)在提取笔录上签字等,以及委托鉴定的时间、出具鉴定意见的时间、鉴定机构与鉴定人的资格、鉴定材料是否为送检材料、鉴定对象与鉴定意见是否关联、鉴定方法与鉴定程序是否科学、客观、规范。

四、事实证据分歧案件的汇报技巧与方法

前述主要从案件的性质区分，对命案、经济犯罪和毒品犯罪三大类案件的汇报技巧和方法作了阐述。本节从案件分歧主要是事实证据问题、法律适用问题还是量刑问题等角度再作些补充。所谓事实证据分歧案件，是指本案的争议焦点主要在于事实证据、各方对事实证据的审查认定存在分歧意见。承办人向合议庭、审委会汇报的过程中，应当避免先入为主，本着实事求是、客观中立原则，把案件事实证据的分歧点、造成分歧的原因以及对事实证据的分析、采信意见汇报清楚。实践中，造成事实证据分歧的原因各不相同，有的系被告人供述前后不一、翻供翻证造成，有的系鉴定意见不同造成，有的系案件本身错综复杂、需要条分缕析造成。针对不同的原因，承办人在汇报过程中，应当注意把握以下几点：

一是注意逐罪汇报、逐次汇报、逐一分析。面对由事实证据分歧引起、错综复杂的刑事案件，承办人向合议庭、审委会汇报过程中首先要逐罪汇报，按罪名不同，逐一汇报案情。针对同一罪名的犯罪事实，则按犯罪顺序逐次汇报。针对同一笔犯罪事实，则要对其中的证据逐一展开分析汇报。在汇报案情过程中，要注意简明、扼要，突出重点，把分歧点叙述清楚，且不遗漏关键事实。

二是重视被告人的供述和辩解，但不轻信口供。事实证据的认定

第五讲
案件汇报——合议庭审委会讨论案件的必备环节

存在分歧的案件往往是被告人供述不稳定的案件，此类案件中，被告人或无供述，或先供后翻，或先翻后供，或边供边翻。实践中，要注意审查分析翻供的原因，以及口供变化的历程。在一些经济犯罪案件中，被告人虽然对案件的基本过程交代在案，但对行为的属性、是否具有犯罪故意等一直否认，则需要透过现象看本质，通过其所实施的一系列客观行为表现来综合分析评判其犯罪行为能否认定。针对事实证据分歧案件，要高度重视被告人对行为性质的供述和辩解，但也不能轻信口供，尤其是在经济犯罪案件的审查、汇报中，绝不能被告人怎么说，就怎么采信。

三是注意把握关键证人、被害人陈述等言词证据。在事实证据分歧的案件汇报中，承办人要注意把握对关键证人、被害人陈述等关键言词证据的汇报。实践中，关键证人、被害人等翻证的现象也时有发生，往往成为案件事实证据分歧的原因之一。有的案件，虽然关键证人、被害人在审判阶段没有出现翻证的现象，但是在侦查阶段证言不稳定，前后不一、内容相互矛盾的情况也屡见不鲜，需要重点汇报言词证据的变化情况。有的案件，关键证人、被害人陈述稳定，但是对于直截了当地查清案件事实，确定关键情节，直观还原、呈现作案经过，消除争点、疑点，具有非常重要的意义，也需要进行重点汇报。因此，针对事实证据分歧案件，承办人在向合议庭、审委会汇报关键证人、被害人的陈述内容对于统一认识、查明事实具有重要作用。

四是注意汇报不同鉴定意见的采信情况。实践中，针对事实证据分歧案件，鉴定意见对于查清事实真相起到了非常重要的作用。在此类案件汇报中，承办人应当重点汇报鉴定意见的形成过程、检材的来源、收集程序是否合法、鉴定人员是否具有鉴定资质等内容。需要注意的是，有的案件事实证据之所以产生分歧，往往就是因为存在多份鉴定意见造成。实践中，审理侵犯商业秘密、故意伤害、故意杀人犯罪等案件中经常会遇到多份鉴定意见的情况。比如，人身伤害鉴定便是。在涉及人身伤害案件中，法医鉴定意见关系到正确认定案件的性质、责任的区分，甚至是罪与非罪。鉴定意见通常具有较强的科学性、技术性，但就其本质属性而言仍只是证据的一种形式。鉴定意见作为鉴定人的判断性意见，必然带有一定的主观性，并不具有必然的科学性、准确性，因此只有经人民法院依法审查认定的，才能作为定案的依据。对于一般轻伤、重伤人身伤害鉴定的审查，主要包括以下几个方面：一是鉴定机构和鉴定人是否合法；二是送交的鉴定材料是否齐全正确；三是鉴定方法是否科学准确；四是鉴定结论与在案证据是否一致；五是鉴定意见是否符合法定标准。承办人向合议庭、审委会汇报过程中，务必对不同鉴定意见的采信情况汇报清楚。

五是注意汇报非法证据排除程序的启动及其适用情况。事实证据存在分歧的案件，往往会涉及非法证据的排除情况。承办人向合议庭、审委会汇报过程中，必须将案件是否存在非法证据排除申请、非法证据排除程序的启动以及后续的适用等情况汇报清楚。根据法律和司法解释的规定，在法庭调查过程中，被告人有权提出其审判前供述是非法取得的意见，并提供相关线索或者证据。程序启动后，法庭应当进行审查。合议庭对被告人审判前供述取得的合法性没有疑问的，可以直接对起诉指控的犯罪事实进行调查；对供述取得的合法性有疑问的，则由公诉人对取证的合法性进行举证。公诉人应当向法庭提供讯问笔录、原始的讯问过程录音录像或者其他证据，提请法庭通知讯问时其他在场人员或者其他证人出庭作证，仍不能排除刑讯逼供嫌疑的，提请法庭通知讯问人员出庭作证，对该供述取得的合法性予以证明。公诉人举证后，控辩双方可以就被告人审判前供述的取得是否合法的问题进行质证、辩论。法庭对被告人审判前供述的合法性问题作出裁定：如公诉人的证明达到确实、充分的程度，能够排除被告人审判前供述属于非法取得的，法庭确认该供述的合法性，准许当庭宣读、质证；否则，法庭对该供述予以排除，不作为定案的根据。在法庭作出裁定之前，承办人应当就案件非法证据排除程序的运行情况向合议庭、审委会汇报清楚，就公诉人的证明是否达到确实、充分的程度，是否需要排除非法证据等提出处理意见。对于不需要排除的证据，存在疑点的，需要侦查机关补正或作出合理解释。

五、法律适用分歧案件的汇报技巧与方法

法律适用分歧案件主要指案件事实清楚，但案件在被告人的行为是否构成犯罪、是此罪还是彼罪、是单位犯罪还是个人犯罪、共同犯罪中主从犯的认定、是否构成自首立功等法律适用方面存在较大分歧的案件。与事实证据分歧案件不同，法律适用分歧案件汇报的关键在于汇报案件的法律适用难点、重点问题，事实与规范是否匹配。实践中，承办人向合议庭、审委会汇报法律适用分歧案件时，应当注意把握以下几点：

一是注意汇报前道司法程序所认定的罪名是否成立。一审案件审

理过程中，应当重点汇报侦查过程中公安机关当初所立罪名、检察机关指控罪名是否一致、能否成立，被告人、辩护人对检察机关指控的罪名是否认可。在二审阶段，还需要汇报一审合议庭、审委会对检察机关指控罪名是否认可，如果存在分歧意见，则需进一步汇报承办人、合议庭、专业法官会议、审委会不同意见的分歧情况以及各自的法律理由。

二是注意围绕犯罪构成要求展开分析、汇报。对于案涉罪名能否成立、是构成此罪还是彼罪的汇报，关键在于以犯罪构成要件为指引，在犯罪构成要件的指引下筛选和裁剪案件事实要素，分析与涵摄事实的法律意义，确定被告人的行为是否构成犯罪、构成何罪。承办人向合议庭、审委会汇报过程中，要注意展现各方主体对犯罪构成要件所涵摄事实要素的不同看法，归纳争议焦点，以及相应的裁判意见。在确定罪名的过程中，要进一步明确展示定罪的刑法依据、事实依据和法理依据。

三是注意区分本案系单位犯罪还是个人犯罪。刑事案件尤其是经济犯罪案件审理中，法律适用争议容易发生，是否构成单位犯罪往往成为控辩审各方争议的焦点。在法律适用分歧案件的汇报过程中，往往涉及犯罪主体身份的审查，注意搞清是单位犯罪还是个人犯罪。涉及单位犯罪的证据审查，既包括公司的工商登记、股东构成、有无实际出资等情况，还包括公司成立后是否以实施违法犯罪为主要活动、违法犯罪所得是否实质归个人所有等情况，要透过现象看本质，进行单位犯罪主体资格的刑法确认与司法否定。

四是注意汇报共同犯罪中主从犯、自首立功等情节的认定情况。

在法律适用分歧案件中，主从犯的认定、被告人是否具有自首情节和立功表现等也往往是控辩双方争议的焦点，需要重点分析、汇报。所谓主从犯的认定，是指共同犯罪案件的被告人在共同犯罪中的地位、作用，是起主要作用还是次要作用的问题。这既是事实认定问题，又是法律适用问题。尤其在电信网络诈骗等经济犯罪中，主从犯的认定尤为关键。此外，自首、立功作为法定从轻、减轻处罚情节，也是应当予以重点汇报的内容，承办人应当向合议庭、审委会着重汇报控辩各方对自首、立功认定的不同意见及其理由，并提出自己的处理意见，请合议庭、审委会讨论。

五是注意汇报新旧法律适用问题产生分歧及其处理意见。新旧法律交替容易引发法律适用方面的争议。根据我国刑法规定，刑法的适用原则是从旧兼从轻。所谓从旧兼从轻原则，指除了对非犯罪化（除罪化）、弱化惩罚或有利于行为人的规定之外，刑法不得有溯及既往的效力。它是刑法罪刑法定原则中从旧原则的发展。《刑法》的该规定主要是针对我国1979年《刑法》和1997年《刑法》之间的矛盾问题，且主要是针对新《刑法》溯及力的问题作出的规定。实践中，当遇到新旧《刑法》的适用时，应当注意从旧兼从轻原则的理解和适用，并根据该原则提出相应的处理意见。

六、量刑分歧案件的汇报技巧与方法

所谓量刑分歧案件，是指案件的事实证据、法律适用和定罪等问题没有争议，而控辩各方甚至案件原审法院主要对量刑存在分歧的案件。与前述事实证据存在分歧、法律适用等存在分歧的案件不同，量刑分歧案件主要解决被告人的刑罚裁量问题。刑罚裁量问题至关重要，量刑公正是刑事审判公平正义的最终落脚点。针对量刑分歧的刑事案件，承办人向合议庭、审委会汇报过程中，应当注意把握以下几点：

一是注意量刑争议事实的汇报。刑事案件中，与量刑有关的事实是否清楚，相关事实是否存在争议，是审理的难点，也是汇报的重点。实践中，与量刑有关的争议事实，主要包括犯罪结果、伤亡后果、损失情况、作案手段、打击被害人部位、行凶次数等内容。伤亡人数、后果、作案手段、打击部位、行凶次数等事实往往是故意伤害、故意杀人、抢劫等刑事案件量刑所要重点考量的因素，也容易成为争议的焦点。而犯罪金额、损失状况等往往是经济犯罪案件讨论中经常遇到的问题，对这些与量刑有关的争议事实，无疑需要重点加以汇报。

二是注意量刑争议情节的汇报。量刑情节，是指由刑事法律规定或认可的定罪事实以外的，体现犯罪行为社会危害程度和犯罪人的人身危险性大小，据以决定对犯罪人是否处刑以及处刑轻重所应当或可以考虑的各种事实情况。既包括法定量刑情节，又包括酌定量刑情节。法定量刑情节，比如没有造成损害的中止犯、自首、立功、防卫过当、从犯等情节。常见的酌定情节主要有犯罪动机、犯罪手段、犯罪起因、犯罪人的个人情况和一贯表现等。实践中，被害人在起因上是否存在过错、被告人是否具有自首情节和立功表现、是否构成累犯、既未遂的认定等内容容易引发争议，承办人在向合议庭、审委会汇报过程中，应当注意把量刑争议情节、各方的意见和分析情况汇报清楚。

三是注意量刑争议基准和幅度的汇报。根据2021年6月16日发布的《最高人民法院、最高人民检察院关于常见犯罪的量刑指导意见（试行）》的规定，量刑步骤的第二步是，根据其他影响犯罪构成的犯罪数额、犯罪次数、犯罪后果等犯罪事实，在量刑起点的基础上增加刑罚量确定基准刑。基准刑是在量刑起点的基础上加上其他影响犯罪构成的犯罪数额、犯罪次数、犯罪后果等犯罪事实所增加的刑罚量来确定的。基准刑包括量刑起点和增加的刑罚量两部分，即基本犯罪构成事实所应判处的刑罚和其他影响犯罪构成的犯罪事实所应增加的刑期的总和。基准刑是针对具体犯罪而言的，不同的犯罪，有不同的量刑起点，增加刑罚量的犯罪构成事实也不同，所确定的基准刑就不一样。实践中，控辩各方对被告人的基准刑和量刑情节选择的量刑幅度易发生争议。在此情况下，承办人应当注意把案件的基准刑和量刑幅度的争议情况及其分析处理意见向合议庭、审委会汇报清楚。

四是注意刑罚执行方式的汇报。刑罚执行是指有行刑权的司法机关将人民法院生效的判决所确定的刑罚付诸实施的刑事司法活动。缓刑是刑罚的一种执行方式，是指对触犯刑律，经法定程序确认已构成犯罪、应受刑罚处罚的行为人，先行宣告定罪，暂不执行所判处的刑罚，而由特定的考察机构在一定的考验期限内对罪犯进行考察，并根据罪犯在考验期间的表现，依法决定是否适用具体刑罚的一种制度。对宣告缓刑的犯罪分子，在缓刑考验期限内，依法实行社区矫正，如果没有《刑法》第七十七条规定的情形，在缓刑考验期满后，原判的刑罚就不再执行，并公开予以宣告。实践中，缓刑的适用有着较为严格的条件，能否适用缓刑，容易发生争议。在此情况下，承办人应当注意把案件被告人能否适用缓刑的争议情况及其分析处理意见向合议庭、审委会汇报清楚。

七、不同诉讼程序中案件的汇报技巧与方法

前述因事实证据、法律适用、量刑等问题引发争议的案件，在不同的诉讼程序案件中均有可能出现。但不同的诉讼程序，前后道司法工序在事实认定、法律适用、量刑基础等方面有着不同的特点和规律，因此，各自的汇报技巧与方法也有所不同。大致来说，应当注意把握以下几点：

一是注意把握一审案件的汇报技巧与方法。在刑事案件办理中，一审是基础，二审是关键。刑事一审案件包括刑事一审公诉案件和刑事一审自诉案件，其中公诉案件是主要类型。在一审公诉案件的汇报过程中，承办人应当重点把公诉机关指控的案件事实是否清楚、证据是否确实充分，侦查、起诉和审判阶段各方主体对案件的事实证据、法律适用、定性等是否存在分歧意见，控辩双方争议的焦点及其分析处理意见等内容向合议庭成员、审委会委员汇报清楚。特别是要把公诉机关对事实证据的认定情况、指控罪名、量刑建议等作为重中之重进行汇报，提请合议庭、审委会予以重点审议。如果是刑事一审自诉案件，则要重点汇报自诉人起诉的事实证据、控辩双方争议焦点及其分析处理意见。有被害人的刑事案件中，要把被害人或其亲属的情绪反应、有无获得赔偿、对被告人的犯罪行为是否表示谅解等作为重点予以汇报。

二是注意把握二审案件的汇报技巧与方法。刑事二审案件包括被

告人上诉案件和检察机关抗诉案件。针对上诉案件，承办人在向合议庭、审委会汇报过程中，应当汇报的重点内容包括原判认定的事实及证据、原审判决对被告人作出的定罪量刑、被告人上诉和辩护理由及分析、案件的处理意见和理由等情况，其中被告人的上诉、辩护理由及分析处理意见是汇报的重中之重。针对检察机关提出抗诉的案件，承办人向合议庭、审委会进行重点汇报的内容除了前述与上诉案件类似的情况外，其中最为重要的内容就是抗诉理由、检辩双方的争议焦点及分析处理意见。对于上诉、抗诉案件的汇报，承办人还应当注意在开场白的设定中，对上诉、抗诉的主要理由，比如本案是对定性提出上诉、抗诉还是针对量刑提出上诉、抗诉，用一两句话进行大致的概括，使合议庭成员、审委会委员形成总的印象，便于后续有针对性地进行讨论。

三是注意把握督办案件的汇报技巧与方法。督办不是一个程序法意义上的法律概念。所谓督办案件是指上级对发生在本区，有重大影响的案件，要求下级限期查处并将结果上报的案件。"挂牌督办"是督办案件的一种特殊方式，挂牌督办在侦查阶段运用相对较多，这种挂牌督办的影响又可能延续到审判阶段。无论哪一种形式的督办，作为审理法院的案件承办人都应该坚持以事实为根据、以法律为准绳，依法高效、积极稳妥地审理好案件。同时，承办人在向合议庭、审委会汇报的过程中，应当重点把督办的背景、审查审理经过以及督办的要求等事项汇报清楚，确保把案件办对，裁判经得起法律、社会、人民、历史的检验。

八、特殊程序案件的汇报技巧与方法

所谓特殊程序案件，除了上述日常审理的案件外，泛指检察长列席法院审委会案件、请示案件、报送核准以法定刑以下判处刑罚案件等特殊程序案件。实践中，承办人向合议庭、审委会汇报相关案件时，应当注意把握以下几点：

一是注意把握检察长列席审委会案件的汇报技巧与方法。检察长列席审委会是《人民法院组织法》《人民检察院组织法》规定的一项重要内容，是人民法院主动接受监督、检察机关履行法律监督职责的方式之一，也是进一步畅通沟通渠道，加强互相配合、互相制约，确保公正司法的有效途径。从实践情况来看，承办人汇报案件的基本情况，并对指控理由进行充分阐述，检察长或其委托的副检察长就案件事实、证据认定、法律适用、量刑建议等方面发表意见和看法，为审判委员会作出最终决定提供参考。案件承办人在向审委会汇报过程中，应当把控辩双方争议的焦点、容易受社会各界质疑之处、合议庭审理与检察机关指控的分歧情况及其分析处理意见作为汇报的重中之重，让列席审委会的检察长更加全面地了解案情，主动接受检察机关的法律监督。

二是注意把握人大代表、政协委员列席审委会案件的汇报技巧与方法。邀请人大代表、政协委员列席部分刑事案件的审委会讨论，是近年来有的法院探索创新深化审委会改革而推出的改革尝试。实践中，案件承办法官就案件审理情况进行详细汇报。审理法院往往邀请案件公诉人发表检察意见。然后由审委会委员就案件事实、证据认定、法律适用和量刑等问题进行深入讨论、发表意见，并最终表决。在承办人向审委会汇报此类案件案情的过程中，应当特别注意全面、客观、公正的立场，要善于抓住案件的重点，针对人大代表、政协委员和社会各界广泛关注的热点和疑点，控辩双方争议的焦点等问题展开分析，并注意倾听、分析和研判。审委会主持人应当避免审委会成为"一言堂"，走过场，流于形式。

三是注意把握请示案件的汇报技巧与方法。随着司法改革的深入，案件请示的现象越来越少。但案件存在重大法律适用争议等情况的，还是可以请示的。承办人在向合议庭、专业法官会议、审委会等汇报过程中，应当重点围绕控辩双方争议的焦点、各方对案件定性处理等法律适用的分歧意见及其分析等进行汇报，主要把案件请示的原因、症结所在以及处理方案汇报清楚，便于合议庭、审委会决策。

四是注意把握法定刑以下判刑等特殊程序案件的汇报技巧与方法。《刑法》第六十三条第二款规定："犯罪分子虽然不具有本法规定的减轻处罚情节，但是根据案件的特殊情况，经最高人民法院核准，也可以在法定刑以下判处刑罚。"作者曾在《挪用公款一天用于虚假验资的量刑考量》一文（载《人民司法·案例》2008年第10期）中对如何理解与适用《刑法》第六十三条第二款作了较为详细的分析，在此不再重复。实践中，承办人在向合议庭、审委会汇报相关案件过程中，要注意从以下几个方面论证案件是否存在需要在法定刑以下判处刑罚的特殊情况：首先，要充分考虑法定刑特别是绝对法定刑的立法配置是否合理的问题。一般而言，立法对法定刑的配置是均衡的。但是随着社会的变迁与时代的发展，有些罪名的法定刑配置的科学性与合理性会存在一些问题，这需要法官能够审时度势、站在维护社会公平正义的立场加以灵活考量。其次，要重点考量犯罪行为的社会危害性以及罪刑是否相适应。根据案件具体情况，如果不在法定最低刑以下判处刑罚，就不能做到罪刑相适应的，这才是刑法中的"案件特殊情况"。再次，要坚持全面考虑、综合判定原则。最后，要确有适用司法减轻程序的必要。对于依照刑法的规定在法定刑限度内判处刑罚即可以做到罪刑相适应的，则显然不能也没有必要适用《刑法》第六十三条第二款；且必须是确实没有法定减轻处罚情节的案件，如果被告人具有从犯、自首、立功等法定的减轻处罚情节，则对被告人依法减轻判处即可，也没有必要适用《刑法》第六十三条第二款。在汇报中，承办人应当立足于上述几个方面，把道理讲透、把依据说清，向合议庭、审委会提供一个内容翔实、层次分明、条理清楚、一目了然的案件情况。

第六讲
案件讨论
——合议庭、审委会审议案件的讨论方法

所谓讨论，是指就某一问题或某一事相互交换意见、表明见解或进行辩论、论证。案件审理中，讨论无处不在。讨论是合议庭、审委会审议案件最重要的环节。现实中，有的合议庭、审委会讨论案件会议冗长，无法达成目的；有的整体混乱无序，成效不佳；有的先入为主，主观臆断。如何提高合议庭、审委会的讨论质效，则涉及讨论的方法问题。本讲在前述研究基础上，拟对讨论的一般方法、案件讨论的步骤和方法、几类典型案件的讨论技巧与方法等问题展开全面、系统、深入地研究，以期对司法理论与实践有所裨益。

在合议庭、审委会讨论案件过程中，与会人员如何提出有针对性、有价值的问题，是审判实践中较难掌握的技能之一。

各种评议方法的运用要视案情具体加以把握，并非一成不变，实践中应注意避免机械套用、面面俱到，而是需要突出重点、详略得当、灵活运用，具体情况具体分析。

专题一 讨论的一般方法
——如何让讨论更有效

从掌握的资料来看，目前我国学者对课堂讨论等主题有不少研究，但对如何讨论等一般性主题缺乏全面、系统的研究，相关著作较少。对此，美国著名教育学家史蒂芬·D. 布鲁克菲尔德、史蒂芬·普莱斯基尔教授所著的《如何讨论——以最短时间达成最佳结果的 50 个讨论方法》一书具有重要的参考价值。大量的实践证明，倾听、发问和回应是讨论成功的基础。本专题拟围绕发问、倾听和回应等方面，以《如何讨论——以最短时间达成最佳结果的 50 个讨论方法》一书为借鉴，对讨论的一般技巧与方法加以总结、梳理和提炼。

一、提出有效问题的方法

（一）策略性提问法

在合议庭、审委会讨论案件过程中，与会人员如何提出有针对性、有价值的问题，是审判实践中较难掌握的技能之一。所谓策略性提问法所设计的活动，旨在使参与者练习如何使用不同的方法提问。在平时的练习和实际工作中，我们都应当鼓励所有参与者提出更多的问题，使用不同的方法提问。实践中，在运用"策略性提问法"过程中，应当注意把握以下几点：

一是注意问题的"清晰性"。合议庭成员、审委会委员可以抱着"使问题更加清晰"的目的对案件承办人进行发问。其基本框架是："你在审查报告中这么说是表达什么意思，是否可以用另外一种方式加以表述？"或者问："你在汇报中这么说，是否是这个意思？"通过设问、发问和回应，使得承办人想表达的问题更清晰，目的更明确，从而使讨论更加深入。

二是注意问题的"探究性"。所谓探究性讨论，是指在案件讨论具体情境中选取某个问题作为突破点，通过质疑、表达、交流、分析研讨等思考性活动，来发现问题、解决问题的过程。探究性相对于责难性而言，合议庭成员、审委会委员抱着"使问题讨论更加全面、系统、深入"的目的，向承办法官进行发问，突出了"思考性"的特点，对于推动讨论具有重要作用。其基本框架是："你在审查报告中认定被害人在起因上存在严重过错，是否基于被害人先动手打人这一情节？"通过这样的设问、发问和回应，使得承办人想表达的观点更明确、认定理由更加聚焦、讨论更具针对性、结论能否成立更加可视化。

三是注意问题的"开放性"。所谓开放性，相对于封闭性而言，是指具有开放性质的措施和形式。问题的开放性，是指针对该问题，可以从多方面、多角度进行回答。在心理咨询技术中，就有开放性提问与封闭性提问之分。开放式提问，是指提出比较概括、广泛、范围较大的问题，对回答的内容限制不严格，给对方以充分自由发挥的余地。这样的提问比较宽松，不唐突，也比较得体。其基本框架是："这里发生了什么？你为什么对这件事感兴趣？"在合议庭、审委会讨论案件过程中，合议庭成员、审委会委员可以充分运用开放性提问，引导承办人更加全面、客观、中立地汇报案情，反映问题，避免先入为主。

四是注意问题的"充分性"。所谓充分性，是指依据、理由的充足性。问题的充分性，是指从问题的依据出发，提出一个有关依据的问题，使对方围绕依据、理由的充足性进行回答。其基本框架是："你是如何得出这一结论的？你在审查报告中这么分析的依据是什么？"在合议庭、审委会讨论过程中，合议庭成员、审委会委员"策略性"地提出一个依据充分性的问题，便于承办人就结论依据的充分性进行阐释，从而使案情更加清晰、问题更加聚焦、共识更加接近。

五是注意问题的"综合性"。所谓综合，该词汇的基本原意来源于纺织技术，就是将几千根不同的经线通过"综丝"把它们合并起来便于操作，引申为在头脑中把事物或对象的各个部分与属性联合为一个整体，或把分析过的对象或现象的各个部分、各个属性联合成一个统一的整体，与"分析"相对。问题的综合性，是指提出一个综合性的问题，使得各方能够从讨论过的问题和现象中进行汇总、聚合，形成一个整体的判断。其基本的框架为："我们讨论过的内容里比较突出的问题是什么？还有什么大的问题没有解决？""当事人最为关心的问题是什么？"在合议庭、审委会讨论过程中，通过"策略性"地设置"综合性"的问题，轮流分享观点、提问和旁听，合议庭成员、审委会委员对案情的了解更加全面，重点更加突出，讨论更加精准、深入。

（二）开放式问题讨论法

所谓开放式问题讨论法，是策略性提问法的变体。《如何讨论——以最短时间达成最佳结果的50个讨论方法》一书对开放式问题讨论法的目的、操作步骤、适用场合和情景、优点和注意事项等作了全面阐述。① 归纳起来，在适用开放式问题讨论法过程中，应当注意把握以下几条：

一是注意把握开放式问题讨论法的"适用目的"。开放式问题讨论法的目的在于把封闭式的问题转化成生成性、开放性的问题。实践中，当参与者过于频繁地提出封闭性问题，出现依赖封闭性问题的倾向时，这时就需要适用"开放性问题"提醒他们注意，并把封闭式的问题转化成开放性的问题加以讨论。在合议庭、审委会讨论案件中当大家讨论出现"封闭性"倾向时，合议庭其他成员、审委会委员提出一个"开放性"问题就可以打破原先的讨论格局，避免先入为主。

二是注意把握开放式问题讨论法的"操作步骤"。在平时的训练和实际讨论中，运用"开放式问题讨论法"时首先要储备若干问题，有些是开放式的，有些是封闭式的，有些是不明确的。其次，合议庭成员、审委会委员要善于区分这是开放式问题还是封闭式问题，并掌握不同的操作指南。一般来说，开放式问题没有唯一、最终的答案，封闭性问题通常是唯一性和终结性的；开放式问题通常以"怎么"或者"为什么"发问，而封闭式问题通常以"什么""谁"或者"什么时候"发问；封闭式问题的答案易于探索，但开放式问题的答案需要进行广泛的探索和深入的讨论；封闭式问题的答案往往针对案件事实证据问题，通常是客观性、事实类的，而开放式问题则涉及价值判断，通常为经验判断和利益衡量提供应用空间。最后，开放式问题讨论法

---

① 参见[美]史蒂芬·D.布鲁克菲尔德、史蒂芬 普雷斯基尔：《如何讨论——以最短时间达成最佳结果的50个讨论方法》，包芳、谭淑文、刘白玉译，中国青年出版社2017年版，第73~76页。

的关键在于，最终挑选出一个最能鼓励大家活跃进行讨论的问题，各抒己见。

三是注意把握开放式问题讨论法的"适用场景"。研究表明，开放式问题讨论法比较适合于年轻成员组成的团队、团队评估、培训主持人等不同场景。养成提出开放式问题的习惯，并充分运用"开放式问题讨论法"，可以促进"问题的有效形成"，有效产生服务于讨论目的的新话题和新途径，有助于发现以外的结果和被忽略的成果，并激发团队成员和主持人的创造力和包容性。在由年轻人为主的合议庭、专业法官会议等讨论中，充分运用开放式问题讨论法，可以最大限度地为裁判发现"正确的答案"，努力实现司法公正。

（三）提出唯一的有效问题

所谓提出唯一的有效问题，是指提出一个有效的问题，能够推动大家更加深入地讨论，开拓新思路，用以探究某一话题和议题。在"提问—倾听—回答"互动中，能否提出唯一的有效问题，对于讨论的成败至关重要。实践中，理解和把握"提出唯一的有效问题"这一方法时，应当注意把握以下几点：

一是注意问题的"唯一性"。所谓问题的唯一性，是指仅仅依靠一个问题加深大家对某一话题的理解，或者为大家提供新的思路。在合议庭、审委会讨论过程中，合议庭成员、审委会委员需要思考的是，如果仅仅允许提出一个问题，这时面对讨论的话题，应该提出一个什么样的问题？这就意味着这个问题的"重要性"和"不可替代性"。当参与者以"一个问题"的意识投入讨论时，无疑有利于促进讨论质效的提升。

二是注意问题的"有效性"。所谓问题的有效性，提出的问题能够真正推动大家更深入地探究某一议题或者更好地理解讨论的内容，推动讨论有效、有序进行。在合议庭、审委会讨论过程中，与会成员能否提出一个真正有效的问题，对推动讨论的深入至关重要。比如，在一个检察机关指控被告人犯故意杀人罪的刑事案件讨论过程中，合议庭成员或审委会委员在被告人能否获得从轻量刑问题上发生争论，此时提出一个"被害人在起因上是否存在过错"对于量刑意义重大，这个问题就是有效的，能够真正推动讨论的深入。

三是注意问题的"操作步骤"。在平时的练习活动中，全组成员讨论某一案例时，可以思考如何仅仅靠一个问题加深大家对某一话题的理解，或者为大家提供新的思路。随后，主持人通过简洁的陈述导入一个新的话题。接着，给参与者留出足够的时间，请他们思考应该提出什么问题，用以拓宽和加深讨论。然后分享问题，分享他们认为最有效的问题。通过上述操作步骤，大致可以体验这一方法的应用过程，找到能够推进大多数讨论的问题的一些基本特征。

（四）焦点问题自由讨论法

所谓焦点问题自由讨论法，是指以某一问题为焦点，进行开放的、批判性的、自由发挥的讨论。焦点讨论法对于构建有效的讨论意义重大。根据心理学相关研究，人类思考的过程涉及四个意识层面的问题：

一是客观性层面：关于事实、外部现实或印象的问题。这个环节可提出问题、困难，描述人物事件行为，事件的发生等，让学习者与外部世界相遇。

二是反应性层面：唤起个人对信息反应的问题。这种反应包括内部回应、情绪或感受、与事实相关的隐藏意象或联想。每当我们面对某一外部现实（客观性层面的信息）时都会体验到某种内部反应。

三是诠释性层面：挖掘意义、价值、重要性、含义的问题。这个环节思考主题、思想、事件的原因等，发现其中的意义、价值等。

四是决定性层面：引发解决方案、结束讨论、促使个人或团体就未来作出某一决定的问题。这个环节思考"怎么办"的问题。

焦点讨论法就是基于上述四个思维层面展开，并在活动范围上，从个人生活的反思扩大到团体内对各种深刻见解的分享，从而推动讨论深入开展。①

《如何讨论——以最短时间达成最佳结果的50个讨论方法》一书对焦点问题自由讨论法的目的、操作步骤、适用场合和情景、优点和注意事项等亦作了专门阐述。归纳起来，实践中，理解和把握"焦点问题自由讨论法"时，应当注意以下几条：

一是注意把握问题的"聚焦度"。适用焦点问题自由讨论法的目的在于让群体成员能够围绕某一特定的问题展开充分的讨论。也就是说，运用焦点讨论法展开的讨论或对话必须聚焦于某个特定的主题，注意提升问题的"聚焦度""精准度"和"融合度"。在合议庭、审委会讨论过程中，通过聚焦案件双方争议的焦点问题并展开充分的讨论，我们可以获得具体的情境信息、感性的回应、对问题的诠释以及所需的行动，形成理性、正确的裁判结论。

二是注意把握问题的"精准度"。焦点讨论法通过结构化的提问与

---

① 参见［加］乔·尼尔森：《关键在问——焦点讨论法在学校中的应用》，屠彬、任伟译，教育科学出版社2016年版。

表达，可以帮助参与者解决问题，令沟通更为深入有力，给参与管理者的思维提供一个有效的逻辑框架，帮助他们理清自己的思考，清晰地表达自己的想法和有结构地向团队成员探询，激发热情，提高工作效率。但这一方法得以有效发挥的前提在于问题的"精准性"。在司法审判领域，控辩双方围绕案件事实证据的认定、定罪量刑等方面产生的争议焦点及其精准性，对于裁判的正确形成意义重大。合议庭成员、审委会委员能否围绕争议焦点，有针对性地提出相应的问题，引导大家聚焦核心问题精准讨论，直接影响讨论的质效。

三是注意把握问题的"融合度"。在讨论的开始阶段，大家提出的问题可能会比较宽泛、开放。比如，"被告人为什么杀人？""什么是被告人的作案动机？"等。随着讨论的深入，大家会选出一个核心问题作为焦点进行讨论，主持人也可以采用重新表述或者组织这一问题，使之更清楚、更聚焦，有助于大家专注于这个问题的讨论，有机地融合在一起。例如，主持人和参与者采用的关键问题框架，可以有以下几种形式："你在审查报告中这么说是想表达什么意思？""被告人是怎么知道的？""你为什么这么认为？""你的处理意见是什么？""就刚才大家所说的，你还有什么补充的吗？""经过这场讨论，你有什么新的问题吗？"等。[①]

（五）尊重他人的询问

所谓尊重他人的询问，是指在讨论过程中，对别人想知道你的想

[①] 参见［美］史蒂芬·D.布鲁克菲尔德、史蒂芬·普莱斯基尔：《如何讨论——以最短时间达成最佳结果的50个讨论方法》，包芳、谭淑文、刘白玉译，中国青年出版社2017年版，第86~87页。

法这种热情表示尊重,并针对他人的询问,以一种恰当的、不会误导之后讨论的方式予以回应,表达自己的观点,使他人更加全面地考虑问题。实践中,理解和把握"尊重他人的询问"时,应当注意把握以下几点:

一是充分认识"他人询问"的重大意义。在合议庭、审委会讨论过程中,能否尊重他人的询问,对于推动讨论的深入具有非常重要的作用。比如,在合同诈骗犯罪案件审理过程中,合议庭成员可能围绕被告人主观上是否具有非法占有他人财物的目的、客观上有无实施欺诈行为表现等方面进行提问,承办法官只有做到耐心地倾听、尊重他人的询问并认真回应,一问一答、边问边答,在互动中推动案件讨论更加全面、深入。

二是以恰当的方式充分尊重"他人的询问"。通过上述定义可见,"尊重他人的询问"必须以一种恰当的、不会误导之后讨论的方式予以体现。这种方式不仅表现在倾听、点头示意等方面,而且必须体现在清楚地表达你更倾向于哪种答案、秉持何种观点和想法,并适时分享选择某种观点和意见的理由。在合议庭、审委会讨论过程中,针对合议庭成员、审委会委员的询问,承办人应当予以认真对待,实事求是地予以回答,并提出自己的判断意见,为合议庭、审委会裁断提供基础。

三是注意把握"尊重他人询问"的适用场合和情景。"尊重他人的询问"这一方法主要适用于需要批判性思维、需要人们作出独立评判等各种场合。实践中,需要批判性思维的场合,不同的观点都以某些假设和综合推理为基础,必须通过讨论来评判这些假设和推理是否正确。在需要独立评判的场合，不会因为某一观点是权威人士的意见就会被盲目地接受。通过"尊重他人的询问"这一方法的运用，既可以使讨论主导者出现在现场、使探索的标准更清楚，又可以促进参与者对大家提供的不同答案的合理性有更加全面、整体的把握，形成理性的综合判断。

（六）叙述性倾听和提问

所谓叙述性倾听和提问，是指在讨论过程中，认真、专注地倾听他人的叙述，并用问题的方式提炼他人的叙述。实践中，理解和把握"叙述性倾听和提问"这一方法时，应当注意以下几点：

一是注意把握"叙述性倾听和提问"的核心要义。叙述性倾听和提问的本质特征在于用提问的方式提炼他人的叙述，彰显"倾听的效果"，有效促进沟通。在合议庭、审委会讨论案件过程中，与会成员能否善于倾听，尤其是能否运用叙述性倾听和提问，对于推动讨论的深入、提高讨论的质效影响重大。

二是注意把握"叙述性倾听和提问"的操作步骤。在合议庭、审委会讨论过程中，案件承办人作为"汇报者"是案情的主要陈述者，合议庭成员、审委会委员作为倾听者存在。其大致的操作要领为：承办人先进行案情陈述，合议庭成员、审委会委员作为倾听者只关注汇报者所说的话。然后，合议庭成员、审委会委员用问题来提炼、维持对话，简要总结他们所听到的陈述。为了启发陈述者，倾听者可以使用以下类似问题进行提问："关于被告人主观上是否具有非法占有他人财物的诈骗故意，除了审查报告中的几点理由，你能否多告诉我们一些有关被告人事前、事中、事后行为表现的事实信息？""这件事是如何导致另一件事的?""你觉得这件事为什么会发生?"等。

三是注意把握"叙述性倾听和提问"的角色转换。在心理学研究中，倾听和提问系不同的角色行为。狭义的倾听是指凭助听觉器官接受言语信息，进而通过思维活动达到认知、理解的全过程；广义的倾听包括文字交流等方式。其主体者是听者，而倾诉的主体者是诉说者，两者一唱一和有排解矛盾或者宣泄感情等功能优点。在"叙述性倾听和提问"方法的运用中，陈述者与倾听者存在明显的角色互换过程，使双方都有机会感受到"有人倾听自己说话的愉悦体验"。

二、积极倾听的方法

倾听一词，一指侧着头听，二指细听、认真地听。出自《礼记·曲礼上》："立不正方，不倾听。"孔颖达疏："不得倾头属听左右也。"侧着头听。清唐甄《潜书·居山》："与之处数日，见其身如丘山，神如渊水，无疾言，无矜色，无流视，无倾听，以服其静而自憾未能也。"实践中，积极倾听不是简单地用耳朵来听说话者的言辞，而是一门艺术，需要一个人全身心地去感受对方谈话过程中表达的言语信息和非言语信息。积极倾听的方法多种多样，根据《如何讨论——以最短时间达成最佳结果的50个讨论方法》一书的相关研究，有几种方法尤其值得关注，如提问与反馈讨论法，重复或转述他人的话，各抒己见，用一个词总结讨论的内容，接力回应法等。

（一）提问与反馈讨论法

所谓提问与反馈讨论法，是指以提问与反馈的方式彰显积极倾听、推进深入讨论的方法。在理解和把握"提问与反馈讨论法"过程中，应当注意以下几点：

一是注意把握"提问与反馈讨论法"的核心要义。提问，就是指通过问题把答案引出来，而不是直接给出答案。而反馈作为系统与环境相互作用的一种形式，是指被作用部位反作用于它的上级部位，泛指发出的事物返回发出的起始点并产生影响。实践中，在合议庭、审委会讨论过程中，合议庭成员、审委会委员通过对承办法官的案情"汇报"与介绍，及时作出"反馈"，以新角度看待问题，有利于彰显对方的"存在感"和"价值感"。

二是注意把握"提问与反馈讨论法"的操作步骤。在合议庭、审委会讨论中，合议庭成员、审委会委员与承办人分别扮演不同的会话角色，即陈述者、观察者。开始时，承办人作为"陈述者"就自己的理解提出问题或陈述某一情况。之后，合议庭成员、审委会委员以"观察者"的角色，会向陈述者就其描述的问题进行"提问"，以验证他们是否明确陈述者对问题的假设，旨在促进陈述者提供更为详细的案件事实信息。合议庭成员、审委会委员根据承办人的陈述及其对问题的回答，告诉承办人他们认为其所持有的设想。

三是注意把握"提问与反馈讨论法"的问题特征。"提问与反馈讨论法"旨在确认并检查形成那些"如何理解问题"的假设，帮助人们对其面对的案件问题有更新的见解，为一个可能被忽略的问题提供一些不同的视角，对棘手问题提出具体的处理方法。因此观察所提的问题大多属于"批判性问题"，且大多数以如下形式开头，"你确定认为……""你难道不知道……""你怎么就不……"等。

（二）重复或转述他人的话：提高参与度

所谓重复或转述他人的话，是指通过重复对方的话或转述他人的话，以说出事实的方式，提高倾听效果的一种方法。实践中，最高级的倾听者往往表现为：在一般倾听者基础上，能做到不去评判倾诉者，而是说出事实，重复对方的话。比如，儿子对母亲说"今天心情真糟糕"。最高级的倾听者会说"你今天一定遇到了不开心的事"。这种回应方式明显给了孩子继续说下去的空间。当母亲这样说时，孩子会说"是的，今天上课时老师骂了我"，母亲说"你在课堂上被老师骂了"。孩子说"对，因为我的同学……"这样一段轻松的对话就进行了，孩子得到了理解，家长也帮孩子解决了问题。这种倾听的诀窍就在于"重复对方的话"。实践中，理解和把握"重复或转述他人的话"这种重要方法，应当注意以下几点：

一是注意把握"重复或转述他人的话"的核心要义。"重复或转述他人的话"这一方法的核心要义在于"重复对方的话"，其本质就是把倾听作为参与讨论的一种形式。在合议庭、审委会讨论过程中，适当地"重复或转述他人的话"，强调倾听他人的意见，同时让那些相对沉默的成员参与进来，提高成员的参与度，对于推动讨论的深入具有十分重要的意义。

二是注意把握"重复或转述他人的话"的操作步骤。在实际操作过程中，"重复或转述他人的话"可以在讨论开始和结束阶段，由主持人定期请没有发言的成员回答这样一个问题："你听到了什么？"这实际上是提示他们去重复或转述承办法官说过的话。也可以在讨论期间，由合议庭成员、审委会委员直接重复或转述承办法官或其他成员说过的话，对有关情况进行确认。在总结环节，主持人应当归纳、重复大家的发言，并由书记员记录在案。在讨论过程中，主持人要注意人家回答问题时反复提及的问题和话语。

三是注意把握"重复或转述他人的话"的适用场景。"重复或转述他人的话"的适用场合和情景主要有以下几种情形：在部分人员不参与讨论的情况下，通过"重复或转述他人的话"激发他人的参与度；在需要强调倾听他人意见的情况下，通过"重复或转述他人的话"以示认真倾听并且听懂了；在讨论目的清晰的情况下，通过重复他人说过的话予以肯定。在合议庭、审委会讨论中，"重复或转述他人的话"既可用于表达倾听，把倾听作为参与讨论的一种方式，又可用于提高未发言成员的参与度。

（三）各抒己见

所谓各抒己见，意思是各人充分发表自己的意见。出自《李文权文集·陵庙日时朔祭议》："先儒穿凿，各伸己见，皆托古圣贤之名以信其语，故其所记各不同也。"实践中，理解和把握"各抒己见"这一讨论方法时，应当注意以下几点：

一是注意把握"各抒己见"的核心要义。"各抒己见"意味着与会成员从一开始就有参与讨论、发言的机会，对于"防止过早产生一致或集中的观点"，让人们养成积极倾听他人观点的习惯，防止过分外向和专断跋扈的会议成员对他人产生不适当的压力，具有重要的作用。[①]

[①] 参见［美］史蒂芬·D.布鲁克菲尔德、史蒂芬·普莱斯基尔：《如何讨论——以最短时间达成最佳结果的50个讨论方法》，包芳、谭淑文、刘白玉译，中国青年出版社2017年版，第23~24页。

第六讲
案件讨论——合议庭、审委会审议案件的讨论方法

在合议庭、审委会讨论过程中，各抒己见充分体现了司法民主，具有特别意义。

二是注意把握"各抒己见"的操作步骤。在合议庭、审委会讨论过程中，听取承办人汇报案情之后，合议庭成员、审委会委员可以视情况对承办人进行提问。在进行几轮讨论之后，合议庭成员、审委会委员依次发表自己对案件事实证据的认定、上诉辩护理由的分析、定罪量刑等裁判意见和理由。在合议庭成员、审委会委员发言时，其他人员不得打断或干扰。最后，由主持人进行归纳，形成讨论意见和决议。

三是注意把握"各抒己见"的适用场景。在各种课堂、会议、培训或研讨会的初始阶段，当大家相互之间不太熟悉的情况下，适用"各抒己见"具有较为独特的优势；在一些需要充分讨论、论证的场合，更需要"各抒己见"，司法审判领域的合议庭评议、审委会讨论就是如此。通过"各抒己见"，合议庭成员、审委会委员都有机会表达自己对案件的看法以及处理意见，同时也彰显了"倾听"的重要性。

（四）"用一个词"总结讨论内容

所谓"用一个词"总结讨论内容，是指与会成员用一个词来概括、提炼、总结刚才讨论的内容的一种倾听方法。在合议庭、审委会讨论中，运用这种方法可以让合议庭成员、审委会委员更好地参与到讨论之中。实践中，理解和把握"用一个词总结讨论内容"这一方法时，应当注意把握以下几点：

一是注意把握"用一个词总结讨论内容"的核心要义。"用一个词总结讨论内容"的核心要义，在于要求参与讨论的成员使用他或她认

为最能总结讨论内容的一词。其目的在于让每一个人都有机会简洁地表达自己的观点，同时表达了对他人讨论意见的一种倾听。在合议庭、审委会讨论中，是否善于运用"用一词总结讨论的内容"这一方法，对于激发每个人参与讨论的热情、促进复杂问题的深入讨论、展示多种解释的可能性等方面具有十分重大的实践意义。

二是注意把握"用一个词总结讨论内容"的操作步骤。用一个词总结讨论的内容，在讨论的各个阶段都可适用。在刑事案件讨论过程中，针对犯罪事实次数较多或多被告人、多罪名的案件，往往需要分段讨论，逐笔、逐罪讨论。在逐段、逐笔、逐罪讨论期间，所有参与讨论的成员或委员可以一个自己认为最确切的词提炼、概括争议的焦点、讨论的主要内容。当每个人都尝试用一个词总结讨论的内容时，实际上也展示了大家相互倾听的过程和结果，同时还有利于用选出来的总结词推动接下来的对话和讨论，从而使得复杂的法律适用问题、事实证据的判断认定问题更加深入地被讨论，刺激对复杂观点的新思考。

三是注意把握"用一个词总结讨论内容"的适用场景。在合议庭评议、审委会讨论过程中，"用一个词总结讨论的内容"方法在以下几个场合和情景中尤其具有适用价值：当合议庭、审委会的讨论变得拖沓重复时，主持人或合议庭成员、审委会委员可以"用一个词总结讨论的内容"，使得讨论意见更加集中；当讨论的案件法律适用问题变得复杂多样时，主持人或合议庭成员、审委会委员可以"用一个词总结讨论的内容"，可以刺激对复杂观点的新思考；当与会成员参与形式不平衡时，主持人或合议庭成员、审委会委员可以"用一个词总结讨论的内容",可以促进更多的人轻松地参与讨论。

(五)接力回应法

所谓接力回应法,是指参与者以相互发言为基础继续探讨,以接力回应的方法推动讨论的深入开展。实践中,理解和把握"接力回应法"时应当注意把握以下几点:

一是注意把握"接力回应法"的核心要义。接力回应法的核心要义在于团队成员聚焦中心议题和焦点问题,进行集中讨论,相互接力、回应,既鼓励团队成员认真参与、积极倾听,又让团队成员切实感受到同伴以自己的发言为基础进行深入讨论带来的尊重感、价值认同感。接力回应法体现了系统观念,强调倾听,有利于使司法过程更加系统化、民主化,提升司法的整体公正度。在合议庭、审委会讨论中,主持人引导合议庭成员、审委会委员聚焦案件事实认定、法律适用中的争议焦点问题,有针对性地进行"接力回应"式的讨论,对于凝聚司法裁判共识,澄清案件认知误区、准确认定事实证据、公正合理解决法律争议问题,具有十分重大的实践意义。

二是注意把握"接力回应法"的操作步骤。在合议庭、审委会讨论中,"接力回应法"的运用步骤大致如下:首先,主持人提出一个问题或归纳出一个争议焦点问题,请与会成员集中围绕该问题发表意见。其次,当有人愿意发言时,就让其先发言,同时在合理时间内不允许被打断。再次,第二个发言时必须以第一个人的发言内容为基础,有针对性地发表自己的观点和看法。然后,与会成员逐个发言,必须注意的是,每个人的发言,都必须或尽量以前一个的发言内容为基础,进而形成一个"接力回应"式的案件讨论。最后,当大家都经过一轮发言之后,可以进入开放式的深度讨论,通过相互提问、举例子、寻找关联、提出质疑或新的裁判思路等不同方式推动案件讨论的深入开展。需要注意的是,在"接力回应"法运用的过程中,不要让位高权重的人第一个发言,要留出足够的时间供大家思考,尽量不要打断别人的发言,防止团队成员产生焦虑情绪或失落感等问题。

三是注意把握"接力回应法"的适用场景。由于合议庭、审委会委员之间的相对固定性、熟悉度以及案件本身的复杂性、专业性等特性,司法领域的案件讨论是"接力回应"法最佳的适用场景之一。具体来说,司法案件的讨论中,需要引入"接力回应"法的场景大致有以下几种情形:首先,案件事实认定、法律适用存在重大分歧的场合,这时通过"接力回应"法能够较好地解决案件处理中的争议焦点问题;其次,存在多起犯罪事实的单罪名案件,可以通过"接力回应"法逐笔解决案件事实的认定及相关定性问题;最后,多罪名案件,这时可以通过"接力回应"法逐个罪名进行集中讨论,形成裁判意见。

三、针对书面材料进行讨论的方法

实践中,有的会议讨论议题是有书面材料的,有的没有书面材料。针对有书面材料的讨论,如何提高讨论质效,值得单独予以研究。因为,如果没有恰当的方法指导,有的成员先匆匆阅读材料,再进行讨论,反而可能增加讨论的难度、降低工作质效。《如何讨论——以最短时间达成最佳结果的 50 个讨论方法》一书总结了针对书面材料进行讨论的 10 大方法。本书对其中的选取需要肯定和质疑的话语、为需要讨论的材料起标题、讨论前预习不熟悉的材料、把能想到的一切想法速写下来、话题分解后再向他人讲解等5大方法，结合案件讨论的实际，予以借鉴、探讨研究。

（一）选取需要肯定和质疑的话语

所谓选取需要肯定和质疑的话语，是指通过提前全面阅读提交的书面材料，选取其中需要肯定的话语和需要质疑的话语，进行标注，并带到会上进行重点讨论的一种方法。在理解和把握"选取需要肯定和质疑的话语"这一方法时，应当注意以下几个方面：

一是注意把握"选取需要肯定和质疑的话语"的核心要义。"选取需要肯定和质疑的话语"的核心要义在于确保每个人都提前阅读材料，在讨论过程中参与者能够把重心放在书面材料上，向他人展示如何回应对文本材料的相同和不同之处，标注出对读者来说最和谐或者最不和谐的内容。[①]在合议庭、审委会讨论案件中，把承办法官的书面审理报告提前发送给合议庭成员、审委会委员就显得非常重要。尤其是审委会讨论，各位审委会委员没有直接参加过庭审，面对书面材料，能否提前、全面、认真、仔细地阅读，对于了解熟悉案情、推动讨论并形成公正的裁判意见，至关重要。合议庭成员、审委会委员在阅读书面材料时，"选取需要肯定和质疑的话语"予以标注，并带到会上进行有针对性的讨论，有利于促进讨论更加深刻、精准，提高讨论质效。

二是注意把握"选取需要肯定和质疑的话语"的操作步骤。司法

[①] 参见［美］史蒂芬·D.布鲁克菲尔德、史蒂芬·普莱斯基尔：《如何讨论——以最短时间达成最佳结果的50个讨论方法》，包芳、谭淑文、刘白玉译，中国青年出版社2017年版，第166~167页。

实践中，合议庭成员、审委会委员运用"选取需要肯定和质疑的话语"这一方法时，大致需要遵循以下几个操作步骤。首先，合议庭成员、审委会委员需要提前阅读承办法官、合议庭提交的书面审理报告。在阅读时，应当注意认真、全面、仔细阅读，避免完全不看或匆匆了事、大致浏览、断章取义。其次，在阅读过程中，应当从审理报告中选取要重点肯定的内容和需要质疑的内容，予以划线标注。最后，把上述选取的需要重点强调肯定的内容或需要质疑的内容带到会上，与合议成员、审委会委员进行充分的讨论，并与承办法官进行有效的互动，从而使待解决的问题更加清晰、裁判方案更加公正合理。

三是注意把握"选取需要肯定和质疑的话语"的适用场景。"选取需要肯定和质疑的话语"的适用场合和情景往往是基于书面材料的讨论、人们不愿意阅读大量材料的情况、各种学术场合等。合议庭、审委会讨论案件，往往有书面审查报告。因此，"选取需要肯定和质疑的话语"这一方法在司法案件讨论中，具有十分重要的适用价值。尤其是，审委会讨论的案件往往是重大、复杂、疑难刑事案件，把书面的审查报告提前发给各位委员，由委员提前花时间阅读材料，对于提高讨论质量和效率，是非常值得的。

（二）为需要讨论的材料起标题

所谓"为需要讨论的材料起标题"，是指运用起标题的方式对需要讨论的材料或内容的中心思想进行概括提炼的一种讨论方法。在合议庭、审委会讨论中，理解和把握"为需要讨论的材料起标题"应注意以下几点：

一是注意把握"为需要讨论的材料起标题"的核心要义。"为需要讨论的材料起标题"的核心要义在于通过让与会成员认真、仔细地阅读每一篇提交讨论的书面材料，用起标题的方式明确材料的主要观点和中心思想，并在讨论中说出自己选定该标题的具体理由。在合议庭评议、审委会讨论案件过程中，这一方法能够激发合议庭成员、审委会委员的司法创造力，集中司法注意力，使与会成员更加聚焦案件的事实证据认定、法律适用、刑罚裁量、上诉辩护理由能否成立等争议焦点问题。

二是注意把握"为需要讨论的材料起标题"的操作步骤。"为需要讨论的材料起标题"这一方法，在实践中的运用可视具体情况相对灵活地掌握。其大致的步骤是：首先，将承办法官的书面审查报告发送给合议庭成员、审委会委员，让他们提前认真、仔细地阅读材料。其次，合议庭成员、审委会委员在阅读过程中，对重点段落比如上诉、辩护理由和检察员出庭意见及其分析，可记下审查报告中要反映的各方的主要观点和中心思想，并用关键词为该段落拟定一个标题。最后，在合议庭、审委会讨论过程中，合议庭成员、审委会委员说出自己所拟的题目，以及展示拟定该题目的具体理由，然后进行相互讨论。如此训练，能够更加全面、精准地反映案件的争议焦点，选出最为适合的争议焦点概括方案以及裁决意见。需要言明的是无论承办法官提供的书面材料如何，但适用的方法都是一致的，也就是"这个审查报告要反映的主要观点和中心思想是什么？什么样的概括或标题能够较好地反映控辩双方的争议焦点和裁判意见？"

三是注意把握"为需要讨论的材料起标题"的适用场景。"为需要讨论的材料起标题"这一方法适用于会议讨论的各种领域。司法实践中，适用这一方法有助于合议庭成员、审委会委员明确需要讨论的审查报告的主要观点和中心思想。尤其是对涉及多罪名、多被告人、多起犯罪事实的刑事案件讨论场合，为需要讨论的罪名、被告人、犯罪事实逐一进行概括审议，运用"为需要讨论的材料起标题"这一方法对于逐一明确案涉争议焦点，聚焦承办法官的处理意见，推动讨论的深入，反复确认司法的基本信念，有效形成合情合理合法的裁判结论，意义重大。

（三）讨论前预习不熟悉的材料

所谓讨论前预习不熟悉的材料，是指人们对需要讨论的材料尤其是不熟悉的内容提前进行预习，为讨论提前做好准备的一种方法。在合议庭、审委会讨论中，理解和把握"讨论前预习不熟悉的材料"这一方法时，应当注意以下几点：

一是把握"讨论前预习不熟悉的材料"的核心要义。"讨论前预习不熟悉的材料"的核心要义在于预习，促进合议庭成员、审委会委员在会议之前对需要讨论的案件事实证据、法律适用等案情和处理方案有大致的了解，在知情的情况下讨论。实践中，通过"预习"，合议庭成员、审委会委员有机会为案件讨论和意见的发表做好充分的准备，同时也有利于了解承办法官、合议庭成员、审委会委员等与会成员如何在讨论的推进过程中是否改变自己的观点，在了解对立观点的同时，找到与自己观点相同的成员和相同之处。

二是把握"讨论前预习不熟悉的材料"的操作步骤。实践中，在合议庭、审委会讨论之前，需要将承办法官或合议庭制作的审查报告提交给合议庭成员、审委会委员提前进行审阅。必要时，合议庭成员还进行交叉阅卷,熟悉案情。在阅卷或阅读审查报告过程中,合议庭成员、审委会委员可以制作阅卷看法或在审查报告等书面材料上进行标注、拟定发言要点,梳理出争议的焦点和案件疑点、难点问题。然后,将有关问题带到会上进行充分的讨论。经过合议庭成员、审委会委员大量的一系列"预习"操作活动,从而为讨论的全面、深入进行奠定了良好的基础。

三是把握"讨论前预习不熟悉的材料"的适用场景。"讨论前预习不熟悉的材料"适用于各种学术场合、时间充裕的情况、论坛等场景。司法审判是一项极其重要的专业性活动,时间必须服从质量。在合议庭、审委会讨论之前,由相关成员或委员提前"预习"不熟悉的案件审查报告等书面材料意义重大。特别是针对一些案情重大复杂疑难的经济犯罪案件或法律适用存在重大分歧的刑事案件,让合议庭成员、审委会委员提前熟悉案情,尤为重要。

(四)把能想到的一切想法速写下来

所谓把能想到的一切想法速写下来,是指在讨论之前或讨论期间把一些想法或所能想到的一切回答记录下来,然后加以表达的一种讨论方法。在理解和把握"把能想到的一切想法速写下来"的方法时,应当注意以下几点:

一是把握"把能想到的一切想法速写下来"的核心要义。"把能想到的一切想法速写下来"的核心要义在于"先写后说",通过把自己的想法先记录下来,目的是"消除人们在未经准备讲话时产生的紧张情绪"，促进思考更加清晰、表达更加明确。① 在合议庭、审委会讨论案件过程中，合议庭成员、审委会委员针对案件审查报告中的争议焦点、难点问题，可以尝试"先写后说"，把想到的一切想法或可能的裁决方案先写在纸上，然后轮到自己发言时，予以从容地表达。期间，与会成员"把想到的一切想法速写下来"的过程，无疑加深了主体本身对问题的理解，促进了自身的思考。

二是把握"把能想到的一切想法速写下来"的操作步骤。司法实践中，运用"把能想到的一切想法速写下来"的方法，大致需要遵循以下几个操作步骤：首先，合议庭成员、审委会委员提前阅读案件审查报告或其他汇报材料。其次，合议庭成员、审委会委员在阅读审查报告或其他案件材料时写下自己对案件争议问题的回答或裁判意见。最后，在案件讨论过程中，合议庭成员、审委会委员发表自己对问题的回答或对案件裁判的意见，并作为新一轮讨论的提示。

三是把握"把能想到的一切想法速写下来"的适用场景。"把能想到的一切想法速写下来"的方法主要适用于参与者不习惯于讨论、不愿意发表评论、愿意通过书写表达想法或需要提前阅读才能准确发表意见的情况等场合。在合议庭、审委会讨论案件过程中，合议庭成员、审委会委员需要提前阅读案件审查报告并针对案件审查报告中的争议焦点、难点问题进行思考，因此比较适合"先写后说"，通过"把想到的一切想法速写下来"的过程，加深思考。

---

① 参见［美］申蒂芬·D.布鲁克菲尔德、申蒂芬·普莱斯基尔：《如何讨论——以最短时间达成最佳结果的50个讨论方法》，包芳、谭淑文、刘白玉译，中国青年出版社2017年版，第146~147页。

（五）话题分解后再向他人讲解

所谓话题分解后再向他人讲解，又称话题分解法，是指将一个话题分解成几个不同的部分作为子话题，由参与者将自己较为熟悉的子话题讲解给他人，或针对子话题进行逐一讨论。在理解和把握"话题分解后再向他人讲解"这一方法时，应当注意以下几点：

一是把握"话题分解后再向他人讲解"的核心要义。"话题分解后再向他人讲解"的核心要义在于将一个话题分解成若干子话题，让每一个参与讨论的成员都有机会成为某一子话题的专家，通过相互传授、相互学习，以讨论的方式加深对某一话题的理解。在合议庭、审委会讨论疑难复杂案件过程中，围绕案件的争议焦点，将较为复杂的问题分解成若干个子问题，有利于将复杂的问题简单化，精准解决难题。

二是把握"话题分解后再向他人讲解"的操作步骤。在合议庭、审委会讨论案件过程中，"话题分解后再向他人讲解"的操作步骤大致如下：首先，将案件存在的有关事实证据的认定、定罪量刑、法律适用中的某一个争议焦点问题分解成若干个子问题。其次，合议庭成员、审委会委员针对子问题进行介绍、讨论。最后，合议庭成员、审委会委员在相互讨论中加深对问题的认识，逐步达成共识。

三是把握"话题分解后再向他人讲解"的适用场景。实践中，话题分解法主要适用于问题比较复杂、需要深化讨论并为参与者提供一个小范围内当领导者的机会等场合。司法领域的案件讨论往往是比较复杂、富有争议的话题，运用话题分解法有利于使复杂问题简单化，使合议庭成员、审委会委员能够充分、深入地进行讨论，促进司法的合作与高效。

四、让讨论民主化的方法

实践中，如何让讨论更加民主化，使参与者都有机会充分表达自己的观点和意见，是一个值得研究的重大课题。《如何讨论——以最短时间达成最佳结果的 50 个讨论方法》一书总结了让讨论民主化的 10 大方法。① 这里，对其中的求同、讨论前预习、各抒己见、匿名反馈法等 5 种方法予以借鉴、探究。

（一）求同

所谓求同，就是在讨论过程中，让参与者找出相同点，使争议性讨论得以继续进行的一种方法。实践中，理解和把握"求同法"时应当注意以下几点：

一是把握"求同法"的核心要义。求同法的核心要义在于在讨论过程中尽可能地接受他人的观点，哪怕是暂时的，通过找出各方参与者的共同点，使有争议的讨论能够得以继续，从而激发更多富有成效的探索。在合议庭、审委会讨论过程中，遇到争议很大的案件或法律适用难点问题，充分运用"求同法"，能够使合议庭成员、审委会委员把讨论重点先放在达成一致观点的重点方面，在确认共同点之后，再继续讨论，防止有争议的讨论变成偏向一方的讨论，使讨论更富有民主性的特点。

二是把握"求同法"的操作步骤。实践中，"求同法"没有固定

---

① 参见［美］史蒂芬·D.布鲁克菲尔德、史蒂芬·普莱斯基尔：《如何讨论——以最短时间达成最佳结果的 50 个讨论方法》，包芳、谭淑文、刘白玉译，中国青年出版社 2017 年版，第 13 页。

的操作步骤,大致来说:首先,合议庭成员、审委会委员事先阅读审查报告等书面材料时,可以在纸上写下自己对案件争议焦点问题的观点和看法。其次,在讨论过程中找出共同点,让争议性讨论继续进行。最后,逐步扩大共识、缩小争议的范围,期间,合议庭成员、审委会委员可以修改自己原先不赞同的观点和理由,降低问题的争议度。

三是把握"求同法"的适用场景。"求同法"比较适用于需要通过一致表决作出决策的场合。在合议庭、审委会讨论过程中,充分运用"求同法",缓解案件争议,先易后难,避免参与者一上来就把注意力集中在分歧上,使案件的处理难以进行。"求同法"基于对分歧的管控,通过缓解争议、逐步扩大共识,让争议性话题得以持续深入地讨论,从而获取公正的裁判答案,意义重大。

(二)讨论前预习

所谓讨论前预习,是指人们对需要讨论的材料尤其是不熟悉的内容提前进行预习,为讨论提前做好准备的一种方法。"讨论前预习"的核心要义在于预习,促进合议庭成员、审委会委员在会议之前对需要讨论的案件事实证据、法律适用等案情和处理方案有大致的了解和熟悉,在知情的情况下讨论。在合议庭、审委会讨论之前,由相关成员或委员提前"预习"不熟悉的案件审查报告等书面材料意义重大。特别是针对一些案情重大复杂疑难的经济犯罪案件或法律适用存在重大分歧的刑事案件,让合议庭成员、审委会委员提前熟悉案情,尤为重要。实践中,通过"预习",合议庭成员、审委会委员有机会为案件讨论和意见的发表做好充分的准备,同时也有利于了解承办法官、合议庭成员、审委会委员等与会成员如何在讨论的推进过程中是否改变自己的观点，在了解对立观点的同时，找到与自己观点相同的成员和相同之处，从而促进讨论的民主化。前述已经对"讨论前预习"的操作步骤和适用场景进行了专门阐述，在此不再赘述。

（三）各抒己见

所谓各抒己见，是指与会成员各人充分发表自己的意见。通过"各抒己见"，合议庭成员、审委会委员都有机会表达自己对案件的看法以及处理意见，同时也彰显了"倾听"的重要性。"各抒己见"意味着与会成员从一开始就有参与讨论、发言的机会。在合议庭、审委会讨论过程中，各抒己见充分体现了司法民主，具有特别意义。前述已经对各抒己见的操作步骤和适用场景等进行了专门阐述，在此不再予以赘述。

（四）匿名反馈法

所谓匿名反馈法，是指参与者在讨论过程中以匿名的方式提出问题、进行反馈、提出议题、发表评论并提出建议的一种方法。匿名反馈法的核心要义在于"匿名"，在整个讨论过程中，参与者都有均等的机会进行提问、反馈、发言，从而使整个讨论更加民主化。"匿名反馈法"的最大优势在于，参与者能够按自己的节奏发表意见，每个人都能平等参与，以自己的方式影响讨论的进程、推动讨论深入开展，没有面对面讨论带来的"焦虑"。在合议庭、审委会讨论案件中，可以运用"匿名反馈法"对案件裁判中的焦点问题进行提问、反馈和发言、表决。"匿名反馈法"最极致的一种表达方式就是"投票表决"。比如，对被告人的行为是否构成犯罪、是此罪还是彼罪、是否需要判处死刑等重大议题，可以采用"匿名反馈法"进行表决。

专题二　案件讨论的步骤与方法
——以合议庭评议为重点

司法实践中，案件讨论的形式包括合议庭评议、专业法官会议讨论、审委会讨论三种形式。无论哪种形式的讨论，都不外乎会议议事的属性。从一般属性来说，合议庭评议案件较为常见，亦较具有代表性，本专题侧重选择合议庭评议为重点加以讨论。一次议事过程主要包括六个步骤：一是动议；二是附议；三是陈述议题；四是辩论；五是提请表决；六是宣布表决结果。合议庭评议，与其他形式的案件讨论一样，作为一种会议形式，具有会议的动议、辩论、表决等必经步骤。其中，承办人介绍、汇报案情的过程类似于"动议"，讨论的过程即为"辩论"的过程，最后的环节为表决。由于步骤上大同小异，在前述章节中已经作了充分探讨。本专题主要对合议庭评议案件的主要方法加以探究。

一、一人多次犯一罪的评议方法

犯罪次数较多的案件，可分为一人多次犯一罪、一人多次犯数罪两种情形。针对一人多次犯一罪的情形，可以按逐次评议和逐段评议两种方式加以展开。

（一）逐次评议法

针对一人多次犯一罪的情形，逐次评议法是一种常用的评议方法。所谓逐次评议法，是指针对多次犯罪案件，在合议庭、审委会主持人主持下，按犯罪事实发生的时间顺序、逐次进行讨论。比如，盗窃犯罪、非法吸收公众存款、集资诈骗、走私普通货物等经济犯罪案件，往往次数比较多，采用按顺序逐次评议、讨论就比较简便。实践中，理解和适用"逐次评议"方法时，应当注意以下几点：

一是注意把握"逐次评议法"的核心要义。"逐次评议法"的核心要义在于按顺序、逐次讨论，简便、易行。合议庭成员围绕特定的犯罪事实和证据，逐笔发表意见，通过逐笔讨论，有效保障了合议庭评议、讨论的工作秩序，使每笔犯罪事实及其证据能否认定、如何定性、被告人和辩护人针对该笔犯罪提出的异议能否成立一目了然，为全案事实证据的认定以及定罪量刑、法律适用等奠定了良好的基础。

二是注意把握"逐次评议法"的操作步骤。"逐次评议法"的操作步骤大致为：首先，在合议庭讨论过程中，由审判长主持，审判长发表主持词，并明确逐次评议、先讨论哪一次犯罪事实，比如可以说"下面合议庭对××盗窃一案进行评议，由于案件事实证据或定性存在较大争议，为了提高评议质效，我们今天采用逐次评议的方法，先对每一笔犯罪事实能否认定进行讨论，然后就全案的处理进行讨论，先评议第一笔事实，请承办人汇报一下第一笔案情"。其次，由承办人对该笔犯罪的事实证据以及争议焦点进行介绍，提请合议庭进行讨论。最后，合议庭就该笔事实证据的认定以及相关定性等问题发表意见，或就相关事实证据等问题向承办人提问，促进讨论的深入开展。

三是注意把握"逐次评议法"的适用场景。逐次评议法主要适用于犯罪事实次数较多且每一笔情况不同、争议较多的案件。进一步来说，逐次评议的方法尤其对事实证据的认定存在较大争议的场合，作用较大。比如，盗窃、电信网络诈骗等财产型犯罪案件，往往被告人人数众多，犯罪次数多，证据疑点较多，被告人对有无参与其中作案事实往往容易提出异议，事实证据的审理认定难度较大，在此情况下，作为合议庭的审判长，就应该多考虑采用"逐次评议"的方法，引导合议庭成员围绕每一笔事实证据，进行逐笔审议，逐笔敲定能否认定。这对于梳理理清案件事实，准确认定，实现公正裁判意义重大。

（二）逐段评议法

所谓逐段评议法，是指将类似情况的犯罪事实予以合并，按犯罪事实发生的时间、逻辑顺序，分段进行评议的一种方法。比如，针对犯罪次数较多的盗窃犯罪、非法吸收公众存款、集资诈骗、走私普通货物等经济犯罪案件，为了提高讨论效率，采用按顺序逐段评议、讨论比较常见。实践中，理解和把握"逐段评议"方法时，应当注意以下几点：

一是注意把握"逐段评议法"的核心要义。如果主动议是决议或其他文件，并且包含若干围绕同一议题的段落或者条款，那么为了提高效率，可以动议"逐段或逐条讨论"。一般是逐一讨论如何修改，最后对整个决议或者文件进行统一表决。"逐段评议法"的核心要义在合并同类项，将情况类似或没有争议的数次犯罪事实以段落形式分开，按顺序逐段评议，既能达到逐一评议、逐一统一认识的效果，又可避免逐次评议带来的时间过长、效率不高问题。逐段评议，既可以是大段合并评议,也可以是小段合并评议,并无固定的模式,具体要看每一次犯罪事实之间的关联程度。

二是注意把握"逐段评议法"的操作步骤。实践中,"逐段评议法"的操作步骤大致如下:首先,审判长作为合议庭主持人发表"主持词",对案件犯罪事实是否需要逐段评议,先有个大致的判断和说明,提示大家逐段评议。其次,案件承办人视案情,合并分段介绍相关犯罪事实及证据情况。最后,合议庭成员针对该段犯罪事实是否清楚、证据是否确实充分、该段所涉犯罪事实的定性与指控罪名是否相符、被告人和辩护人就相关事实证据所持异议能否成立等进行讨论,并集中发表意见。期间,合议庭成员还可以就案件事实证据等情况向承办人发问、提出质疑,承办人则予以回应、澄清,促进合议庭成员不断凝聚司法共识。

三是注意把握"逐段评议法"的适用场景。一个篇幅较长的报告或动议会包含一系列的决议、段落或章节。它们事关一个主题,不可以拆分,但是可以逐一地对每一个部分展开辩论和修改。如果主持人没有主动采取这样的处理方式,而又有其他成员希望如此,就可以动议'逐段讨论'或者'逐条讨论'。但是,如果一份文件中包含的几个动议分别涉及不同的主题,那么只要有一位成员反对,就不能逐条讨论,只能拆分议题。司法实践中,逐段评议法主要适用于犯罪事实次数较多,但被告人对部分犯罪事实提出异议,部分没有异议等场合。在此情况下,主持人可以按顺序将情况类似的一两起犯罪事实或数起犯罪事实合并在一起,分段落进行逐段讨论。比如,在讨论电信网络诈骗犯罪案件中,检察机关指控被告人一人多次犯罪,但被告人对部分事实认可,对较多次犯罪事实证据提出异议,有异议、无异议的事实相互交错,此时,审判长可有意识地将情况类似的几起犯罪事实合并在一起加以讨论,请合议庭成员集中逐段发表意见。

二、一人多次犯数罪的评议方法

犯罪次数较多的案件,可分为一人多次犯一罪、一人多次犯数罪两种情形。针对一人多次犯数罪的情形,可以按逐罪评议法和逐次评议法两种方式加以展开。

(一)逐罪评议法

所谓逐罪评议法,是指按公诉机关指控或原判认定被告人所犯的罪名,逐一进行评议的一种讨论方法。一般是主罪名先评议,其次次要罪名,围绕每个罪名,对相应的事实证据和定性量刑等问题进行逐一审查、讨论。实践中,理解和把握"逐罪评议法"时,应当注意以下几点:

一是注意把握"逐罪评议法"的核心要义。"逐罪评议法"的核心要义在于按罪名逐罪讨论,合议庭成员按罪名主次顺序,围绕指控罪名能否成立、该罪名所涵摄的事实是否清楚、相关证据是否确实充分、被告人及其辩护人的辩解辩护理由能否成立等方面逐一发表意见,或进行提问、讨论,承办人针对相关提问、质疑进行回答、阐释和澄清。逐罪评议的主要优势在于按罪名逐一审议、把关,哪一个罪名存在争议和定案缺陷,一目了然,对于提高讨论效率、避免差错、确保案件客观公正裁判具有十分重大的现实意义。当然,"逐罪讨论"并非意味着对每个罪名均衡讨论，而是根据案件事实证据等实际情况，突出重点，针对主要罪名或有争议、定性存在难度的部分进行全面、详细、深入地讨论。

二是注意把握"逐罪评议法"的操作步骤。实践中，"逐罪评议法"的操作步骤大致为：首先，审判长作为主持人发表主持词，提示合议庭成员按罪名顺序"逐罪评议"。其次，在审判长主持下，承办人就待讨论的罪名及相关事实证据、控辩双方的争议焦点、定性等相关案情进行介绍、汇报。再次，合议庭成员围绕该节事实证据能否认定和罪名能否成立等问题进行充分讨论，发表自己的裁判意见。期间，合议庭成员可以就案件事实证据、法律适用等问题向承办人进行提问，承办人进行回应、解释，推动讨论的深入进行。最后，经过充分的讨论和辩论之后，审判长就该节事实证据的认定、罪名定性、控辩双方争议焦点的处置等问题进行归纳、总结，形成阶段性的结论。

三是注意把握"逐罪评议法"的适用场景。"逐罪评议"方法主要适用于多罪名案件。当一个被告人具有多次犯罪事实、触犯多个罪名的时候，按罪名逐一讨论、评议，尤其是被告人及其辩护人对其中一个或几个罪名存在异议、对相关事实证据存在较大分歧的场合，逐一进行讨论、分析和专题研究，有利于查清案件事实、准确适用法律、形成公正的司法裁判。

（二）逐次评议法

针对被告人一人多次犯数罪的案件，除了逐罪讨论，还要逐次评议。所谓逐次评议法，是指在逐罪讨论过程中，在合议庭审判长主持下，对特定罪名涵摄的多次犯罪事实按逻辑发展顺序逐次进行讨论。

比如，被告人张某某被控犯虚开增值税专用发票罪、非法吸收公众存款罪、集资诈骗罪一案，其中虚开增值税专用发票、非法吸收公众存款和集资诈骗三个罪名项下的犯罪事实笔数都比较多，这个时候，就既要按罪名逐罪进行讨论，又要对该三个罪名的具体犯罪事实，按顺序逐次评议、讨论。关于"逐次评议法"的核心要义、操作步骤和应用场景，在前面已经作了专门阐述，在此不予赘述。

三、多人多次犯一罪的评议方法

所谓多人多次犯一罪，是指单罪名但犯罪事实笔数超过三次、被告人人数三人以上的多被告案件。对于此类案件，实践中，可按逐人评议、逐人逐次评议两种方法分两种情形进行评议。

（一）逐人评议法

所谓逐人评议，是指按被告人的主从犯顺序，逐一进行评议的方法。实践中，理解和把握"逐人评议"的方法时，应当注意以下几点：

一是注意把握"逐人评议法"的核心要义。"逐人评议法"的核心要义在于按被告人区分犯罪事实，进行逐一评议。运用"逐人评议"方法的最大优势在于对某一被告人的相关犯罪事实、证据的认定、定性量刑、上诉辩护理由能否成立、控辩双方针对该被告人的争议焦点及分析等问题进行集中讨论，使得各被告人在共同犯罪中的地位、作用、罪责等问题充分彰显，使得合议庭成员对特定被告人的犯罪事实证据、罪责刑等相关情况形成全面、系统、整体性的法律判断，便于最终形成公正的裁判结论。

二是注意把握"逐人评议法"的操作步骤。实践中,"逐人评议"方法的操作步骤大致为:首先,审判长作为合议庭的主持人应当发表一些主持词,对合议庭成员发出"逐人评议"的明确指示。比如,可以说"为了厘清每名被告人的犯罪事实、地位、作用、上诉理由能否成立等具体情况,提高讨论效率,下面我们采用逐人评议的方法进行讨论,也就是按被告人逐一讨论""请承办人对第一被告人张三的涉案事实、证据、检辩双方争议的焦点等问题进行介绍、汇报"。其次,承办人按审判长的指示,对每名被告人的相关案情逐一介绍、汇报。再次,按被告人一人一议,合议庭成员围绕特定被告人的犯罪事实证据、争议焦点、法律适用等问题展开评议、讨论,必要时对承办人进行提问,由承办人进行回应。最后,审判长应做到一人一归纳、一人一总结,对一名被告人讨论结束阶段要进行适当的归纳、总结,能够明确的予以明确,需要与其他被告人相互比较、通盘考虑的留到最后再议。

三是注意把握"逐人评议法"的适用场景。"逐人评议"方法主要适用于多被告人的场合,尤其是多被告人、多笔数案件中,运用"逐人评议"条分缕析,效果比较好。比如,被告人张三、李四、王五等十九人电信网络诈骗一案,该案检察院指控该十九名被告人犯诈骗罪,罪名只有一个,但被告人人数多达十九人,各被告人相互交叉结伙,从事电信网络诈骗作案多达四十余次。对此类案件就应当提倡多运用"逐人评议"的方法。

(二)逐人逐次评议法

所谓逐人逐次评议法,是指在逐人讨论的情况下,对该名被告人所涉及的犯罪事实予以逐次评议的一种方法。实践中,理解和把握

"逐人逐次"评议方法时应当注意以下几点：

一是注意把握"逐人逐次评议法"的核心要义。"逐人逐次"评议方法的核心要义在于逐人评议与逐次评议的叠加，在逐人评议的大框架之下，对特定被告人的多起犯罪事实逐次展开评议。逐人逐次评议，既能发挥逐人评议的集中优势，又能取得逐次评议的良好效果，对于提高合议庭评议质效、促进公正裁判具有重大的实践意义。

二是注意把握"逐人逐次法"评议的操作步骤。实践中，"逐人逐次法"评议的操作步骤大致为：首先，审判长作为主持人要发出"主持词"，对合议庭成员作出"逐人逐次"评议的指令。其次，案件承办人根据审判长的指示精神，对每名被告人的犯罪事实、证据、争议焦点等问题按被告人归类进行介绍、汇报。再次，合议庭成员围绕各名被告人犯罪事实证据的认定、争议的内容、被告人及其辩护所持异议能否成立、有关事实的指控罪名能否成立、定性上是否准确等问题展开讨论、质辩，逐步形成裁判共识。最后，审判长对本节事实的讨论进行小结与归纳，为全案的裁判奠定基础。

三是注意把握"逐人逐次法"评议的适用场景。"逐人逐次"评议方法主要适用于多被告人多次犯罪案件，尤其是非法吸收公众存款、集资诈骗、虚开增值税专用发票、走私犯罪等经济犯罪案件。这些案件中，往往被告人人数众多，犯罪次数多，案情复杂，各被告人相互交叉结伙实施作案，通过"逐人逐次"评议可以较好地梳理整个案件事实，使全案的脉络更加清晰、法官断案考量的因素更加全面精准、避免遗漏。

四、多人多次犯数罪的评议方法

所谓多人多次犯数罪的案件，是指被告人人数超过三人、罪名超过三个、个罪的犯罪事实笔数超过三起的刑事案件。对此类案件的评议除了前述逐人评议、逐罪评议、逐人逐次、逐人逐罪评议等方法外，我们还可以概括为以下两种方法：一是集中评议法；二是分别评议法。

（一）集中评议法

所谓集中评议法，是指按被告人或按罪名或争议焦点对重点内容进行集中归类评议的一种方法。集中评议是对前述逐段评议、逐人评议、逐罪评议的升级版和灵活运用。实践中，理解和把握"集中评议法"时应注意把握以下几点：

一是注意把握"集中评议法"的核心要义。"集中评议法"的核心要义在于对同类情况进行归类、合并后加以集中讨论，以提高讨论效率。归类、合并的标准多种多样，包括按被告人归类合并，把涉及同一被告人的犯罪事实、罪名合并在一起加以讨论，就是上述的"逐人评议"；按罪名进行归类、合并，就是上述的"逐罪评议"或"逐人逐罪评议"，等等。除此之外，"集中评议法"还体现在按争议内容加以分类，把本案控辩双方争议的主要内容、焦点问题不管涉及哪个被告人、哪个罪名，都可以集中在一起依次讨论，打破前述"逐人""逐次""逐罪"的简单模式，使得讨论的形式和方法更具灵活性，真正提高讨论的质效。

二是注意把握"集中评议法"的操作步骤。实践中，"集中评议法"的操作步骤大致为：首先，审判长就本案是否需要适用"集中评议法"作出判断,并向合议庭成员发表主持词,给出"集中评议法"的明确指示,示意合议庭成员围绕某个标准,比如控辩双方争议的焦点问题进行集中评议。其次,案件承办人就待评议的内容进行集中介绍、汇报,提请合议庭成员进行重点讨论。再次,合议庭成员针对需要集中评议的内容进行提问、发言,相互之间展开讨论、辩论,扩大裁判共识,缩小裁判分歧。最后,审判长就讨论的内容和意见进行归纳、总结,形成阶段性的讨论结论和意见。

三是注意把握"集中评议法"的适用场景。"集中评议法"主要适用于多被告人、多犯罪事实、多罪名、多争议焦点的各种刑事案件。尤其是多被告人案件,各被告人及其辩护人就案件事实证据的认定、定性、量刑、法律适用、审判程序等方面提出诸多意见异议,控辩双方针对各被告人争议的焦点具有同类、相似等共性特征,在此情况下,对类似情况进行集中评议,有利于全案考量、系统思考并形成整体公正、客观合理的裁判结论。需要说明的是,无论是前述的逐人逐罪逐次讨论,还是"集中评议法",都是相对而言的,视案情需要而灵活掌握,才能彰显其应用价值。作为审判长而言,要善于综合运用各种方法,灵活加以掌握。

(二)分别评议法

所谓分别评议法,是指对多人多次多罪名或争议较多案件,对相关内容按被告人、次数、罪名或争议焦点的不同进行分别评议的一种方法。实践中,理解和把握"分别评议法"时,应当注意以下几点:

一是注意把握"分别评议法"的核心要义。"分别评议法"的核心要义在于分类分别评议,从而提高合议庭评议案件的讨论效率。分别评议法是原先逐次、逐人、逐罪、逐人逐次、逐人逐罪评议方法的升级版，除了逐人、逐次、逐罪等区分标准外，还包括按争议的内容进行分类。"分别评议法"既涵盖按类别按顺序依次评议，又包含重点评议等内容，体现分类评议、全面评议与重点评议相结合的原则。

二是注意把握"分别评议法"的操作步骤。实践中，"分别评议法"的操作步骤大致为：首先，审判长在主持合议庭评议时对采取何种方式方法先行判断，可征求合议庭成员意见，但必须发表主持词，作出"分别评议"的指示。其次，案件承办人按审判长的指示，对案件按被告人、罪名或争议的内容进行分类汇报、介绍。再次，合议庭成员逐类进行评议、讨论，可以就相关事实证据的认定、控辩双方争议的焦点以及各方的理由能否成立等进行提问、发表意见。最后，审判长就该类、该节事实的讨论作一阶段性小结、归纳和提炼，明确清楚的和不清楚的，意见一致的和意见不一致的，缩小案件争议和分歧，扩大裁判共识。

三是注意把握"分别评议法"的适用场景。"分别评议法"主要适用于多人多次多罪名的重大复杂疑难案件，尤其是被告人对有关罪名、各个罪名所涉具体犯罪事实和证据等提出诸多异议的经济犯罪案件，具有重要的适用价值。比如，被告人张三、李四等8人非法吸收公众存款、集资诈骗、虚开增值税专用发票、走私普通货物一案，该被告人人数众多，罪名超过三个，每人犯罪事实的笔数又比较多，被告人及其辩护人对部分罪名以及具体犯罪事实提出异议，但这些异议又主要集中于被告人主观上是否具有非法占有他人钱财的诈骗犯罪故意、是构成集资诈骗罪还是非法吸收公众存款罪、相关犯罪事实和金额如何认定等处，针对意见比较集中的特点，可以适用"分别评议法"对被告人主观上是否具有非法占有为目的的集资诈骗故意、定性等问题进行分层分类并作重点评议。

需要言明的是，上述各种评议方法的运用要视案情具体加以把握，并非一成不变，实践中应注意避免机械套用、面面俱到，而是需要突出重点、详略得当、灵活运用，具体情况具体分析。有的案件，有的被告人及其辩护人对有的犯罪事实和定性没有异议，或者争议不大，就可以简略一些，有时也可交叉综合运用。

专题三 几类典型案件的讨论技巧与方法
——以合议庭评议为重点

不同类型案件的事实证据、定罪量刑、法律适用等具有不同的特点和规律，合议庭、审委会讨论的要求也有所不同。案件讨论本质上是信息交互、相互辩论并形成裁判共识的沟通过程。实践中，针对不同类型的刑事案件，合议庭成员、审委会委员尤其是审判长等主持人应当选择符合该类犯罪案件特点和规律的讨论方式方法，掌握相应的案件讨论技巧与方法，促进合议庭、审委会形成高质量的讨论。本专题以合议庭评议为重点，在前述对案件讨论的一般技巧和方法进行探究的基础上，特选择几种典型案件的特殊讨论技巧与方法，以期全面深化对案件讨论技巧和方法的探究和运用。

一、命案的评议技巧与方法

所谓命案，泛指致人死亡的刑事案件，以故意杀人、抢劫致人死亡为典型代表。做好相关案件的评议，关键在于把握命案的证据特点和规格，通过评议、讨论就相关案件事实要素是否齐备、有关事实是否清楚、证据是否确实充分、定性量刑如何处理等问题达成裁判共识。实践中，对命案的评议技巧和方法多种多样，这里重点对整体评议法和重点评议法两种方法加以探讨。

（一）整体评议法

所谓整体评议法，是指对案件的犯罪事实证据、定性量刑等问题从整体上加以评议、讨论的一种方法。实践中，在理解和把握"整体评议法"时应当注意以下几点：

一是注意把握"整体评议法"的核心要义。命案往往为一起犯罪事实，但事实证据、定性量刑等问题事关重大，涉及生杀，务必搞准、议扎实。"整体评议法"的核心要义在于从总体上把握案件的犯罪事实、证据以及定罪量刑等问题，使得案件的处理结论大方向正确，不出现大的偏差或闪失。通过整体评议，合议庭成员对案件的整体事实是否清楚，证据是否确实充分，案件事实证据存在什么样的疑问和不足，控辩双方争议的焦点在哪里，本案能否判处重刑等问题有较为概括的整体认识，从而提高了评议的质量和效率。

二是注意把握"整体评议法"的操作步骤。实践中，对命案适用"整体评议法"的操作步骤大致为：首先，审判长作为主持人发表主持词，对案件适用"整体评议法"向合议庭成员发出明确的指示，提示大家围绕案件的整体事实、证据和定性量刑等问题进行讨论。其次，案件承办人就本案总体事实是否清楚，证据是否确实充分，根据现有证据能否足以定案，被告人本人对杀人犯罪等主要事实是否一直供认不讳，控辩双方争议的焦点在哪里等进行介绍、汇报。比如，承办人可以说，"本案被告人杀人抢劫的整体犯罪事实清楚，从现场提取到能够直接锁定被告人行凶作案的DAN物证，被告人本人对作案事实一直供认不讳，主要是量刑问题"。承办人这样一汇报，合议庭成员对案件的全貌和难度就有了整体的把握。再次，合议庭成员围绕案件事实证据、定性量刑、法律适用等问题进行提问、讨论和辩论，承办人针对提问进行回答、阐释，合议庭成员之间展开质辩。最后，审判长对刚才的讨论情况进行归纳、阶段性总结，达成裁判共识。

三是注意把握"整体评议法"的适用场景。就命案而言，主要是犯罪事实的认定、定性、量刑以及是否具有自首、立功情节等问题。实践中，"整体评议法"既可以适用于全案的讨论，也可适用于犯罪事实、定性、量刑中的某一场合或量刑情节中的某个情节。其中，对犯罪事实的讨论适用"整体评议法"尤为重要。犯罪事实是整个"命案"案情事实的核心内容，相关案件整体事实是否清楚，证据是否确实、充分，务必重点讨论清楚，从整体上加以把握。包括犯罪起因、犯罪故意内容、犯罪预备情况、被告人有无作案时间、作案地点是否明确、犯罪手段和经过是否清楚、被告人是否一直供认不讳等。对于死亡结果，要重点讨论证明被害人死亡的证据是否确实、充分，死亡原因是否清楚等。

（二）重点评议法

所谓重点评议法，是指对案件事实证据、定罪量刑、法律适用等问题的某一项、某一方面、某个细节进行重点讨论的一种方法。命案事关生死，既要从整体上加以把握，又要从细节入手，搞清楚全案事实，不放过任何蛛丝马迹，排除一切合理怀疑。因此，重点评议法在命案讨论中最为常见。实践中，理解和把握重点评议法时应当注意把握以下几点：

一是注意把握"重点评议法"的核心要义。重点评议法的核心要义在于对某个问题、某个方面或某个细节进行重点研究、讨论。比如，命案中的"案件线索来源"是否清楚，就是一个非常重要的问题，需要重点讨论。实践中，凡是通过刑讯逼供等非法手段"侦破"的刑事冤错案件，往往在侦破环节就显得破案过程"不自然"，方法不太正常，相关材料不完备。因此，讨论命案时要尤其注意对案件的线索来源等问题作重点评议和讨论，包括公安机关将被告人确定为犯罪嫌疑人的过程和方法、被告人是否具有投案自首情节、是否被当场抓获、本案是否系他人检举揭发、有无报案、是目击者报案还是当地群众发现被害人（尸体、尸骨）而报案，等等，这些细节都需要引起合议庭的高度关注。重点评议法对于发挥集体智慧、推进重大事实情节的准确认定意义重大。

二是注意把握"重点评议法"的操作步骤。实践中，在命案讨论中运用"重点评议法"的大致操作步骤为：首先，审判长发表主持词，对需要重点评议的议题和内容向合议庭成员发出明确的指令，引导合议庭成员围绕某个问题进行重点讨论。比如，命案中常见的被告人杀人动机问题、作案时间问题、自首的认定问题等。此时，审判长可以视案件的具体情况，发出评议指示，如，"下面，请合议庭成员围绕被告人的杀人动机问题进行重点评议""先请承办人对案情进行介绍、汇报"。其次，承办人重点围绕被告人的作案动机问题进行汇报，发表自己的看法以及依据。再次，合议庭成员围绕作案动机问题进行提问、讨论，承办人进行回应。随着讨论的深入，最后，由审判长对被告人的"杀人动机问题"进行归纳、总结，提炼裁判共识和分歧之处。通过"重点评议法"的运用，该案被告人杀人动机问题便可呈现出来，即合议庭成员的意见是否一致、存在什么样的分歧、这种分歧是否足以影响定案，等等，为案件的最终裁判提供了基础。

三是注意把握"重点评议法"的适用场景。就命案而言，重点评议法究竟在哪些场景具有较大的适用价值，主要取决于命案的特点和证据规格。对命案的处理来说，最为重要的是事实认定问题，尤其是作案人的认定。而事实证据的认定，则离不开对"命案"证据规格的把握。命案不同于一般刑事案件，在发案、投案自首、人员失踪、"破案"、死亡结果等方面均具有其特殊的证据规格。针对证据确实、充分的命案，合议庭、审委会要重点讨论侦查机关直接锁定被告人作案所依据的客观性证据和线索，侦破案件的思路、方法、措施、经过和结果，抓获被告人的过程和方法，以及在侦查阶段有无根据被告人的供述或指认，发现尸体、提取隐蔽性物证等。一般而言，根据被告人供述提取到隐蔽性物证、起获尸体或者被告人带领指认现场的，证据的可信度就较高。在案件评议中，一旦抓住重点，把直接锁定被告人行凶作案的指纹、DNA等痕迹物证讨论清楚了，定案就比较放心，合议庭、审委会容易达成共识。除了作案人的认定，在命案中，被害人身份亦是命案讨论的重中之重，意味着被告人究竟杀了谁。此外，被告人的身份状况、被告人是否构成累犯，有无自首、坦白、立功等从轻情节，被害人是否有过错，案件是否由于婚恋或家庭矛盾激化、民间纠纷引发等情节以及定性等问题也往往需要重点讨论。

二、经济犯罪的评议技巧与方法

经济犯罪往往疑难复杂。之所以疑难复杂，大致有以下几种原因：

首先，人数多，往往为多被告人作案、涉及多名被害人，多为"涉众"型犯罪。其次，犯罪次数多，如虚开增值税专用发票、非法吸收公众存款、集资诈骗、走私犯罪，等等，往往次数特别多，尤其是虚开、非法集资类案件，次数成千上百，有的甚至上万次。再次，非法行为和合法经济活动相互交织，罪与非罪界限不清。从次，此罪与彼罪相互交织，定性往往难以判定。最后，刑罚裁量难。数额是量刑的重要依据，但不是唯一依据，需要综合考量行为人的主观恶性、行为的客观危害等案件具体情况。经济犯罪的评议方法多种多样，前述讨论的逐人、逐段、逐次评议法等各种方法在经济犯罪中都具有较大的应用空间，在此不再赘述。此处重点介绍两种方法：一种是"原貌评议法"；另一种为"局部评议法"。

（一）原貌评议法

所谓原貌评议法，是指尽量恢复案件的"原貌"，从事件发生发展的本源经过去评议案件的定性问题的一种讨论方法。在经济犯罪案件的讨论中，理解和运用"原貌评议法"时应当注意把握以下几点：

一是注意把握"原貌评议法"的核心要义。原貌评议法的核心要义在于恢复案件的原貌，从原貌的高度去审视检察机关的指控罪名能否成立、原判定性是否正确。经济犯罪案件往往是一个复杂的事件，被指控的犯罪行为本身又是一个复杂的行为体系，既涉及手段行为，又涉及目的行为。就事件本身来说，经济犯罪案件是发生在过去的一个故事，故事的来龙去脉往往比较复杂，有一个从头到尾，涵盖起因、发生、发展、结果等一系列要素的复杂行为体系。而作为犯罪加以指控的又往往是整个故事当中的一个片段而已。公诉机关往往截取其中的一段行为或子故事加以指控，追究行为人的刑事责任。在审理过程中，将案件尽量恢复到事情原貌，从事件的本源去讨论，有利于从整体上加以把握，避免在定性中"只见树木，不见森林"情况的出现，确保经济犯罪案件的定性准确。原貌评议法在经济犯罪案件审理中有着特别的实践意义和应用价值。

二是注意把握"原貌评议法"的操作步骤。在经济犯罪案件评议实践中，原貌评议法的应用大致的操作步骤为：首先，主持人就原貌评议法的运用发表主持词，引导合议庭成员就案件的原貌进行讨论。其次，承办人就原貌进行汇报、介绍，尽量将案件恢复到原貌，而不仅仅局限于检察机关指控的事实范围。比如，某诈骗案中，检察机关指控被告人以变更股权的方式诈骗他人钱财，承办人不仅要汇报股权变更这一段故事，而且要向前延伸到公司的设立，被告人与所谓的被害人之间的股东关系，之后如何产生纠纷，双方就股权争议所采取的一系列行为手段，尽量将案件恢复到原貌的基础上，方便合议庭成员就本案究竟是股东之间诈骗股权还是职务侵占本单位财物，进行充分讨论。再次，合议庭成员围绕案件事实证据以及定性问题向承办人发问，并展开讨论。最后，审判长在充分讨论的基础上进行归纳和阶段性小结，合议庭成员就案件的原貌及其定性形成基本的共识。

三是注意把握"原貌评议法"的适用场景。原貌评议法主要适用于故事情节比较复杂、时间跨度较长的经济犯罪案件，避免出现"只见树木、不见森林"的情况。尤其是贪污、职务侵占、诈骗等财产占有型经济犯罪案件中，要尽量多运用原貌评议法。笔者曾遇到过一起检察机关指控被告人犯诈骗罪的经济犯罪案件，在审理过程中，我们发现所谓的诈骗实际上是本案的被害人与被告人共同走私普通货物，后来由于分赃不匀，一方控告另外一方诈骗。我们将案件恢复到原貌，不难发现本案实际上是共同走私犯罪。后来，经过协调，商检察机关撤回起诉，交由海关重新侦查，被告人、被害人都以走私普通货物罪被追究刑事责任，数千万的赃款被追缴上交国库。

（二）局部评议法

所谓局部评议法，是指对经济犯罪案件故事中的某一片段、某一部分进行评议的一种方法。局部评议法类似于前述的重点评议法，但略有不同。实践中，理解和运用"局部评议法"时应当注意把握以下几点：

一是注意把握"局部评议法"的核心要义。局部评议法的核心要义在于对经济犯罪案件中的局部事实、定性等问题进行重点评议，便于搞清全案。比如，在审理被告人张三非法吸收公众存款、集资诈骗一案中，被告人张三非法占有目的产生于何时？这不仅涉及非法吸收公众存款犯罪故意向集资诈骗犯罪故意的转化时间，而且涉及相关犯罪事实的定性、量刑等一系列问题。因此，对被告人集资诈骗故意形成时间的相关时间段和事实进行重点讨论与判定就显得非常重要。

二是注意把握"局部评议法"的操作步骤。局部评议法的操作步骤大致为：首先，审判长作为主持人发表主持词，对上述需要重点审议的"非法占有目的产生时间段"提示合议庭成员进行重点讨论。其次，案件承办人就相关事实证据以及处理意见发表自己的看法，提出需要讨论的具体议题。再次，合议庭成员就此展开提问，并相互辩论。最后，审判长进行归纳、小结，就被告人"非法占有他人财物的诈骗故意形成时间"达成共识。

三是注意把握"局部评议法"的适用场景。局部评议法适用的场合多种多样，并无固定模式。但在经济犯罪案件中，尤其是非法行为和合法行为相互交织、轻行为向重行为转化等场合，对局部事实在整体把握的同时又予以重点评议，具有特别的实践意义。

三、毒品犯罪案件的评议技巧与方法

在刑事诉讼中，命案、毒品犯罪和职务犯罪是各有特点、比较特殊的犯罪类型，这三大类犯罪都有其自身特有的诉讼规律和证据审查要求，也有着不同的评议技巧和方法。在毒品犯罪案件评议中，逐次评议、逐人评议较为常用。在此结合毒品犯罪特点，就逐次评议法、逐人评议法在毒品犯罪中的运用加以探究。

（一）逐次评议法

在专题二中，本书对逐次评议法的一般核心要义、操作步骤和适用场景等内容作了全面探究，在此不再赘述。毒品犯罪是典型、常见的多次犯罪，且往往次数较多，因此，逐次评议法在毒品犯罪中经常用到。实践中，理解和适用逐次评议法时应当注意以下几点：

一是注意把握毒品犯罪"逐次评议法"的核心要义。毒品犯罪中，逐次评议法的核心要义在于逐次讨论，对每一起毒品犯罪的客观方面及其证据状况进行分析判断，使全案的事实更加扎实、可靠。相关的证据包括毒品、毒品的半成品、制毒物品、毒资、盛装毒品的容器或包装物、电子秤等贩毒工具的实物及其照片、证明毒资往来、涉毒人

员行踪的书证、毒品、毒资、作案工具及其他涉案物品的扣押清单、毒品鉴定和检验报告、对现场的勘验及对人身、物品的检查等状况。通过逐笔审查、讨论，提高讨论的质量和效率。

二是注意把握毒品犯罪"逐次评议法"的操作步骤。实践中，针对多次作案的毒品犯罪，逐次评议法的操作步骤大致为：首先，审判长作为主持人发出"逐次评议"的指示。尤其是针对哪一次，从哪一次开始逐笔评议，必须给合议庭成员作出明确的引导。其次，承办人针对审判长的指示，围绕该次犯罪事实进行介绍、汇报，重点介绍该笔毒品犯罪的事实证据情况，被告人有无参与该起毒品犯罪、地位作用如何、有无非法获利、赃款赃物去向等状况。再次，合议庭成员围绕该笔犯罪事实进行提问，并相互讨论，促进裁判共识的形成。最后，审判长视情进行归纳、总结。期间，审判长究竟在何时进行归纳、总结，不可一概而论，而要视具体案情、合议庭成员讨论的情况而定。

三是注意把握毒品犯罪"逐次评议法"的适用场景。多次毒品犯罪案件评议中，经常需要适用"逐次评议法"。尤其是被告人对有的犯罪事实有异议的案件，需要逐次梳理、讨论，通过逐次评议准确认定被告人是否参与该次毒品犯罪作案、在共同犯罪中的地位作用等罪责问题，便于最终作出客观公正的裁判。需要说明的是，毒品犯罪既要注重"逐次评议"，又要注重"整体评议"。逐次评议主要解决该次犯罪事实的证据状况以及被告人在本次犯罪中的地位作用等问题。实践中，应当注意处理好"逐次评议"与"整体评议"之间的关系。

（二）逐人评议法

所谓逐人评议法，是指按被告人顺序，逐一进行评议的一种讨论方法。前述对逐人评议法的核心要义、一般操作步骤、应用场景等作了阐述，在此不再赘述。在此，主要就逐人评议法在毒品犯罪中的适用问题加以探究。实践中，理解和把握"逐人评议法"在毒品犯罪中的应用时应当注意以下几点：

一是注意把握毒品犯罪案件"逐人评议法"的核心要义。毒品犯罪案件中逐人评议的核心要义在于逐一审议每个被告人的主体身份、主观故意、客观行为、涉案的犯罪事实等内容，从而提高讨论质效。其中，毒品犯罪案件被告人的主体身份特别重要，包括被告人是否具有犯罪前科、是否构成累犯、毒品再犯等情节。被告人的主观方面，要重点讨论被告人"贩卖目的"，行为人是否"明知"其所贩卖、运输的物品系毒品。客观方面重点评议被告人有无参与指控的相关毒品犯罪事实。

二是注意把握毒品犯罪案件"逐人评议法"的操作步骤。毒品犯罪案件中，运用逐人评议法的操作步骤大致为：首先，审判长作为主持人发表主持词，向合议庭成员发出"逐人评议"的明确指令，提示合议庭成员按被告人顺序对每名被告人的毒品犯罪事实、证据状况及相关定性量刑等问题逐一讨论。其次，承办人就该被告人是否具有毒品犯罪前科、有无参与毒品犯罪作案、参与的次数和毒品数量、相应的证据状况、被告人本人是否提出异议、检察机关指控的罪名能否成立等问题进行集中介绍、汇报。再次，合议庭成员针对该被告人的相关情况进行提问，展开讨论。最后，由审判长进行归纳、小结。

三是注意把握毒品犯罪案件"逐人评议法"的适用场景。逐人评议法主要应用于多被告人参与作案的毒品犯罪。尤其是被告人人数众多，相互之间交叉结伙，审理期间各被告人对自己参与的毒品犯罪事实并非全部供认的情况下，适用"逐人评议法"，就每名被告人的主体身份、主观故意、涉案的犯罪事实证据以及定性等问题进行逐一梳理、讨论，就显得非常有意义。

四、事实证据分歧案件的评议技巧与方法

所谓事实证据分歧案件，是指本案的争议焦点主要在于事实证据、各方对事实证据的审查认定存在分歧意见。针对事实证据分歧案件，实践中常见的评议方法有逐次评议法、逐人评议法、逐罪评议法、重点证据评议法，等等。这里主要介绍逐次评议法和重点证据评议法。

（一）逐次评议法

针对犯罪次数比较多，且被告人对事实证据存在异议，各方有分歧意见的案件，最好适用"逐次评议法"。逐次评议法的核心要义在于逐次讨论、逐次评议并形成评判意见，有利于使每一笔犯罪事实都能够得到准确认定。实践中，比较常见的多次犯罪且经常发生分歧的案件类型主要在经济犯罪、财产犯罪领域，如集资诈骗罪、非法吸收公众存款罪、虚开增值税专用发票罪、合同诈骗罪、电信网络诈骗犯罪、盗窃罪、走私普通货物、抢劫罪，等等。比如，被告人张三非法吸收公众存款、集资诈骗一案，其中非法吸收公众存款、集资诈骗犯罪上百起，被告人张三对部分犯罪事实的金额、有无非法占有目的、是非法吸收公众存款犯罪故意还是集资诈骗故意支配下实施行为等提出异议，控辩审各方存在分歧意见，此时，就需要运用"逐次评议法"对

每一笔事实的证据情况、各方意见进行评议、讨论，形成裁判共识。当然，对其中没有异议的部分事实可以进行合并，采取逐段评议法等方法进行讨论，提高讨论效率。前述对逐次评议法、逐段评议法、逐人评议法等已有较多论述，在此不再赘述。

（二）重点证据评议法

事实存在分歧，归根到底，是各方对证据的分析认定和采信存在分歧意见。实践中，造成事实证据分歧的原因各不相同，有的系被告人供述前后不一、翻供翻证造成，有的系鉴定意见不同造成，有的系案件本身错综复杂、需要条分缕析造成。实践中，理解和把握"重点证据评议法"时应注意以下几点：

一是注意把握"重点证据评议法"的核心要义。"重点证据评议法"的核心要义在于对被告人供述、鉴定意见、相关证人证言等重点证据进行充分评议和讨论。比如，对被告人的供述展开重点分析、讨论，事实证据分歧的案件往往被告人供述不稳定，有的零口供，或先供后翻，或先翻后供，或边供边翻。评议中，可以围绕口供有无变化、翻供的原因，以及口供变化的历程等情况展开全面深入的讨论，对口供的采信形成裁判共识，从而提高讨论质效。

二是注意把握"重点证据评议法"的操作步骤。实践中，对事实证据分歧的案件运用"重点证据评议法"的大致操作步骤为：首先，审判长发表主持词，就适用"重点证据评议"发出明确的指示，引导合议庭成员对某一重点证据展开讨论。比如，可以引导合议庭成员对被告人供述展开讨论。其次，案件承办人针对"被告人供述"情况进行专门介绍、汇报。重点介绍被告人对关键事实、情节的供述是否稳定、何时出现变化、改变供述的原因、何种供述更可信等情况。再次，合议庭成员围绕口供相关情况进行提问、发表分析意见并相互辩论。最后，由审判长根据讨论情况，就口供的采信等进行归纳、总结，形成裁判共识。

三是注意把握"重点证据评议法"的适用场景。"重点证据评议法"可适用于事实证据分歧的各种案件。其中，故意杀人等命案和一些经济犯罪案件较为常用，且意义重大。在故意杀人等命案中，犯罪次数一般只有一次，但案情重大，定案的关键证据一旦存在分歧，必须引起高度重视，因此，对口供、鉴定意见等重点证据进行逐一讨论，就显得非常重要。在一些经济犯罪案件中，被告人虽然对案件的基本过程交代在案，但对行为的属性、是否具有犯罪故意等往往会提出辩解，且此类案件往往犯罪次数较多，或需要从全案整体上加以把握，此时对被告人的供述、犯罪故意的主观内容、客观行为表现、赃款的去向等相关事实证据进行重点讨论，对于提升裁判的客观性和公正度，具有十分重要的意义。事实证据存在分歧的案件，还往往会涉及非法证据的排除情况，合议庭评议时对提出排除申请的证据应当进行重点讨论。承办人应当就案件非法证据排除程序的运行情况向合议庭、审委会汇报清楚，就公诉人的证明是否达到确实、充分的程度，是否需要排除非法证据等提出处理意见。

五、法律适用分歧案件的评议技巧与方法

法律适用分歧案件主要指案件的事实清楚，但案件在被告人的行

为是否构成犯罪、是此罪还是彼罪、是单位犯罪还是个人犯罪、共同犯罪中主从犯的认定、是否构成自首立功等法律适用方面存在较大分歧的案件。与事实证据分歧案件不同，法律适用分歧案件评议的关键在于讨论案件的法律适用难点、重点问题，事实与规范是否匹配。针对此类案件，可能用到的方法有逐罪讨论法、逐人讨论法、逐人逐罪讨论法、整体评议法、原貌评议法等。鉴于前述已就相关方法作了较为充分的讨论，在此不再予以赘述。在此主要对逐罪讨论法、逐人逐罪讨论法作简单探究。

（一）逐罪讨论法

所谓逐罪讨论法，是指按罪名逐一讨论。前述已对逐罪讨论的一般含义、操作步骤和适用场景等问题作了专门阐述，在此不再予以赘述。这里，主要就"逐罪讨论法"在法律适用分歧场合中的运用加以探究。实践中，理解和把握"逐罪讨论法"在法律适用分歧案件中的运用应当注意以下几点：

一是注意把握法律适用分歧案件中"逐罪讨论法"的核心要义。法律适用分歧案件中"逐罪讨论法"的核心要义在于按罪名逐一围绕犯罪构成展开分析，就前道司法工序所认定的罪名是否成立、被告人及其辩护人提出的异议能否成立等问题展开充分讨论。对于指控或原判认定的罪名能否成立、是构成此罪还是彼罪的法律适用分歧意见，关键在于犯罪构成要件的指引下筛选案件事实要素，并讨论分析规范与事实的匹配度，确定被告人的行为是否构成犯罪、构成何罪，同时解决被告人罪重罪轻等相关量刑情节问题。在分歧案件法律适用中，通过逐一梳理，逐罪讨论，明显有利于提高讨论效率。

二是注意把握法律适用分歧案件中"逐罪讨论法"的操作步骤。在法律适用分歧案件中，运用"逐罪讨论法"的操作步骤大致为：首先，审判长发表主持词，对本案法律适用的分歧点进行归纳，针对"法律适用分歧点"明确发出"逐罪"讨论的明确指示。比如，针对被告人张三、李四非法吸收公众存款、集资诈骗一案，可以在发表主持词中指出，"鉴于检辩双方对本案非法吸收公众存款、集资诈骗两个罪名都存在分歧，具体表现在被告人的行为是合法融资行为还是非法集资、有无针对不特定对象吸收存款、行为人主观上有无诈骗犯罪故意、何时产生非法占有目的等方面，下面我们采用'逐罪讨论法'，逐一进行分析。先请承办人就非法吸收公众存款罪这部分进行汇报"。其次，承办人就非法吸收公众存款罪这节事实相关的法律适用分歧意见进行介绍、汇报，阐明各方对行为人的行为是否属于非法集资、有无针对不特定对象吸收存款、是合法融资还是非法集资等的意见和理由。再次，合议庭成员进行提问、相互讨论。最后，审判长就本罪的法律适用问题进行归纳、小结，形成阶段性的裁判共识。

三是注意把握法律适用分歧案件中"逐罪讨论法"的适用场景。逐罪讨论法主要适用于多罪名且法律适用分歧意见较多的案件。尤其是非法吸收公众存款、集资诈骗、走私普通货物、电信网络诈骗、合同诈骗、虚开增值税专用发票等经济犯罪案件，被告人及其辩护人往往对有关罪名成立以及此罪与彼罪的界线等问题提出异议，需要逐一加以讨论。这些案件、各个罪名也往往伴随主从犯的认定、自首、立功情节、单位犯罪还是个人犯罪等情节认定分歧。此外，还有可能涉及新旧法律交替等带来的法律适用分歧，这些问题的解决也离不开

"逐罪讨论法"的应用。

（二）逐罪逐人讨论法

针对多被告人、多罪名且存在法律适用分歧的案件，经常适用的方法就是逐罪逐人讨论法。实践中，理解和把握"逐罪逐人讨论法"时应当注意把握以下几点：

一是注意把握法律适用分歧案件"逐罪逐人讨论法"的核心要义。在法律适用分歧案件中，针对多被告人、罪名的情况，"逐罪逐人讨论法"的核心要义在于按罪名顺序，对该罪名中的各被告人相关法律适用问题逐一进行讨论，以提高讨论效率。逐罪逐人讨论法的最大优势就在于逐一对罪名对每个人的法律适用情况进行全面梳理，精准裁判，确保不遗漏每个争点。

二是注意把握法律适用分歧案件"逐罪逐人讨论法"的操作步骤。实践中，法律适用分歧案件"逐罪逐人讨论法"的操作步骤大致为：首先，审判长作为主持人发表主持词，针对法律适用分歧案件明确发出"逐罪逐人讨论"指示，引导合议庭成员按罪名顺序逐个对被告人进行评议。比如，在被告人张三、李四等15名被告人集资诈骗、非法吸收公众存款、虚开增值税专用发票一案，可以说"下面我们先对集资诈骗罪的相关法律适用问题进行评议，且按被告人逐一讨论，先就被告人张三及其辩护人提出的三点法律适用问题进行讨论，请承办人介绍案情"。其次，案件承办人就张三及其辩护人围绕集资诈骗罪所提出的主观上没有非法占有目的、没有采取非法集资的手段、不构成集资诈骗罪等三点异议进行汇报，提出自己的处理意见和理由。再次，合议庭成员围绕被告人张三集资诈骗相关的事实证据、法律适用等问题进行发问，相互辩论。最后，审判长进行阶段性的归纳和小结，形成裁判共识。

三是注意把握法律适用分歧案件"逐罪逐人讨论法"的适用场景。在法律适用分歧案件中，"逐罪逐人讨论法"主要适用于多罪名、多被告人案件。尤其是控辩各方对罪与非罪、此罪与彼罪的区分、主从犯的认定、被告人是否具有自首情节和立功表现、是否构成单位犯罪等具有争议的场合，逐罪逐人进行讨论具有重要的实践意义。在电信网络诈骗等经济犯罪中，主从犯的认定尤为关键，对各被告人在共同犯罪中的地位作用等量刑情节进行逐一讨论，有利于搞清罪责，为案件的最终处理奠定良好的基础。

第七讲
讨论能力的培养
——案件汇报和评议技能如何炼成

案件讨论作为法官集体决策的过程而存在,是促进裁判共识的有效形成、确保司法个案公平正义的主要环节,也是集中展示法官司法能力水平和综合素养的重要方面。

讨论能力作为法官的司法专业能力,并非与生俱来,如同阅卷能力、庭审能力等司法能力一样,都非一朝一日练就,需要建立在长期实践训练的基础之上,需要法官不断积累养成、掌握各种知识、能力。

可以说,法官的讨论能力是一种综合素养,既是法官汇报、主持讨论、评议案件的职业技能,更是法官个人长期积累的政治素养、职业修养、文化修炼的结晶。对法官汇报、主持讨论、评议案件能力问题的研究最终要落脚到讨论能力的训练和养成上。故本讲拟对讨论能力的培养和炼成作些探讨。

在刑事案件汇报中，承办法官既要全面汇报，使案件全部事实信息均能进入合议庭、审委会的视线范围，又要突出重点，善于把握关键，提高汇报质量和效率。

司法能力建设是一个长期、复杂的系统工程，无论是阅卷能力、庭审能力的培养，还是案件讨论能力的提高，都离不开院庭长示范引领和熟手法官的"传帮带"，更离不开新手法官自身的实践锻炼、不断感悟和经验的积累。

专题一　掌握能力要求

法官讨论能力的养成，其前提和基础在于了解和掌握讨论能力的构成及其素能要求。根据前述，司法实践中，案件讨论主要体现为三种形式：一是合议庭讨论；二是审判委员会讨论；三是专业法官会议讨论。而从讨论过程和步骤等角度看，讨论包括案件汇报、主持讨论、参与讨论等环节。因此，法官讨论能力可从参与上述三种讨论形式所体现的案件汇报技能、主持技能、讨论技能三方面加以探究。了解和掌握能力要求，也就意味着要了解和掌握案件的汇报能力、主持讨论的能力、参与讨论能力的一般要求。

一、掌握"案件汇报"的能力要求

案件汇报是合议庭、专业法官会议、审委会讨论案件的必备环节。本书第三讲对汇报的原理、案件汇报的基本要求和方法、几种特殊类型案件的汇报技巧和方法等方面作了全面、系统、深入的研究。这些知识、原理和技巧的掌握是法官培养汇报能力的重要内容。关于汇报能力要求，概括起来，大致要了解和掌握以下三个方面：

（一）了解和掌握汇报的基本原理

汇报作为完整的双向沟通过程而存在，承办法官作为汇报主体，系信息的发送者，而合议庭成员、专业法官会议成员、审委会成员作为信息的接收者而存在。根据法律心理学的研究，汇报质效的提升及其影响因素主要涉及五个基本要素：（一）情境，（二）人的因素：信息发送者与信息接受者；（三）物的因素：信息本身；（四）途径；（五）反馈。对于汇报者来说，最为主要的能力体现在"如何用最少的时间说最有效的话"。从实践的情况来看，案件"讨论"实质上是法官之间的信息沟通。如果合议庭成员、审委会委员没有良好的"沟通"，就难以形成客观的事实认知，共同及时作出公正的裁判。合议庭、审委会作为审判组织内部良好的沟通文化可以使合议庭成员、审委会委员真实地感受到"沟通"的高效和合作的愉快。加强审判组织内部的"沟通"研究和管理，既可以使管理层工作更加轻松，也可以使承办法官大幅度提高案件审理工作绩效，还可以增强审判组织的凝聚力和核心战斗力。

（二）了解和掌握案件汇报的基本要求

对于承办法官而言，案件汇报分为书面汇报和口头汇报两种形式。书面汇报能力主要体现在"如何制作好案件的审查报告"上。相对于书面汇报而言，口头汇报的要求更高，更加考验案件承办法官的司法能力和水平。一般来说，书面报告的撰写可以花时间反复琢磨、推敲、修改，而口头汇报除了事先可以做一定的准备外，不少是需要临场应对、当场表达，在汇报时间极为有限的情况下，其最为主要的能力体现在"如何用最简单的语言把案情说清楚"。根据前述第三讲的研究，口头汇报涉及开场白的设定、汇报被告人的基本情况、汇报案件的由来及审理经过、汇报案件的事实及证据问题、汇报检辩双方的意见及分析意见、汇报案件存在的问题及所做的工作、汇报承办人及合议庭的定性、处理意见等 7 个环节和内容。

无论是书面汇报，还是口头汇报，都属于汇报，有着共同的原理和要求。尤其是口头汇报，其基本要求主要表现在五个方面：

一是简明扼要。在合议庭、专业法官会议、审委会汇报中，很重要的一条就是要简明扼要，只有汇报时简单明了、抓住要点，才能让合议庭成员、专业法官会议成员、审委会委员有效快速捕捉案件要点，接收到要点信息。简明扼要对于案件汇报来说，是基本要求之一，也是考验承办法官司法能力的一种基本功。

二是客观全面。承办人在案件汇报工作中能否坚持以事实为依据、以法律为准绳，从实际出发，实事求是，按照事物的本来面目去反映事物，既不夸大，也不缩小，更不歪曲和捏造，这不仅是态度问题，也属于法官的司法能力问题。实践中，需要法官注意把握好"客观性""全面性""中立性"等工作原则，在汇报案件过程中坚持客观、理性，全面汇报，同时听取控、辩双方的证据意见和辩论观点，全面准确地汇报证据、反映案情，不先入为主，避免个人偏向、夹带个人情绪，努力做到"兼听则明"。

三是分析深入。在向合议庭、专业法官会议、审委会汇报案件过程中，承办人要能够对事实证据的认定、定罪量刑的裁判理由、法律适用分歧意见及其解决方案等进行深入剖析，善于归纳争议的焦点，能够提出公正合理的解决方案，并阐明具体法律理由。实践中，承办法官能否深入分析案情和处理意见，是一个极为重要的司法能力问题。

四是观点明确。实践中，案件承办人向合议庭、审委会汇报过程中，能否明确地表达和汇报观点，这也是一个重要的能力要求。具体来说，要做到"观点明确"，必须注意明确汇报"自己的观点"、明确汇报案件是否存在分歧意见、明确汇报不同意见的观点等几个方面。在汇报不同意见的观点时，承办人还应当汇报各种不同意见的合理之处和不合理之处，相关意见能否成立、是否足以采信或采纳，阐明自己对相关意见的处理态度，绝不能含糊其词。

五是突出重点。在刑事案件汇报中，承办法官既要全面汇报，使案件全部事实信息均能进入合议庭、审委会的视线范围，又要突出重点，善于把握关键，提高汇报质量和效率。

二、掌握"主持讨论"的能力要求

对照本书前面对主持的探讨，了解和掌握良好的主持讨论能力，应当注意以下几个方面：

（一）了解和掌握会议的主持礼仪

作为主持人，开会之前要注重做好会前准备工作，如明确会议目的，明确议题、程序和开会的方法方式，选定出席的人员等，并按规定要求事先通知参加者。主持人要善于有效地控制会议进程、严肃会议作风，在主持会议时保持自然大方的主持姿态，根据会议内容等具体情况决定步频、步幅，等等。根据《最高人民法院关于完善人民法院专业法官会议工作机制的指导意见》规定，审判专业领域或者跨审判庭、审判专业领域的专业法官会议，由院长或其委托的副院长、审判委员会专职委员、庭长主持；本审判庭或者跨审判团队的专业法官会议，由庭长或其委托的副庭长主持；本审判庭内按审判团队组织的专业法官会议，由庭长、副庭长或其委托的资深法官主持。实践中，专业法官会议的讨论质量，很大程度上取决于主持人是否能够恪尽职责，以及主持人能否保持平等、民主的主持姿态，不以势压人，为合议庭决策提供科学的咨询参考。

（二）了解和掌握会议主持的角色规范

会议主持人必须保持中立原则。主持中立原则意味着"主持人"的基本职责就是遵照规则来裁判并执行程序，保持中立和公正。这种"裁判员"角色，所蕴含的一整套权利、义务、责任等角色规范与行为模式，体现主持人的中立性和公正性。根据权力监督制约原则，主持人既然是"裁判员"，就应该不是"运动员"。主持中立作为一条会议规则，不断塑造着主持人的角色规范和行为模式，促进主持人的"角色化"。这种主持角色在专业法官会议中似乎比较贴近。但需要说明的是，我国审委会讨论执行的是民主集中制原则，主持人坚持充分发扬民主和正确实行集中有机结合，既要善于发扬司法民主，鼓励和引导与会人员全面、客观、理性、充分地表达自己的裁判意见和理由，确保审判委员会委员客观、公正、独立、平等发表意见，避免主持人先发言、表态对其他会议成员产生不当影响，又要敢于在民主基础上实行正确的集中和把关，防止和克服议而不决、决而不行，切实发挥民主集中制优势。

（三）了解和掌握会议主持的功能定位

根据前述有关会议议事规则的研究，主持人的主要功能作用在于维持会议秩序，使其按照会议规则公平高效地运行。主持人的权力主要限于议事规则所赋予的与会议相关的主持权，与实际事务的决定权

第七讲
讨论能力的培养——案件汇报和评议技能如何炼成

并无直接关系。合议庭、专业法官讨论和审委会讨论中，主持人的主持功能在于设置议题，引导合议庭成员、专业法官会议和审委会采用何种方法，对何种议题和对象展开汇报和讨论，通过"轮流发言"机制分配发言权，使审判资源在会议成员之间合理地调度、科学分配，彰显程序公正。作为主持人，很重要的一条是坚持"最后发言"原则，在"主持"过程中不发言或不抢先发言，彰昂主持人对"规则"的执行力。主持人只有"专心"维护规则，提高对"规则"的执行力，规则才能真正执行。长期坚持下去，人们对规则才会有信心。无论是主持人还是每一位与会成员都必须遵守议事规则所建立的"礼节"规范。这对于保持主持人的中立立场，保证会议的客观公正，尤其是在出现严重分歧时的客观公正，至关重要。因此，主持能力的培养很重要的一条就是要训练法官的自我克制、最后发言的能力。当然，司法领域的案件讨论不同于一般性的会议，合议庭的审判长、主持审委会讨论的院长或委托的副院长既是主持人，又是享有会议表决权的合议庭成员、审委会委员，他又必须参与案件的讨论和决策。

（四）了解和掌握会议主持的技巧方法

作为会议讨论的主持人，需要掌握大量的主持技巧和方法。其中，如何让讨论更加民主化，提高参与度，促进议题的充分讨论，提高会议的质量和效率，有赖于主持人各种技巧和方法的综合运用。实践中，如何让讨论更加民主化，使参与者都有机会充分表达自己的观点和意见，以及积极主动去表达自己的观点和意见，反映了主持人的主持能力问题。《如何讨论——以最短时间达成最佳结果的50个讨论方法》一书总结了让讨论民主化的10大方法，包括求同、讨论前预习不熟悉的材料、抽纸条发言法、各抒己见、黑板讨论法、关键事件问卷法、纸上对话法、接力回应法、匿名反馈法、投票选择重点问题等。[①] 比如，在合议庭、审委会讨论过程中，遇到争议很大的案件或法律适用难点问题，如何充分运用"求同法"，使合议庭成员、审委会委员把讨论重点先放在达成一致观点的重点方面，在确认共同点之后，再继续讨论，防止有争议的讨论变成偏向一方的讨论，使讨论更富有民主性的特点，就是考验主持人能力的一个重要方面。又如，主持人通过"各抒己见"，使合议庭成员、审委会委员都有机会表达自己对案件的看法以及处理意见，意义也非常重大。

三、掌握"参与评议"的能力要求

参与评议讨论的合议庭成员、专业法官会议成员和审委会委员与承办人、主持人有着部分相同的能力要求，如遵守礼仪、文明表达、语言观点明确、突出重点、客观理性、分析深入等要求。前述已经作了充分阐述，在此不再赘述。除了前述这些能力要求之外，作为参与评议、讨论的成员还有提出有效问题的能力、尊重他人询问和文明表达的能力、耐心倾听能力等几个方面的能力要求特别重要，需要在实践中予以重点培养。

---

① 参见［美］文蒂尔·D.布鲁克菲尔德、史蒂分·普莱斯基尔：《如何讨论——以最短时间达成最佳结果的50个讨论方法》，包芳、谭淑文、刘白玉译，中国青年出版社2017年版，第13页。

专题二　加强实践锻炼

无论是案件汇报、主持讨论，还是一般参与讨论能力的培养，重在了解和掌握其基本原理和普遍要求，关键在于加强实践训练。作为法官来说，平时要珍惜每一次案件汇报、参与讨论或主持的经历，强化实践锻炼，日积月累，讨论能力必定会大大提高。

一、加强汇报技能的实践锻炼

（一）珍惜每一次锻炼机会

对于新手法官来说，想要提高案件汇报能力和水平，关键在于加强实践锻炼，最为重要的一条就是珍惜每一次汇报机会。对于年轻同志来说，怎么样落实到行动上，真正体现自己"珍惜每一次锻炼机会"的呢？对此，笔者感到，努力做到以下几点是较为重要的。

一是要事先"做足功课"。对于新手法官来说，要想在各种案件讨论场合顺利过关，并通过案件汇报展现自己良好的司法能力和业务水平，其前提在于本着对案件处理高度负责、客观公正的态度，事先认真进行阅卷，全面熟悉了解案情、吃透案情，尽量把案情搞得滚瓜烂熟，并对涉案的相关法律规定进行深入的研究、论证，围绕控辩双方的争议焦点展开深入分析论证，做到心中有数，这样在实战中也就能从容应对。

二是要让阅卷笔录成为审查报告的草稿和理清汇报思路的重要途径。阅卷笔录是体现阅卷工作成果的重要载体，也是准备案件汇报的重要过程。由于司法审判的严肃性，往往需要制作书面的审查报告，这个审查报告是各类口头汇报内容的重要来源。实践中，承办法官应当认真阅卷，了解和熟悉案情，并将审查报告的制作与阅卷笔录的制作有机衔接，使阅卷笔录成为审查报告的草稿、理清口头汇报思路的重要途径，确保既提高审查报告的制作质量和效率，也为下一步口头汇报奠定良好的基础。

三是要强化"敢挑重担"的责任担当。新手法官虽然资历浅、经验不足，但年纪轻、精力充沛，应当有担当的勇气，心怀正义，遇事不避，珍惜每一个岗位，以锐意进取的信心和勇气在各自的岗位上履职尽责，坚持循序渐进、勤学苦练，争取多办案、办好案，而且尽可能办各种类型的案件。尤其是一些经济犯罪案件，法律适用疑难问题较多，只有办得多，才能逐步找到"法感"。随着办案经验的逐步积累，在一些相对大案、难案、复杂案件面前也不要退缩，应该把院庭领导的每一次案件交办都看作提升自身业务能力水平的良好机会，主动从理论中学、从实践中学、从案件中学，不断锤炼自身司法能力和业务水平。

（二）尽量克服紧张心理

新手法官在向合议庭、审委会汇报案件时容易紧张，这是正常的心理反应。心理学家认为，紧张是一种有效的反应方式，是应付外界刺激和困难的一种准备。有了这种准备，便可产生应付瞬息万变的力量。因此紧张并不全是坏事。然而，过分、持续的紧张状态，不但影

第七讲
讨论能力的培养——案件汇报和评议技能如何炼成

响身体健康，严重扰乱机体内部的平衡，而且会影响工作。实践中，有的人到审委会汇报案件显得特别紧张，甚至怯场，一问三不知，这就严重影响了工作。所以每一位法官都应该学会自我消除紧张状态，在案件汇报中尽量克服紧张心理。根据心理学研究，结合司法工作实际，本书认为，至少有以下几种方法值得一试：

一是提前"预习"。本书第六讲对"讨论前预习"作了专门探讨。讨论前预习作为提高讨论质效的重要方法，对于克服紧张心理具有十分重要的意义。实践证明，克服紧张心理的最好办法是事先做了充分准备，在对案情全面吃透的基础上，自信心也就提高了，因此面对合议庭成员、审委会委员的各种提问也就能应答自如。特别是针对一些案情重大复杂疑难的经济犯罪案件或法律适用存在重大分歧的刑事案件，承办人自身提前熟悉案情，为案件讨论和意见的发表做好充分的准备，尤为重要。

二是记住"汇报提纲"。"提纲记忆法"是记住各类案件事实证据、法律适用分歧意见、各方观点和主要理由等案情信息的重要方法。在向合议庭、审委会正式汇报之前，承办人应对书面审查报告内容再作一些精简、归纳和提炼，准备一个简短的汇报提纲。比如，本案被告人基本情况，是否属于累犯；本案事实是否清楚，证据是否确实充分，事实证据方面存在的突出问题是什么；本案控辩双方的争议焦点在何处，最终处理主要是定性问题还是量刑问题；等等。只要理出一个基本提纲和内容梗概，汇报起来往往能够抓住重点、胸有成竹。

三是适当排练"预演"。对于一些新手来说，提前根据案件汇报的程序和要求进行适当的"预演"也是非常有用的。比如，自己可以拿着书面审查报告进行一些概括汇报，不要照着审查报告念，而是用自己的语言，把主要内容"预讲"一遍，届时也就不会紧张了。

四是尝试"放松训练"。心理学总结了诸多放松的方式方法。比如，深呼吸就是缓解紧张情绪的一种重要方法。实践证明，适度的深呼吸有助于缓解紧张、焦躁、烦闷的情绪。案件汇报者在临场或等候室发生怯场时，可以运用深呼吸法进行心理和生理调节。大致的操作步骤为：案件承办人使自己全身呈放松状态，目光转移到远方景物，做缓慢的腹式深呼吸，根据情况做五到十次，甚至更多次。其实，这在心理学上叫注意力转移法。原来把注意力放在担心上，现在不过是把注意力转移到深呼吸上，以此来让自己放松平静下来。

（三）学会用最简单的语言把案情说清楚

对于汇报者来说，需要重点训练的能力主要集中在"如何学会用最简单的语言把案情说清楚"上。实践中，在理解和把握"用最简单的语言把案情说清楚"时，关键在于聚焦三个关键词：

一是聚焦"最简单的语言"，力求汇报语言简洁明了、突出重点。语言是沟通交流的重要工具。实践中，案件承办人要想把事情汇报清楚，首先语言要简洁明了，不免拖沓冗长、啰嗦、含糊其词、不知所云。大量的实践案例显示，越是简洁、突出重点，受众的印象就会越深、记得越牢。相反，讲得很多，但不得要领，语言复杂，合议庭成员、审委会委员就难以在极短的时间内全面、准确地接收到汇报者表达的案件信息。

二是聚焦"把案情说清楚"，力求汇报逻辑前后一致、条埋清晰。逻辑是沟通交流的认知结构和思维方式。在案件汇报过程中，承办人是否有一个完整、清晰、前后一致的逻辑结构和材料组织方式，是检验其逻辑思维能力的重要内容。无论是书面汇报，还是口头汇报，都要讲逻辑，能够向受众呈现一个清晰的逻辑结构、层次和条理。对于司法案件来说，汇报的核心内容在于把案情事实汇报清楚。在事实汇报中，其中很重要的一条就是要把握汇报的逻辑起点。前述已经作了阐述，汇报的逻辑起点在于事实证据的排列要符合人的认知规律。尤其在审查报告的撰写中，事实证据的认定以及排列最为讲究，如何以符合人的认知规律的形式对事实进行叙事展开，以及有机地排列各种主要证据和辅助证据，对于承办人来说，是一种司法能力范畴的重要考验。

三是聚焦"清楚"，力求汇报方法换位思考、切中对方思考逻辑。用最简单的语言把案情说清楚，最终的落脚点无疑是"清楚"一词。而清不清楚，显然是指听的人有无听清楚、是否觉得清楚？现实中，很大的误区就是汇报者往往站在自身的立场和角度，觉得汇报"清楚"了，而事实上，别人却不清楚。当然，那种自己都觉得不清楚的，别人自然无法清楚，所谓"以其昏昏，焉能使人昭昭"。在合议庭、专业法官会议、审委会讨论中，无论是口头汇报还是书面汇报，承办人要想把案情汇报清楚，其中最为重要的技巧和方法就是要善于换位思考、切中对方思考逻辑。前述对于书面汇报作过阐述，就是要站在听众的立场撰写报告。案件承办人作为审查报告的制作人，属于信息的发送者，听众和读者作为案件信息的接受者在阅读报告和讨论过程中能否有效地接收到你发出的"案件信息"，从而完成有效的信息沟通和交互，至关重要。事实上，案件承办法官办一个案件要进行大量的阅卷和审查工作，需要花费大量的时间，有的甚至要几个月，对他自己来说，案情已经非常熟悉，搞得已经很清楚了，但是，你认为清楚的事情，对于受众来说，未必就真的清楚。因此，能否站在受众的立场撰写审查报告，在案件汇报时善于换位思考、瞬间切中对方的思考逻辑，有效避免争议和误解，就显得非常重要，应当着力提升该能力。

二、加强主持技能的实践锻炼

（一）遵守"主持礼仪"

会议主持是一门学问，更是一门艺术。对法官而言，合议庭、专业法官会议、审委会讨论中的主持人就是会议主持人。合议庭的审判长和专业法官会议、审委会的主持人，应当具备较高的主持能力，平时多注重主持能力的修炼和养成。其中，能否遵守"主持礼仪"不仅是礼节规范要求，也是主持人主持能力的集中体现。首先，主持人主持会议时，从走向主持位置到落座等环节都应符合身份，其仪态姿势都应自然、大方。比如，主持人在步入主持位置时，步伐要坚定、有力，表现出胸有成竹、沉稳自信的风度和气概，要视会议内容掌握步伐的频率和幅度。平常主持工作会议，可根据会议内容等具体情况决定步频、步幅，等等。其次，合议庭、专业法官会议、审委会的主持人在主持讨论过程中应当善于控制讨论节奏、引导与会人员围绕主题发表意见，不抢先发言，牢记自己最后发言。最后，耐心倾听与会人员的讨论，尊重他人发言，不随意打断他人发言，文明表达。这些要求实质上都集中反映了一个人的主持礼仪和能力。

（二）牢记"最后发言"

主持人"最后发言"，是合议庭评议和审委会讨论的一条重要原则，也是"主持中立"原则的题中应有之义。实践中，主持人要想主持好一场会议，很重要的一条就是要贯彻主持中立原则。所谓主持中立，意味着会议"主持人"的基本职责是遵照规则来裁判并执行程序，尽可能不发表自己的意见，也不能对别人的发言表示倾向，保持中立和公正。在合议庭、审委会会议讨论中，主持人作为会议成员，可以参加案件的讨论并发表自己的处理意见，但为了确保"主持中立"原则的贯彻，避免主持人先发言、表态对其他会议成员产生不当影响力，有关合议庭、审判委员会的议事规则都明确了"主持人最后发言"原则。主持人要想提高"主持"能力，有效完成主持任务，很重要的一条就是要牢记"主持最后发言""最后表态"原则，不断训练自己保持平和、理性、克制的能力。

主持人"最后发言"包含对会议的总结归纳。在合议庭、专业法官会议、审委会讨论过程中，做好归纳总结的最后发言要求主持人能力强、水平高。从实践情况来看，特别需要注意把握以下几点：

一是要简明扼要。主持人在合议庭、专业法官会议、审委会讨论的最后要善于运用简单的语言把讨论中形成的意见和理由简明扼要地进行归纳，根据讨论情况形成结论性意见。

二是要突出重点。在合议庭、专业法官会议和审委会讨论中，有的案件存在较大分歧，容易形成不同意见，主持人要善于归纳总结各方争议的焦点及各自的理由，突出分歧点，通过总结归纳更加清楚固定重点。

三是要注意总结提升。2023年7月13日，最高人民法院院长张军在全国大法官研讨班上强调指出"要坚持能动司法观念……在积极融入治理的进程中，善于从个案、类案中发现问题，及时发出预警，促推国家治理、社会治理现代化"。据此，主持人在总结合议庭、审委会讨论时尤其要善于由表及里，由此及彼，每讨论一个重大疑难案件和影响性案件都要考虑其典型意义和引导价值。注意落实能动司法和"抓前端、治未病"的理念，及时总结、关注、思考类案成因，提升个案司法经验和类案影响力，决定是否通过发送司法建议等途径放大个案办理效果，从源头上预防和减少类案多发高发。同时，主持人还应当针对法院内部案件质量管控发现的问题，加强经验的总结提炼和问题教训的收纳处理，落实审判监督管理职能，促进管理效能最大化，完善案件质量管控体系。

（三）着力提高"讨论参与度"

作为合议庭、专业法官会议、审委会讨论的主持人，既要了解和具备会议主持的基本礼仪，还要根据司法工作要求推进合议庭、专业法官会议和审委会能够全面、客观、深入地讨论，确保案件公正裁判。因此，主持人的主持能力很大程度上表现为如何激发与会人员的讨论热情、着力提高"讨论参与度"。作为主持人，应当善于运用各种讨论方法，提高讨论的参与度。比如，第六讲介绍的"重复或转述他人的话"等方法。"重复或转述他人的话"这一方法的核心要义在于"重复对方的话"，其本质就是把倾听作为参与讨论的一种形式。在合议庭、审委会讨论过程中，适当地"重复或转述他人的话"，强调倾听他人的意见，同时让那些相对沉默的成员参与进来、提高成员的参与度，对于推动讨论的深入具有十分重要的意义。对于新手法官来说，这种方法平时是可以训练的。

三、加强评议技能的实践

（一）努力提出有效问题

在"提问—倾听—回答"互动中，能否提出唯一的有效问题，对于讨论的成败至关重要。① 在合议庭、审委会讨论案件过程中，与会人员如何提出有针对性、有价值的问题，是审判实践中较难掌握的司法技能之一，应当作为"评议"技能训练的重要内容。在第六讲中，本书对策略性提问法、开放式问题讨论法、提出唯一有效的问题、焦点问题自由讨论法等提问方法作了全面、系统、深入的探究，作为与会讨论的法官来说，应当注意切实加以掌握。实践中，理解和把握"提出唯一的有效问题"这一方法时，应当注意问题的"唯一性""有效性"。作为参与者，法官应当注重训练以"一个问题"的意识投入讨论，提出一个真正有效的问题，推动讨论的深入，促进讨论质效的提升。

（二）切记尊重他人询问和文明表达

实践中，与会人员参与合议庭、专业法官会议或审委会讨论，应当具有尊重他人的询问和文明表达的能力。这种能力应当成为评议能

---

① 参见［美］史蒂芬·D.布鲁克菲尔德、史蒂芬·普莱斯基尔：《如何讨论——以最短时间达成最佳结果的50个讨论方法》，包芳、谭淑文、刘白玉译，中国青年出版社2017年版，第80~84页。

力和讨论素养的重要组成部分。其中,所谓尊重他人的询问,是指在讨论过程中,对别人想知道你的想法这种热情表示尊重,并针对他人的询问,以一种恰当、不会误导之后讨论的方式予以回应、表达自己的观点,使他人更加全面地考虑问题。在合议庭、审委会讨论过程中,能否尊重他人的询问,对于推动讨论的深入具有非常重要的作用。通过"尊重他人的询问"这一方法的运用,既可以使讨论主导者出现在现场、使探索的标准更清楚,又可以促进参与者对大家提供的不同答案的合理性有更加全面、整体的把握,形成理性的综合判断。

所谓文明表达原则,是指与会成员在发言时不得进行人身攻击,不得质疑他人动机、习惯或偏好,辩论应就事论事,以当前待决问题为限。"文明表达"原则首先蕴含遵守基本的文明礼仪,遵守议事规则所建立的礼节规范,意味着规则明示在前,对事不对人;凡事不往道德上扯,通过文明议事来说服、辩论、妥协,从而形成有效果的行动。在意见分歧、争论激烈的情况下,尤其是出现严重分歧时,要防止恶意揣度、粗言相激、肢体相争等"不文明"现象的出现。

(三)务必耐心倾听

在合议庭、专业法官会议和审委会讨论等场合,与会人员能否认真、耐心、专注地倾听他人的叙述,既是修养问题,也是能力问题。实践中,积极倾听不是简单地用耳朵来听说话者的言辞,而是一门艺术,需要一个人全身心地去感受对方在谈话过程中表达的言语信息和非言语信息。积极倾听的方法多种多样,根据《如何讨论——以最短时间达成最佳结果的50个讨论方法》一书的相关研究,包括提问与反馈讨论法、重复或转述他人的话、各抒己见、用一个词总结讨论的内容、接力回应法等各种方式方法。关于倾听的技巧和方法，在前述章节已经有较为充分的阐述，在此不再赘述。

（四）不随意打断他人发言

在此还值得一提的是，耐心倾听也意味着不随意打断他人的发言，这对于参与案件讨论的法官来说，是需要不断修炼的能力素养。实践中，让与会人员完整发言，不打断他人正当发言，不仅体现了对发言人的尊重，具有礼节意义，而且有利于规范发言的秩序，使发言在正常的规则之下能够持续进行，使讨论走向深入。在讨论过程中，与会人员就案件事实、证据的审查判断、定罪、量刑、法律适用等正在发表自己的见解，其他成员听到一半，还未等对方说完，自己就突然冒出一些观点，急于发表自己的看法，此时，便打断了对方的说话，从中间插进去发表自己的见解，这样做是对其他成员的不尊重，也破坏了会议秩序，影响讨论的质量和效率。

专题三 加强培训观摩

对于新手法官来说，如何提高案件讨论的汇报、主持、评议等方面的能力，除了前述注重自身加强实践锻炼之外，还有一个很重要的途径就是加强培训观摩。实践中，主要有三种具体途径和方式：一是跟庭记录，从书记员、法官助理做起；二是参与合议庭、专业法官会议的讨论；三是观看讨论录像或者书面记录。本专题拟对这三种方式加以探究。

一、加强跟庭学习：从书记员、法官助理做起

所谓跟庭学习，是指青年法律人以担任书记员、法官助理等形式为合议庭开庭、评议和审委会讨论作记录，跟着法官学开庭、学主持、学讨论。具体而言，包括以下几种情形：

一是担任开庭、提讯记录，跟着法官学习"庭审"。年轻法律人在未入额之前或已经入额的年轻同志以书记员、法官助理的身份担任庭审、提讯等工作的记录，通过近距离观察资深法官的办案过程，跟着学习案件审判长、资深法官如何主持庭审、分析处理、提讯被告人等各项工作。

二是担任合议庭记录或列席合议庭，跟着合议庭学习"合议"。实践中，法官一旦入额，一般不太方便安排他去担任庭审记录，这样学

习锻炼的机会就相对变少了。但是，只要自己摆正心态，可以多担任合议庭的记录，代理书记员的一些记录工作。有的案件，有书记员记录，年轻法官经批准后也可以尝试以列席的方式，进行近距离的观察，学习和观摩案件承办人如何汇报、审判长如何主持、合议庭成员如何合议，整体上如何推进案件的讨论工作、裁判如何形成，等等。

三是担任审委会记录或列席审委会，跟着审委会学习"讨论"。年轻法官可以通过担任审委会记录，或经批准后列席审委会讨论等方式，近距离观察院长如何主持审委会讨论、承办法官如何汇报案情、审委会委员如何发言和讨论，学习观摩他们的案件汇报、主持、讨论的技巧和方法，从而提高自身的案件讨论能力。

二、参与合议庭、专业法官会议讨论

对法官讨论能力进行训练的最直接方式无疑是让新手法官能够有机会直接参与合议庭、专业法官的讨论。这里的讨论主要分为三种情况：

一是作为合议庭成员参与讨论。此类情形，指的是新手法官本身就是合议庭成员，可以通过参与合议庭案件汇报、讨论等活动，向身边资深的熟手法官进行学习、请教。在合议案件过程中，可以直接观察熟手法官如何"用最简单的语言把案情说清楚"，审判长如何"最后发言"并进行归纳、总结，各种讨论方法在实战中是如何被运用的，等等。新手法官，通过不断的实操训练，我们相信，他会很快成长起来，掌握各种讨论的技能和方法。

二是作为专业法官会议的成员参与讨论。此类情形中，该法官不是合议庭成员，但作为专业法官会议的成员参与讨论，为案件合议庭成员决策提供咨询参考意见。专业法官会议一般由较为资深的员额法官参加，这种由资历较浅的新手法官参与讨论不太常见，但实践中并非没有可能。此类新手法官虽然参加工作实践时间不长，缺乏熟练掌握案件汇报、主持、评议的各种能力，但是对某些专业问题却有深厚的理论研究，因此，也有可能被邀请参加专业法官会议讨论。在此情况下，新手法官一定要珍惜难得的学习锻炼机会，通过直接参与专业法官会议讨论，学习主持人的主持能力、合议庭成员的案件汇报技巧和方法、会议讨论进程的推进和掌控等技巧和方法。

三是作为合议庭、专业法官会议的列席人员参与讨论。年轻的法官助理或新手法官往往没有机会直接参加合议庭尤其是专业法官会议的讨论。但是，从培养和锻炼法官来说，可以多采用列席的方式，让法官助理或新入额法官能够近距离学习、观摩案件承办人、审判长、会议主持人等对案件汇报、评议、主持的处置技巧和方法，观摩他们如何分析案件事实证据和法律适用中的各种难点重点问题。

对于法官助理和新手法官来说，列席是向资深法官学习、提高自身讨论能力的绝好机会。一方面，身临其境，可以模拟审判长、主持人角色对会议的推进、讨论问题和情况处置进行推演，直接在现场学习、观摩，或为案件相关问题处置提供参考；另一方面，事后，还可以跟资深法官以复盘推演的形式进行总结、请教、探讨，请资深法官进行释疑解惑。每次列席之后都要经过一番总结、探讨和请教，并长期坚持下去，相信新手法官的讨论能力会有大幅度的提高。

三、观看讨论录像或书面记录

实践中,观看合议庭、专业法官会议、审委会讨论录像是年轻法官学习案件汇报、主持、评议能力的重要途径。观看讨论录像这种形式的好处是可以反复观看、来回研究案件讨论的细节并进行复盘推演,相互之间还可以进行较为充分的探讨。需要指出的是,根据新手——熟手——专家的研究范式,法官的职业发展,要经历一个从新手到熟手、再到专家的长期过程。在这一职业发展生涯中,审判技能专长作为顺利完成审判业务的能力,处于法官职业发展的核心地位,既包括法官为了完成审判工作目标所掌握的审判策略与裁判方法的"外显知识",又包括一些"内隐知识"。"外显知识"可以通过观察或录像来分析,如观看讨论录像、查阅卷宗等;而内隐知识更多地依赖于法官自身长期的实践感悟。实践证明,司法能力建设是一个长期、复杂的系统工程,无论是阅卷能力、庭审能力的培养,还是案件讨论能力的提高,都离不开院庭长示范引领和熟手法官的"传帮带",更离不开新手法官自身的实践锻炼、不断感悟和经验的积累。

后　记

分享比创作本身更重要。为法官同行编写一套"法官如何办案"的系列教材或指导用书，一直是我的梦想。在编辑老师的启发下，我深感数据库和法律智能产品的应用推广，降低了传统法律图书的使用价值，迫使新的图书策划从选题方向和内容上需要开辟新路，以适应时代的发展要求。

电子产品虽承载着海量的知识信息，并能够极速化关联查找，但对"隐性"知识却无从着手。而审判实务工作是凝结了法官智慧与经验的产物，包含了大量需要转化和传承的"隐性"知识。编写一套以实务经验、办案智慧为主题的"法官办案经验与技能丛书"，围绕法官的审判经验、技巧、技能以及在具体办案过程中总结的实践经验和感悟，通过具有较强可读性的漫谈式、心得交流式写法，将审判经验固定化、体系化，既能够从内容上填补研究空白，满足新任法官、法官助理和需要不断提高审判技能的已任职法官的"传帮带"需求，弥补其经验上的不足，快速提高司法能力和业务水平，又能与以往长篇学术理论或简单案例资料整理或法律规范汇编的传统题材区分开来，作为实务类法律读物发展方向的一次新尝试，意义十分重大。同时，此类"漫谈式"的研究成果对于从事实务工作的律师、检察官等办案人员和法律界同行提升实务技能、改进法律方法也具有一定的参考价值。

后 记

　　本书与前期创作完成的《法官如何阅卷：案卷材料的阅读技能与审查方法》《法官如何庭审：庭审的驾驭技能与处置方法》属同一系列，延续同样的写作思路和方法，同步展开，历经数年而成。本书选择以《法官如何讨论：案件的汇报技能与讨论方法》为题，结合作者二十六年的审判实践，对案件讨论中积累的办案经验与方法进行了全面、系统、深入梳理，从讨论的品性与构成、合议制的讨论原理与规则、专业法官会议的讨论原理与规则、审委会讨论案件的原理与规则、案件汇报、案件讨论、讨论能力的培养等方面对讨论的原理和方法进行了基础理论建构，同时对命案、经济犯罪案件、毒品犯罪案件，以及事实证据分歧、法律适用分歧等案件的汇报、讨论技巧与方法等进行了具体研究和总结提炼，运用典型示范、案例讲述等方式，深入分析案件汇报技能和方法等方面经验的功能和作用，剖析司法实践中一些常用、误用、误解、理念更新、理解不准的事项，提出需要注意把握的原则和条件等经验法则应用的有效改进措施。

　　"法官办案经验与技能丛书"的特色在于将作者多年办案过程中的亲身感悟及经验进行系统性回顾总结，将具有典型性和指导意义的经验、规则和方法进行科学分类排列，将看似零乱的具有一定个性化的主题和片段进行系统整理、串联，同时配合一些精品案例、典型范例的分析，或以配套［延伸阅读］等形式，同步阐释与法官阅卷、庭审和讨论有关的法律心理学原理，融入阅卷、庭审和讨论工作心得体会，进行针对性强的辅导式、分享式编写，兼具可读性、知识性、实用性等特点。

　　平时工作很忙。只有在做好工作的前提下，才有可能挤出时间，用于看书和写作。但我依然习惯并喜欢把读书和写作当作自己的生活方式，而且希望能够一直坚持下去。本书稿是在无数个夜晚、周末，利用点滴业余时间，历经数年不断积累的结果。虽然从事审判实践有二十六个年头，但我深感司法理论的博大精深，对实践中的学问一直心存敬畏。文稿既成，疏误亦见。说自己粗浅，不是谦虚，而是事实！书中的不当、疏漏之处难免，敬请批评指正。

能够将自己多年来的所思、所想、所得、所悟转化成一本书来出版，更是得益于各位领导、师长、同学、朋友和家人的关心、鼓励、指导和帮助！在此，要特别感谢人民法院出版社，以及出版社的各位领导和编辑王婷、李瑞老师！

陈增宝

二〇二二年元旦初稿于杭州

二〇二二年八月二稿于杭州

二〇二三年八月改定于杭州